幼兒發展與保育

葉郁菁　施嘉慧　鄭伊恬　著

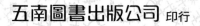五南圖書出版公司 印行

序

　　「幼兒發展與保育」是教保員核心課程中最基礎的課程，也是幼兒教育與保育專業的入門。這門課程涵蓋的年齡層從受孕、出生，到6歲以前的發展。包含Piaget、Erikson等階段論的發展學專家均認為，6歲以前是個體人格、社會、生理等發展的重要基礎階段，包含動作精熟、語言技巧發展等，學前也是最富變化性的階段。同時，幼兒發展又是所有學前教育學科的重要基礎，包含幼兒課程設計、幼兒教材教法、幼兒學習評量等，均需要參考幼兒的能力發展以設計適合的課程和教學活動，因此對幼教和幼保系的學生來說，徹底瞭解並精通幼兒發展，將有助於其他課程和實務教學的貫通和運用。

　　1998年開始，我即已任教這門課，十多年來使用的教材都是國外翻譯的教科書。儘管如此，國外在發展領域已經建構的完整知識非常值得參採。不過教學過程也會發現，即使國外的幼兒在某些能力的發展具有普及性，不因地區而有不同。但是部分幼兒發展的歷程（如語言發展），則因為區域性的差異而很難提出例子講解。國外研究移轉到臺灣幼兒的適用性，的確需要更為謹慎。

　　這本書的完成，首先要感謝五南圖書出版公司的邀請和陳念祖主編的耐心等候，這十多年來的教學經驗可以透過這本書的彙整完整呈現，同時也要感謝兩位博士生施嘉慧和鄭伊恬在課業與研究工作忙碌之餘，共同參與本書的撰寫，兩位博士生分別在幼兒社會發展和動作發展與教育各有專精，他們的參與讓本書增加更多可讀性。本書歷經一年撰寫與編輯，得以付梓，疏漏之處難免。尚祈學術先進不吝指正，俾使國內幼兒發展的學術研究與教學，有更豐富的參考資源。

葉郁菁　謹識

嘉義大學幼兒教育學系

目 錄　**Contents**

施嘉慧

發展的理論

CHAPTER 1

　　世界上存在許多不同種族的人、各國的文化風俗民情亦不同，但相同的是每個個體從生命開始的那一刻起，便持續不斷的在進行發展變化。發展的過程或許會受到各種不同因素而有所差異，但許多發展有其一定的順序性則無法改變。

　　本章除了介紹發展的重要性外，亦將介紹發展的各學派理論，透過理論的觀點，可以幫助我們更加知悉發展的演進及發展之重要性。

第一節　發展的重要性

　　發展（development）指的是個體從受孕開始一直到生命結束，這段期間內生理與心理持續連續變化的過程。在發展過程中，有其一定的發展順序，例如：抬頭→翻身→坐→爬→站→走→跑，這種發展順序是不會前後顛倒的，或許每個孩子在動作發展方面成熟的時間點不同，所以在發展上，個體同時也具有個別的差異性。發展的歷程是循序漸進的，艾瑞克森（Erickson）認為如果一個人在嬰兒時期沒有得到良好的關愛與照顧，那麼長大之後將會對他人產生不信任感（Richard & Carol, 2006），這說明了個體的發展具有其連續性，過去的生活經驗將會影響個體日後的發展表現。此外，也有許多學者曾提出發展階段之理論（可參考表1-1），例如：皮亞傑（Piaget）將認知發展分為感覺動作期（Sensori-motor period）、前運思期（Preoperational Stage）、具體運思期（Concrete Operational Stage）、形式運思期（Formal Operational Stage）四階段，在每一個階段中都有其發展特徵，這也代表了雖然發展是連續不間斷的歷程，但是在過程中也會有階段性的現象存在。也因為發展是一個連續的過程，所以前一個階段的發展將會是下一個階段發展的基礎，早期的發展也會對日後的發展有重要的影響。

表1-1　提出發展階段論之學者一覽表

學者	發展階段論
佛洛伊德（Freud）	心理分析論，人格發展五階段
艾瑞克森（Erickson）	心理社會發展論，人格發展八階段
皮亞傑（Piaget）	認知發展論，認知發展四階段
布魯納（Bruner）	表徵系統論，認知發展三階段

以下介紹表1-1各學者所提之發展理論各階段：

一、佛洛伊德（Freud）心理分析論

佛洛伊德（Freud）依據人格發展理論，將個體的性心理發展分成五個階段：

1. 口腔期（Oral stage，0-1歲）。
2. 肛門期（Anal stage，1-3歲）。
3. 性器期（Phallic stage，3-6歲）。
4. 潛伏期（Latent stage，7-12歲）。
5. 兩性期（Genital stage，12歲之後）。

二、艾瑞克森（Erickson）心理社會發展論

艾瑞克森（Erickson）的心理社會發展論主要將人的一生分為八個時期：

1. 嬰兒期（0-1歲），發展任務與危機：信任V.S不信任。
2. 幼兒期（1-3歲），發展任務與危機：自主行動（自律）V.S羞怯懷疑（害羞）。
3. 學齡前期（3-6歲），發展任務與危機：自動自發（主動）V.S

3

退縮愧疚（罪惡感）。

4. 學齡期（6-12歲），發展任務與危機：勤奮進取V.S自貶自卑。

5. 青春期（12-18歲），發展任務與危機：自我認同V.S角色混淆。

6. 成年期（18-40歲），發展任務與危機：友愛親密V.S孤癖疏離。

7. 中年期（40-65歲），發展任務與危機：精力充沛V.S停滯頹廢。

8. 老年期（65歲以上），發展任務與危機：自我榮耀V.S悲觀絕望。

三、皮亞傑（Piaget）認知發展論

皮亞傑（Piaget）把兒童的認知發展分成以下四個階段：

1. 感覺動作期（Sensorimotor，0-2歲）。
2. 前運思期（Preoperational，2-7歲）。
3. 具體運思期（Concrete Operational，7-11歲）。
4. 形式運思期（Formal Operational，11-16歲）。

四、布魯納（Bruner）表徵系統論

針對學童的認知發展，布魯納（Bruner）提出表徵系統論，把認知發展分成三個學習階段：

1. 動作表徵期（Enactive Representation）。
2. 形象（圖像）表徵期（Iconic Representation）。
3. 符號表徵期（Symbolic Representation）。

　　既然嬰幼兒階段的發展在個體生命中扮演如此重要的角色，那麼無論身為幼兒家長或幼兒教保相關人員，都應該重視並且具備正確的相關知識，以及瞭解嬰幼兒的發展順序和個別差異，為嬰幼兒發展的下一階段提早做準備。

第二節　影響發展的因素

　　影響個體發展的因素有許多種，並且不會只光靠單一因素就完全影響個體的發展，各因素間交互影響，除了父母親所賦予的遺傳因素外，個體的生長環境、成熟度以及後天的學習環境等，這些也都是影響個體發展的因素之一，以下將說明遺傳與環境、成熟與學習對個體發展的因素為何。

一、遺傳與環境

　　遺傳與環境是影響個體發展的一項客觀因素，所謂的遺傳，指的是上一代所傳承下來的基因，這是先天的，也是影響個體發展的內在因素；環境則指的是個體所生存的自然環境與社會環境，這些則是後天的，也是影響個體發展的外在因素（Jeffrey, 2009）。針對過去關於遺傳與環境對發展影響的觀點，彙整高爾頓（Galton）的遺傳論與華生（Watson）的環境論做比較，如下表1-2：

表1-2　遺傳論與環境論之比較

	遺傳論	環境論
代表學者	高爾頓（Galton）	華生（Watson）
主張觀點	認為個體的發展與特質早在生殖細胞的基因中就決定了，故遺傳將決定個體的發展。	認為生長的過程中所接觸的外在物質將可以改變並影響個體的發展。

5

　　以下分別介紹高爾頓（Galton）及華生（Watson）兩位學者所提之理論：

一、高爾頓（Galton）遺傳論

　　高爾頓（Galton）強調遺傳是形成個體差異的原因。他透過家譜調查研究，提出遺傳因素與個體差異間的關係，也是第一個明確提出普通能力和特殊能力主張的人。他曾調查1768-1868年這100年間英國的首相、將軍、文學家和科學家的家譜後發現，這些家庭的後代出現傑出人士的比例與高於一般百姓的後代，因此推論普通能力是遺傳的（Galton, 1889）。此外亦調查有藝術能力的家庭，他發現這些家庭中的子女也有藝術能力的占64%；而無藝術能力的家庭，其子女中只有21%有藝術能力，因此認為藝術能力（特殊能力）也是遺傳的（Galton, 1889）。他還用80對雙胞胎的資料，證明雙胞胎在心理特點上比其他兄弟姊妹更像，認為人的心理完全是遺傳的。高爾頓（Galton）根據遺傳與個體差異的關係倡導善擇配偶，改良人種，並於1883年《人類才能及其發展的研究》一書中首創優生學（eugenics）這一詞（Galton, 1889）。

二、華生（Watson）環境論

　　環境論是美國行為主義心理學派教育家華生（Watson）所主張，強調環境和學習對語言獲得的決定性影響。他提倡環境訓練可改變一個人，亦曾說：「給我一打壯健的孩子，在我的特別環境裡教養他們，我可以擔保在他們中間，任擇一個孩子，加以訓練，使他們成任何專家，也可以使他們成為乞丐和強盜，不管他們的祖先的才能、嗜好、品行、職業和種族怎樣」（Watson, 1913）。華生認為人類的

行為都是後天習得的，環境決定了一個人的行為模式，無論是正常的行為還是病態的行為都是經過學習而獲得的，也可以通過學習而更改、增加或消除（Watson, 1920）。

環境論有以下幾種論點：

模仿說：主張兒童學習語言是對成人語言的臨摹。

強化說：主張兒童學習語言的歷程是一條件化歷程。

社會交往說：主張兒童和成人語言的交流是兒童獲得語言的決定性因素。

雖然遺傳論與環境論對於發展所主張的觀點不同，但遺傳與環境這兩個因素確實交互影響著個體的發展，所以在個體的生命發展歷程中，不會完全受到遺傳或環境單一因素的影響，而是透過兩者間的交互作用產生發展上的影響，然而遺傳基因卻又可能以三種不同的互動形式影響我們所接觸的環境：

(一)被動的遺傳與環境

父母所提供的家庭環境主要是受父母親自身基因型態所影響，然而父母親將基因遺傳給子女後，子女的成長環境也因此受基因影響。例如：語言表達能力強的父母，可能在日常生活中經常和子女進行對話，並且鼓勵子女發表其想法，然而父母親除了將其表達能力基因遺傳給子女外，也因為環境的建立，使其子女的語言表達能力有充分的環境可以展現，此即為個體被動的遺傳與環境。

(二)牽動的遺傳與環境

牽動的遺傳與環境指的是個體的遺傳特質影響了其他人對個體的行為，並且因此提供不同的環境條件，進而影響個體的人格特質。例如：外型甜美可愛的孩子比外型普通的孩子會得到比較多的關注與關

愛回應，也因此對其人格特質會有所影響。

(三)主動的遺傳與環境

主動的遺傳與環境指的是擁有不同遺傳因素的人，會主動尋求符合他們遺傳特徵需求取向的環境。例如：個性外向的人，會傾向主動參加各種社交活動，喜歡與社會互動或參加聚會。這種因爲遺傳因素而選擇環境的影響也將會隨著年齡漸長而增加。

二、成熟與學習

成熟與學習是影響個體發展的主觀因素，成熟指的是個體的身心隨著年齡的增長而變化，此變化屬於內在機制；學習則是個體的行爲透過經驗學習而改變，此部分屬於外在機制（Richard & Carol, 2006）。成熟與學習就如同遺傳與環境一樣，以交互作用的方式中不斷的在個體發展過程中產生變化，成熟往往是學習的基礎，而透過學習則能促進個體更加成熟。

第三節　發展學派理論

從過去到現在，有許多專家學者針對發展提出其不同的看法與觀點，然而各家學派所主張的論點及想法，沒有所謂的對與錯，以下將分別介紹心理分析學派、行爲學派、認知學派以及人本學派各家之理論主張。

一、心理分析學派

在心理分析學派中，提出心理分析論的學者爲佛洛伊德

（Freud），他是一位精神科醫師，從臨床的實驗中發現長期的心理衝突會產生精神方面的疾病，而這些心理衝突多起因於幼兒時期的不愉快經驗，所以佛洛伊德強調兒時經驗的重要性，尤其當個體在發展過程中，性本能必須被滿足，才能發展出健全的人格，並且主張每個階段所經歷過的生活經驗，會影響個體成年後的人格，強調如果各階段的發展沒有獲得滿足，那麼日後將很可能出現某些特定的固著行為或現象，佛洛伊德提出性心理的發展五階段，各階段分期如下表1-3：

表1-3　佛洛伊德性心理發展論

階段	階段特徵	固著現象
口腔期（Oral stage）（出生至1歲）	透過口腔活動來獲得滿足，如：吸吮、咀嚼等。	口腔性格，如：貪吃、酗酒、咬指甲等。
肛門期（Anal stage）（1-3歲）	透過肛門活動來獲得滿足，如：控制大小便。	肛門性格，如：冷酷、無情、頑固、吝嗇等。
性器期（Phallic stage）（3-6歲）	透過性器官來獲得滿足，如：觸摸自己的性器官。	性別認同障礙、戀父或戀母情結。
潛伏期（Latent stage）（6-12歲）	注意力轉移，對周遭環境及人事物感到有興趣。	未來無法正常面對異性，與異性相處。
生殖期（Genital stage）（12歲之後）	性器官成熟，性本能開始產生需求，追求異性的愛。	產生不適當的性觀念或性行為。

　　此外，佛洛伊德亦重視人格內在的動力，在人格結構中提出本我（Id）、自我（Ego）、超我（Superego）三部分，雖然這三部分各有其重要性，但三者間仍需維持平衡狀態才能擁有健康的人格，人格結構之功能與特徵如下表1-4：

表1-4　佛洛伊德人格結構功能與特徵

人格結構	人格層面	功能與特徵
本我（Id）	原始人格	與生俱來的一種人格基礎，行為的動機只是為了追求並滿足立即的生理需要。
自我（Ego）	核心人格	主要功能為調節本我（Id）的需要，以及控制不能被超我（Superego）所接受的衝動，調節本我（Id）與超我（Superego）之間的衝突。
超我（Superego）	最高層人格	主要功能為控制本我（Id）不被社會接受的一些衝動，如人格行為與超我（Superego）標準不符，即會受到良心譴責，具有管理衝動的功能。

　　在佛洛伊德的心理分析理論中，還有提到心理防衛機轉（Defense Mechanism），指的是人們在面對一些挫折情境時，為了防止或降低焦慮與壓力所採取的一些習慣性的適應行為（張春興，1989）。因為防衛機轉是在自我（Ego）中運作，也是為了保護自我（Ego）而來，所以心理防衛機轉又稱為自我防衛機轉（Ego Defense Mechansim）。具體來說，防衛機轉主要是在保護及增強自我（Ego）的功能，以平衡各種需求間的衝突或競爭。防衛機轉是正常而非病態的行為，適度的使用將有助於個體心理健康及人格的健全發展，但是如果過度使用或將它當成是逃避現實的一個手段，那麼將會造成個體人格發展上的偏差，甚至嚴重的話會產生心理疾病。任何一種防衛機轉都是行為、情感以及思考這三項心理運作的綜合體（Ivey, 1978）。以下介紹各種不同防衛機轉的意義如表1-5：

表1-5　各種防衛機轉之意義

防衛機轉	意義
壓抑作用 （repression）	個體將不被社會認可的行為從意識層面壓抑到潛意識層面。例如：不記得自己過去發生過重大的創傷經驗。
反向作用 （reaction formation）	個體將內心的衝動用相反的行為表現出來，用來掩飾自己內心的慾望。例如：很想吃糖果的小朋友，眼看糖果擺在眼前，卻故意說他不喜歡吃糖果。
投射作用 （projection）	個體將自己不被社會認可的行為加諸在別人身上，藉此以減少自己因為不被社會認可的行為所產生的焦慮感受。例如：愛講話的小朋友被老師處罰時，會急著和老師說某某同學也有講話。
合理化作用 （rationalization）	個體製造一個較能被社會或他人所接受的理由來解釋自己的行為，使自己的行為看起來似乎較合乎邏輯。例如：小朋友偷摸櫃子上的玩具，當玩具掉下來時，小朋友則說是玩具自己掉下來的。
退化作用 （regression）	當面臨非常強大的壓力時，會退回到過去，藉由暫時獲得安全、滿足消除焦慮的感受。例如：剛上幼兒園的孩子，容易因為焦慮而產生尿床現象。
替代作用 （displacement）	又稱轉移作用，當個體的需求或想法無法經由直接的方式去滿足時，就會轉移到另一個目標上，以間接方式去獲取滿足。例如：父母親在公司受上司之氣後，回家將憤怒情緒抒發於孩子身上。
認同作用 （identification）	個體對於成功、有價值的人物或事件，組織成個人的特質，並且模仿該人物或事件。例如：許多年輕人會模仿自己認同的偶像之穿著打扮。
補償作用 （compensation）	指個體因為生理上或心理上的缺陷而導致焦慮或不適應時，使用各種可以被接受的方法進行彌補。例如：學科表現不好的學生，可能會透過音樂、藝術或體育方面力求表現。

（續）

防衛機轉	意義
昇華作用 （susublimation）	指的是一個人將他不被社會認可或接受的行為，改以符合社會價值標準的方式來表現。例如：非常喜歡打電動的人，加入電玩設計公司，於工作期間盡情滿足打電動的需求，同時也正在替公司進行遊戲測試。
抵消作用 （undoing）	以象徵性的事件來彌補或消除不被認同的行為。例如：不小心打破碗，就趕緊說歲歲平安。
隔離作用 （isolation）	把部分事實刻意隔離，將痛苦經驗置於內心深處，避免自我覺知，以免引起心情不愉快，或刻意以非常理性的方式來面對令人痛苦的情境。例如：醫生在面對充滿病痛與死亡的工作環境時，刻意不帶任何情感。
否認作用 （denial）	有些遭遇重大創傷的人，事後可能會否認這些不幸的事曾發生在自己身上。例如：拒絕承認曾經遭受詐騙集團的詐財。

　　心理分析學派中，另一位代表學者艾瑞克森（Erickson）提出心理社會發展論，主張人格發展是由個人特質以及他所處的社會文化因素彼此交互作用而產生（Graham & Michael, 2014）。他認為人不是性本能的產物，而是社會的產物，艾瑞克森將人格發展分為八個心理社會發展階段，每個階段都有其發展任務與發展危機，該階段的發展任務如果沒有順利完成，則可能會出現相對的危機現象，各階段之發展任務與發展危機如下表1-6：

表1-6　艾瑞克森心理社會發展論

階段分期	發展任務—危機	意義
嬰兒期 （出生至1歲）	信任—不信任	主要任務為發展信任感。此階段主要照顧者對嬰兒的需求回應將影響嬰兒未來對他人之信任感。

（續）

階段分期	發展任務—危機	意義
幼兒期 （1-3歲）	自主—羞怯懷疑	主要任務為發展自主。目的在發展自己的能力與認識環境。
學齡期 （3-6歲）	積極主動—退縮內疚	主要任務為發展主動性。喜歡透過幫忙來證明自己的能力。
兒童期 （6-12歲）	勤奮—自卑	主要任務為發展勤奮感。透過學校社會互動及追求學業表現，開始與同儕比較產生自我概念。
青春期 （12-18歲）	自我認同—角色混淆	主要任務為發展自我認同感。開始思考未來的路及角色扮演，若發展順利能實現自己的期望，反之則造成角色衝突或混淆。
成年期 （18-40歲）	友愛親密—孤獨疏離	主要任務為發展親密感。建立親密的兩性關係及友誼的延續，否則會變得孤寂、疏離、冷漠。
中年期 （40-65歲）	精力充沛—頹廢遲滯	主要任務為發展成就感。從工作中獲得成就並且願意奉獻，反之將成為頹廢、自私的人。
老年期 （65歲之後）	統整自我—悲觀絕望	主要任務為統整自我。在回顧自己的一生時，接受自己並瞭解人生的意義並且感到快樂充實，反之則會對人生充滿悔恨與絕望。

　　針對以上所介紹的兩大發展理論，他們之間存在些許共同點，然而也有相對上的差異點，以下將比較佛洛伊德所提出的性心理發展論與艾瑞克森的心理社會發展理論之異同點，如下表1-7：

表1-7　佛洛伊德與艾瑞克森理論比較

	性心理發展論 佛洛伊德	心理社會發展論 艾瑞克森
相同點	1. 皆強調早期經驗的重要性。 2. 理論具有連續性、階段性的概念，每一發展階段皆有其關鍵期。	
相異點	1. 研究源自精神病人。 2. 強調性本能。 3. 認為潛意識是影響行為表現的主因。 4. 發展階段只談到青春期。 5. 認為人格一旦形成後，將不易改變。	1. 理論依據正常人。 2. 強調自我功能。 3. 認為社會環境是影響行為表現的主因。 4. 發展階段談論整個生命全期。 5. 認為發展危機若未適當處理，則能透過環境與教育的影響再次發展。

二、行為學派

行為學派反對心理學派藉著意識或不可知的心靈來解釋行為，主張以客觀的實驗為基礎，目的在行為的控制與預測。行為學派認為行為非與生俱來的，而是個體透過生活環境中學習而來，而且個體的學習是透過不斷刺激與反應的結果。以下將分別介紹行為學派的五位代表學者及其論點。

(一)華生（Watson）學習論

行為學派之父華生主張發展是行為改變的歷程，一切行為都是透過刺激與反應結合後所形成，他強調學習是一種科學的行為，它具有可觀察性、與可評量性，並且強調在幼兒時期就要開始制約其行為，才能產生出所欲的行為並提出「行為是經由學習而來」的重要觀念。

(二)巴夫洛夫（Pavlov）古典制約論

古典制約（classical conditioning）指的是將原本不會誘發反應的刺激加上原本會誘發反應的刺激合併出現，促使原本不會誘發反應的刺激也能誘發反應。巴夫洛夫過去曾做過一項實驗，當小狗看見肉的時候會流口水，每當小狗要吃肉時就搖晃鈴鐺，實驗後發現，最後只要小狗聽到鈴鐺聲，即使眼前沒有肉，牠仍然會流口水，此實驗中的鈴鐺聲即為制約刺激。

古典制約的原則有：

1. **類化**：當制約形成後，類似的刺激也能誘發相同的反應。
2. **區辨**：當制約形成後，只有特定的刺激才能誘發特定的反應。
3. **削弱**：當制約形成後，小狗若只聽到鈴鐺聲，而沒有給牠吃肉，那麼牠流口水的程度會減弱。

(三)史金納（Skinner）操作制約論

史金納認為大部分的行為都是透過操作制約（operant conditioning）的學習歷程而發展，所以一個行為的建立，是透過外在刺激而定。典型的實驗為當老鼠不小心觸壓到槓桿時，槓桿上懸吊的食物將會掉落，因此，每當老鼠想要得到食物時，就會去觸壓槓桿，獲得食物後則增強此行為的作用。

操作制約的原則有：

1. **增強作用**：透過操作制約使某行為再出現的機率增加。透過增強物產生增強作用，增強物之分類有：

    (1) 正增強，例如：小華喝完了杯中的牛奶就喔喔大叫，老師就立刻幫他在杯子中倒滿牛奶，以致造成小華要牛奶就拿

著空杯子大叫。（101年教檢考題）

(2) 負增強，例如：小崴因為不肯收拾玩具，被張老師禁止在玩具角玩耍。幾天後，因小崴協助其他幼兒收拾積木和書本，張老師就將禁止令撤除，小崴之後玩具都收拾得很好。（100年教檢考題）

2. **懲罰**：透過操作制約使某行為再出現的機率減少。

在操作制約的原則當中，負增強與懲罰兩者間的區別如表1-8：

表1-8　負增強與懲罰的區別

負增強	懲罰
1. 情境中某刺激的消失，可以增加個體出現某行為的頻率。 2. 使孩子瞭解什麼事情是該做的。 3. 能促使良好的行為產生。 4. 例如：因為怕被打，所以用功讀書。	1. 當某一行為出現時，給予其厭惡的刺激物，以抑制該行為再度出現。 2. 教導孩子什麼事情是不可以做的。 3. 能抑制不好的行為發生。 4. 例如：因為成績不好，所以被打。

綜合上述兩位學者所提出之古典制約與操作制約理論，以下進行兩者間的比較，如表1-9：

表1-9　古典制約與操作制約之比較

	古典制約	操作制約
代表學者	巴夫洛夫	史金納
定義	將不會誘發反應的某項刺激，加上能誘發反應的一項刺激合併，使原本不會產生反應的刺激也能引起反應。	當制約反應形成後，一旦得到增強物的增強，只要出現刺激，就可以誘發反應。

（續）

	古典制約	操作制約
實驗	小狗看到肉的時候會流口水，當牠要吃肉時同時搖晃鈴鐺發出聲響，之後小狗只要聽到鈴鐺的聲響，即使眼前沒有肉，牠仍然會流口水。	當老鼠不小心觸壓到槓桿時，綁在槓桿上方的食物會掉落，在獲得食物後，老鼠得到正增強，致使老鼠出現觸壓槓桿的頻率增加。
理論原則	1. 削弱 2. 類化 3. 區辨	1. 增強作用 2. 懲罰 3. 行為塑造

(四)桑代克（Thorndike）嘗試錯誤論

桑代克透過實驗發現一隻關在籠子裡的貓，為了要拿到籠子外的食物，牠會嘗試各種不同的方法，直到最後牠發現踩下踏板，籠子的門便會開啟，將能取得食物。此實驗說明學習是透過刺激與反應的連結，個體藉由不斷的嘗試，會去除失敗的經驗，保留成功的經驗以建立正確的行為。

對此，桑代克提出學習三定律：

1. **練習律**（law of exercise）：練習次數與效果成正比。
2. **準備律**（law of readiness）：準備程度與效果成正比。
3. **效果律**（law of effect）：反應獲得滿足後，此制約將被強化，是最重要的。

(五)班度拉（Bandura）社會學習論

班度拉認同行為是經由學習而來的，但也不能否定個體的認知能力，孩子是主動的處理訊息，而非被動的被環境塑造，牠非常重視個體對環境經驗的理解，故提出社會學習論，主張個體行為學習是透過環境、個人行為、認知三者間交互影響。

圖1-1　班度拉社會學習論交互作用

三、認知學派

　　認知學派學者認為人會主動處理刺激、訊息，連結舊經驗進行學習，但個體的行為取決於自身的態度、信念與期望，而非單由刺激制約或操作制約所控制。以下分別介紹認知學派三位代表學者。

(一)皮亞傑（Piaget）認知發展論（cognitive development）

　　皮亞傑主張認知發展是一個連續的歷程，且智力的主要功能在協助個體對環境的適應，並達到平衡。認為孩子能主動的建構現實世界，而非受限於本能或環境（王文科，1983）。他將個體基本的認知結構稱為基模（schema），也就是個體用來認識周遭環境的基本模式。基模不是先天形成的，也不是後天環境所賦予的，而是個體透過與社會互動所建構出來的。然而隨著成長經驗中成熟與學習的交互影響，個體不斷的改變既有的認知結構，並且使內在認知與外在環境達到平衡，這樣的過程則稱適應。皮亞傑發現適應是透過同化（assimilation）與調適（accommodation）兩種歷程來完成，表1-10將以表列方式說明同化與調適。

表1-10　同化與調適之比較

	同化	調適
定義	當接受新刺激時，只要用原本的基模便足以能解釋新的刺激。	當接受新刺激時，需要大幅調整原有的基模，甚至放棄舊基模，才足以能解釋新的刺激。
意義	說明吸取新經驗的歷程。	說明認知結構改變的歷程，當同化不足以解釋新事物時發生。
改變性	主體→客體	主體←客體
舉例	看到同為四隻腳的馬，稱其為狗。	發現馬的叫聲跟狗的叫聲不一樣，體型也不同，於是開始提出疑問：那是什麼呢？

　　皮亞傑認為個體在環境中為了求生存，不須改變或重組自己原有的思考方式，以適應新的環境（王文科，1983）。然而在適應的過程中，發現特定的年齡會表現出特定的思維特徵，不同年齡階段也會以不同的模式去解讀事物，隨著年齡增長，認知發展將會有結構性的改變，且此改變具有階段性，故將人類認知發展分為四階段，此四大發展認知階段依序為：

1. **感覺動作期**（sensori-motor period）：出生至2歲，個體已感覺和動作來認識外界事物。

2. **前運思期**（preoperational stage）：2-7歲，個體開始運用簡單的符號來代表經驗過的事物。

3. **具體運思期**（concrete operational stage）：7-11歲，個體能透過具體事物來進行推理思考。

4. **形式運思期**（formal operational stage）：11歲之後，個體能從事抽象的思考與推理。

表1-11　認知發展與階段特徵表

	感覺動作期 （出生至2歲）	前運思期 （2-7歲）	具體運思期 （7-11歲）	形式運思期 （11歲以後）
認知發展	由反射動作到主動嘗試錯誤的解決問題模式。	1. 具有簡單的象徵能力，但雙重表徵的能力尚未成熟。 2. 心智的運作由感覺動作層次轉化為概念思維層次。	能同時考量多種向度，不會被感覺影響，能進行正確的邏輯推論。	不須藉由具體的事物即能進行抽象的邏輯推論。
階段特徵	1. 物體恆存概念。 2. 延宕模仿。	1. 自我中心。 2. 集中注意。 3. 缺乏可逆性思考。 4. 缺乏保留概念。 5. 直接推理。 6. 萬物有靈論。	1. 具有保留概念。 2. 具備可逆性思考。 3. 具備分類的能力。 4. 具備序列的觀念。 5. 從自我中心轉向社會觀點。	1. 具備假設與推理的能力。 2. 具備歸納與演繹的能力。 3. 能應用抽象名詞進行思考。 4. 能針對自己的思考進行反省。

　　皮亞傑的認知發展理論對教育的啓示性大於實用性，皮亞傑當初只是探究兒童自己如何對環境探索學習知識，而不是在別人的教導下學習知識。換句話說，皮亞傑起初並沒有考慮到教育的方法及目的問題。事實上，皮亞傑本人從未強調他的理論是教學理論，他一向稱自己的理論爲發生知識論。

(二)維高斯基（Vygotsky）社會建構論

　　維高斯基主張人類的心理起源於社會，受到馬克思的影響，維高斯基認爲要瞭解孩子的發展，就必須從文化社會著手，才能解決發展上的問題（Shaffer, 1995）。在社會建構論中，強調社會文化是影響

認知發展的重要因素，從社會環境中所學到的遠超越課堂及書本中所學的，所以發展不能在社會環境以外進行，反而應該從社會文化經驗中進行教學。

維高斯基在社會建構論中所提出的重要概念為近側發展區（zone of proximal development, ZPD）。ZPD的定義：孩子的問題解決能力在成人或能力較好的同儕協助下，能誘發其潛在的能力，使其表現超越平時的水準。而在成人或能力較好的同儕協助下進行，就像是在搭鷹架一樣，此稱為鷹架作用（scaffolding）。維高斯基認為孩子的學習能力有兩種水平，一是現有的水平，二則是透過鷹架作用後所產生解決問題能力的水平，此兩者間的差距即為近側發展區。

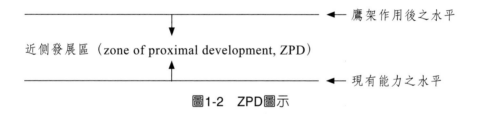

圖1-2　ZPD圖示

針對皮亞傑的認知發展論與維高斯基的社會建構論進行比較，兩者間的相同點與相異點彙整如下表1-12。

表1-12　皮亞傑的認知發展論與維高斯基的社會建構論之比較

	皮亞傑認知發展論	維高斯基社會建構論
相同點	1. 皆認為認知發展是遺傳與環境交互影響下所形成的。 2. 皆主張認知結構是質的改變。 3. 皆認為個體為主動學習者。 4. 皆主張兒童具有自我中心語言。	

（續）

	皮亞傑認知發展論	維高斯基社會建構論
相異點	1. 認為個體發展在連續過程中有階段性，各階段不可跨越。 2. 認為教師教學時應以兒童為中心。	1. 強調鷹架作用中個體的認知發展可以透過成人或同儕間的幫助達到近側發展區。 2. 認為教師教學時應以環境為中心。

(三)布魯納（Bruner）表徵系統論

表徵（representation）是一種媒介，用來組織新的訊息與舊的認知結構，透過表徵可以將外在事物轉化成內心的影像而進行思考。布魯納將表徵分為動作表徵、形象表徵、符號表徵三種，這三種表徵是相互互補的，而表徵的發展則呈階段性、循序漸進的，如下分述：

1. **動作表徵期**：出生至2歲，透過動作來認識環境。以探索的行為來瞭解與物體間的關係。

2. **形象表徵期**：2-11歲，藉由感官的知覺對事物產生具體形象後，透過形象思考。

3. **符號表徵期**：11歲之後，用抽象的語言、符號與環境進行互動。以符號代替實物，靈活的運用表徵進行思考。

針對布魯納的表徵系統論與皮亞傑的認知發展論進行比較，兩者間的相同點與相異點彙整如下表1-13。

表1-13　布魯納的表徵系統論與皮亞傑的認知發展論之比較

	布魯納表徵系統論	皮亞傑認知發展論
相同點	1. 皆強調發展是個體與環境交互作用的結果。 2. 皆認為發展不僅是量的改變，還包含質的增加。 3. 皆認為發展是採循序漸進的方式。	
相異點	認為準備度是學習的重要條件。	重視成熟度對認知的重要性。

四、人本學派

　　人本學派對人性有其獨特的見解，他們強調人的個別性與獨特性應該從整體的觀點去同時考量其行為表現與內在運作歷程，在理解人類的行為時，也應該瞭解人對周遭環境的看法，生活經驗不一定能影響人的行為，要看個體如何去詮釋，是一種主觀的感受，而非他人所能推斷。

　　人本學派主張人性本善，只要後天所賦予的環境合適，本性自然就會成長。人本學派也重視個體的潛能誘發，對人性的尊嚴及價值賦予極高的關注，認為成就自我是發展潛能的目標。

　　人本學派反對行為學派論者忽視人的價值性及獨特性，也不認同反對心理分析學派以負向的角度去分析身心不健全的人，他們建議從健全的人格來研究人類發展的本質。

(一)馬斯洛（Masolw）需求層次論

　　馬斯洛主張學習是自發的，而非外在塑造的，學習是學生主動選擇的，因為學生有學習的潛能，教師不需要刻意教導，只需要營造適當的情境，並且適時地提供輔導協助，學生會自然產生學習動機。

　　馬斯洛認為動機是屬於個體生長發育的內在動力，目的是為了追求需求的滿足，動機由不同層次的需求所組成，而需求從高至低呈現金字塔形狀，愈底層的需求代表愈基本，當基本的需求獲得滿足後，更高一層的需求才會出現，馬斯洛將需求層次分為七層，如圖1-3所示。

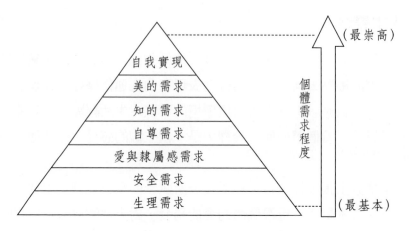

圖1-3　馬斯洛需求層次圖

　　馬斯洛（Maslow）以人本主義心理學家的觀點提出需求層次理論（Need-hierarchy theory），將個體的需求共分七個階段，各階段需求描述如下說明：

　　1. **生理需求**（physiological need）

　　此需求包括維持個體生存所需要的資源，促使個體處於平衡狀態，如：食、衣、住行的滿足，需要運動、休息、休閒和睡眠等。

　　2. **安全需求**（safety need）

　　此需求主要在免於害怕、焦慮、混亂、緊張、危機及威脅，使個體能在安全、穩定、秩序下，獲得依賴和保護。

　　3. **愛與隸屬需求**（belongingness and love need）

　　此需求主要在被接納、愛護、關注、鼓勵及支持，避免孤獨、陌生、寂寞、疏離，使個體能成為團體中的一分子，與他人建立親密的關係。例如：避免孤獨、寂寞、陌生，並進而成為團體的一分子，與他人建立親密的關係。

4. **自尊需求（self-esteem need）**

此需求分有兩種，一為成熟需求，二為威信需求。成熟需求指的是尊重自己，例如：相信自己有能力、有自信、獨立及勝任感。威信需求則是指受到他人尊重，例如：有聲望、有地位、受人注意及受人賞識。整體而言是指獲取或維護個人自尊心的一切需求。

5. **知的需求（need to know）**

此需求又稱為知識和理解的需求，主要是在探討、分析瞭解事情的真相（也就是當遇到不理解的人、事、物，有希望理解的需求），例如：充滿好奇心、瞭解和求知的衝動。

6. **美的需求（aesthetic need）**

此需求又稱情意需求，指的是追求對稱、系統美感的經驗，對美好事物欣賞的需求，使人更富情趣、生動，例如：希望居住在環境幽雅的住宅，幽雅舒適的生活。

7. **自我實現需求（self-actualization need）**

此需求意指完成個人目標、發揮潛能，充分成長，最後趨向一個完整的個體。例如：具接納自己、面對問題、自動自發的思考、富創造力、幽默感、民主價值等特質的人。

以上敘述之前四項稱為基本需求（basic needs），後三項稱為成長需求（growth needs），如果有需求缺失，則稱為缺失性需求或匱乏性需求（deficiency needs）。

(二)羅傑斯（Rogers）非指導式諮商理論

羅傑斯認為人具有自我導向的積極功能，只要後天環境適宜，個體便能自然發展其潛能。他主張人應該肯定自我價值，建立正向積極的自我概念，並且強調情感重於認知層面。

羅傑斯主張以學生為中心的教學，強調學生情感的感受，並且由

學生主動參與學習，認為老師應該要以眞誠與同理心的態度來對待學生，並且強調教師只居於次要地位，才能使學生敞開心胸，使新刺激進入內心並結合舊經驗重新組織形成完整的自我概念，此即為非指導式諮商（Ann & Kathryn, 2008）。羅傑斯亦主張教師只要替學生營造良好的學習情境，學生就能對所學習的事物感興趣，並且進行眞正的學習，進而影響個人的行為，因此又稱為非指導式教學（indirect instruction）。由於整個教學過程較無明顯的步驟，教材內容結構較不完整，所要獲得的知識、內容、概念也都不具體明確，這類的教學又稱為不明顯的教學。

羅傑斯主張以學生為中心教學法的教學設計具有以下的特性：

1. 學生有充分自主，從事自己所喜好的學習活動。

2. 採取團體討論及團體活動的方式來解決問題。

3. 採取自我評鑑的方法或以內在評鑑標準作為評價的依據。

4. 學習內容和現實生活有密切的聯繫。

5. 教師有充分的教學經驗應付各種教學情境。

至於以學生為中心的教學模式，運用在課堂教學的實施步驟如下所述：

1. 每個學生設定自己的工作計畫，並簽定契約。

2. 學生針對自己所定的計畫，進行工作或研究。

3. 學生由研究或實作學習，並跟同儕合作學習。

4. 針對個人、團體或班級問題，進行充分討論。

5. 學生自定標準進行自我評鑑，並為教師信任。

羅傑斯也同時舉出最能促進學習效果的教學策略，有下列八點：

1. 以生活情境作為學習的內容。

2. 提供完善及豐富的資料來源。

3. 運用學習契約來促進學生設定自己的學習目標與計畫。

4. 運用團體決策來訂定團體學習的目標和內容。

5. 幫助學生學會如何自我提出問題及解決問題。

6. 利用啓發性活動，幫助學生獲得經驗性的學習。

7. 利用會心團體及敏感性訓練，提升學生思考能力。

8. 採用自我評鑑，增進學生自我檢討及惕勵。

五、生態學

在生態學當中，最常被提及的就是Bronfenbrenner生態系統論以及Lorenz動物行爲論，以下將分別介紹這兩種理論的意涵。

(一)Bronfenbrenner生態系統論

Bronfenbrenner反對行爲學派所說的環境能塑造一個人的說法，他認爲個人的特質及環境都會影響發展的進行。他從社會學的生態觀點主張社會環境是由四個共生共存的系統所組成的，發展中的個體是核心，各系統分述如下：

1. 微系統（microsystem）

位在系統中的最內層，是指個體直接接觸的人、事、物，與個體的關係最爲密切。例如：家庭成員。

2. 中系統（mesosystem）

個體直接接觸的兩個微系統間的連結關係即爲中系統。例如：家庭、學校。

3. 外系統（exosystem）

個體不會直接接觸，但會影響與個體接觸的微系統。例如：母親在工作時將不愉快的情緒帶回家，回家後將造成親子互動上的影響。此例當中，母親的工作就是外大系統。

4. 鉅系統（Macrosystem）

鉅系統是同時影響其他三個系統的最高層次系統，是一個廣泛的大環境，包含文化、風俗、意識型態等。例如：回教國家的人民，會認為吃豬肉是非常不人道的事。

5. 時間系統（Chronosystem）

時間系統指的是環境事件與生活方式的改變，時間會導致空間改變個人的生活規律，也就是個體的世界之穩定或變化程度。例如：幾歲搬家、九二一大地震、八八風災等。

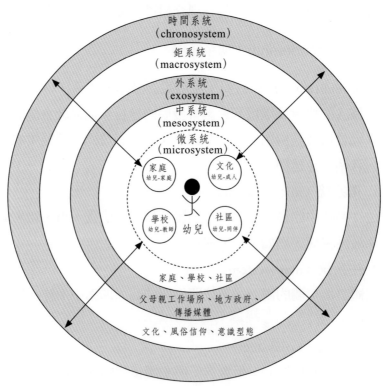

圖1-4　Bronfenbrenner人類發展生態系統架構圖

(二)Lorenz動物行為論

Lorenz強調生物性遺傳特徵對物種進化及適應的重要性，受到達爾文進化論的影響，認爲那些與生俱來的特質都是適者生存的證明（Ann & Kathryn, 2008）。此外，亦主張關鍵期的存在，認爲某時段最適合進行某項學習有其關鍵期，在這段期間內所進行的學習將可以有最大的成效。

【近年教師檢定考題解析】.......................

　　近年教師檢定考試中，針對發展的理論考出的考題類型大致會針對各理論學派進行比較和概念釐清，以下將針對近年有關各理論學派所出的考題做分類供讀者練習。

　　考題來源：教育部高級中等以下學校及幼兒園教師資格檢定考試網站。

一、行為學派相關概念

1. 小華喝完了杯中的牛奶就喔喔大叫，老師就立刻幫他在杯子中倒滿牛奶，以致造成小華要牛奶就拿著空杯子大叫。上面的例子誤用了下列哪一種行為改變的策略？　　　（101年教檢）

   (A)正增強　　　　　　　　(B)負增強

   (C) 逃避制約　　　　　　　(D)避免制約

2. 四歲的軒軒不會跳繩，張老師便將跳繩分解成幾個步驟，每當軒軒完成一個步驟，就給予鼓勵，最後軒軒學會了跳繩。這種由簡單的行為開始，漸次強化，到最後完成整個行為的學習方式稱為什麼？　　　　　（101年教檢）

   (A)頓悟（insight）　　　　(B)形塑（shaping）

   (C)消退（extinction）　　　(D)恢復（recovering）

3. 小花吃飯速度相當慢，拖個60分鐘以上是常有的事，令父母很傷腦筋。媽媽告訴小花如果可以在30分鐘內吃完飯，就可以吃一個布丁。請問媽媽使用了下列哪一種增強？　　（102年教檢）

   (A) 延宕增強　　　　　　　(B)次級增強

   (C) 社會增強　　　　　　　(D)原級增強

4. 阿寶在團體討論時總是出現一些不適當的行為而嚴重干擾老師的上課。若老師使用「刺激控制」（stimulus control）的方法來修正阿寶的行為，下列哪一種策略是正確的？（102年教檢）

(A)讓阿寶坐至教室的隔離座，統計時間後再讓其回座位

(B)請園長在團體討論時不定期出現在教室，給阿寶警惕作用

(C)阿寶只要出現干擾行為就在黑板上畫記，每日統計次數並處罰

(D)阿寶只要出現專心聽講的行為就立即讚美，出現干擾行為則忽略

5. 陳老師發現他對幼兒的懲罰有時有效，有時無效。下列有關懲罰效果的敘述何者正確？（103年教檢）

(A)問題行為發生一段時間後，再給懲罰，效果較佳

(B)間歇懲罰要比連續懲罰更能降低目標行為的出現率

(C)幼兒表現不適當行為後，立即懲罰會比延宕懲罰效果佳

(D)為避免誤導幼兒，懲罰方式最好單一化，才可提升效果

6. 戶外遊戲時間，王老師請班上小朋友把外套脫下來，小丁堅持不脫。試問此時王老師使用的輔導策略何者較佳？

（103年教檢）

(A)消弱　　　　　　　　(B)負增強

(C)轉移注意力　　　　　(D)自然及邏輯後果

7. 理論與研究均支持「在可能情境下，藉著減少挫折，可降低幼兒發生攻擊行為的頻率」。依據此概念，下列哪一策略較無法減低幼兒的挫折？（103年教檢）

(A)提供大量適齡的遊戲器材與設備供幼兒使用

(B)盡可能訂定大量又詳細的規則，讓幼兒遵守

(C)提供有較多選擇的機會，讓幼兒感受自己是環境的主人

(D)協助幼兒學會用可被接受的方式去取得自己想要的東西

〔題組〕班上的小安上課時常喜歡插嘴，張老師雖好言相勸但屢勸無效，王園長建議她可以採取「忽略」策略處理小安的行為。

8. 下列有關採取「忽略」策略的目的，哪一項敘述較正確？

（104年教檢）

(A)傳遞生氣或責罵的訊息

(B)減少幼兒不當行為的發生

(C)增加幼兒適當行為的發生

(D)讓幼兒體驗不當行為的自然結果

9. 有關小安其他不當行為的輔導，下列哪種情況也適合採取「忽略」策略？ （104年教檢）

(A)在走廊上奔跑

(B)搶奪別人的蠟筆

(C)把角落的玩具收到書包裡

(D)團討時高喊「我，我，我……」

二、認知學派相關概念

10. 維高思基（L. Vygotsky）與皮亞傑（J. Piaget）針對幼兒發展的哪一個領域提出不同觀點？ （101年教檢）

(A)動作發展 　　　　　(B)人格發展

(C)道德發展 　　　　　(D)認知發展

11. 陳老師看到幾位幼兒在積木角各自蓋自己的101大樓，他發現每個幼兒在過程中表現出不同的成就動機。從下列表現中，可看出哪一位幼兒的成就動機最高？ （104年教檢）

(A)世偉一邊蓋一邊看陳老師，然後說：「你看，我蓋的。」表

現了非常驕傲的眼神

(B)凱凱拿著101大樓的相片，一邊蓋一邊看，還不斷的唸唸有詞：「我快要蓋好了！」

(C)立東蓋的大樓不小心「碰！」的一聲倒下，他說101大樓太難蓋，他想蓋個大樓旁邊的停車場就好了

(D)美美把積木堆得很高，雖然旁邊的小山說那不像101大樓，但是美美不以為意，仍然繼續堆高，又設計了新的大門

三、心理分析學派相關概念

12.下列哪一位心理學家對於「人性觀」主張「決定論」？

（101年教檢）

(A)艾利斯（A. Ellis）　　　　(B)史金納（B. Skinner）

(C)佛洛依德（S. Freud）　　(D)羅吉斯（C. Rogers）

13.下列有關艾瑞克森（E. Erikson）心理社會理論的敘述，何者正確？

（102年教檢）

(A)一歲幼兒的發展危機為缺乏自信，行為退縮

(B)二歲的幼兒可能有缺乏自我價值的發展危機

(C)四歲幼兒的發展任務為養成主動負責的態度

(D)五歲為幼兒建立勤奮感發展任務的關鍵時期

四、生態學相關概念

14.小中的父母因工作繁忙，無法花費許多時間和精力，來滿足小中的社會心理需求。依據布朗菲布列納（U. Bronfenbrenner）的人類發展生態理論，小中父母工作職場衍生出來的問題，對小中的發展而言，是屬於下列哪一種系統？　（101年教檢）

(A)小系統（microsystem）　　(B)中系統（mesosystem）

(C)外系統（exosystem）　　　(D)大系統（macrosystem）

【解答】 ●

1.A　2.B　3.D　4.D　5.C　6.D　7.B　8.B　9.D　10.D

11.D　12.C　13.C　14.C

參 考 文 獻

Ann M, G., Kathryn W, B.原著，洪蓉徽、莊智棻譯（2008）。幼兒教育概論。臺北：心理。

Galton, F. (1889)。Natural Inheritance。Macmillan。

Graham M. V., Michael A, H.原著，張文哲等譯（2014）。社會心理學導論。臺北：學富。

Ivey 原著，劉焜輝譯（1991）。精微諮商理論與實務。臺北：天馬。

Jeffrey Trawick-Smith原著，陶英琪、羅文喬譯（2009）。嬰幼兒發展。臺北：心理。

Laura E. Berk原著，王慧蘭譯（2012）。人類發展學。臺北：高立。

Richard A.Fabes & Carol Lynn Martin原著，白玉玲、王雅貞譯（2006）。兒童發展。臺北：雙葉。

Shaffer D, R.原著，林翠湄譯（1995）。社會與人格發展。臺北：心理。

Watson, John B., (1913). Psychology as the behaviorist views it. Psychological Review, 20, pp. 158-177.

Watson, John B. & Rayner, Rosalie, (1920). Conditioned emotional reactions. Journal of Experimental Psychology, 3(1), pp. 1-14.

王文科（1983）。認知發展理論與教育：皮亞傑理論的應用。臺北：五南。

張春興（1989）。張氏心理學辭典。臺北：東華。

教育部高級中等以下學校及幼兒園教師資格檢定考試網站。網址：https://tqa.ntue.edu.tw/

葉郁菁

嬰幼兒的生理發展

CHAPTER 2

　　中國有句俗諺：「龍生龍、鳳生鳳、老鼠生的兒子會打洞。」這句話詮釋了父母遺傳基因對子女的影響。下一代的身高、體重、智能，似乎從父母的遺傳因素即已決定。本章要介紹遺傳、受精懷孕、到生產的過程，同時也將介紹一歲以前的嬰幼兒生理發展。

　　從懷孕到一歲的各階段分期與定義如下：從受孕開始後第三週到第八週稱為胚胎（embryo），第九週開始到出生則稱為胎兒（fetus）、出生後到第四週則稱為新生兒（newborn）、一個月到一歲之前稱為嬰兒。

🙂 第一節　遺傳

一、染色體

　　染色體（chromosome）是由數千個片段所組成，這些片段就是基因（gene），也是遺傳的基本單位，染色體的主要功能是產生蛋白質。基因主要組成為去氧核醣核酸（deoxyribonucleic acid, DNA）。基因具有複製能力，從中間分裂為兩半，各自具有能力複製各自的另一半，使受精卵成為一個複雜的個體（林淑玲、李明芝譯，2014）。正常染色體的數目為46條，第1-22對染色體稱為「體染色體」，第23對染色體則稱為性染色體。除了體細胞，生殖細胞的主要作用在產生配子（精子和卵子），女性細胞減數分裂（meiosis）的過程產生的配子都有一個X染色體（X chromosome），男性產生的精子有一半含X染色體而另一半則含有Y染色體（Y chromosome），受精卵從母方得到X染色體，從父方得到X或Y染色體，決定胎兒性別為男性（XY）或女性（XX）。人類染色體約存在三萬個基因，但每對染色體的數量和種類並不相同，X染色體上有1,098個蛋白質基

因，但其中僅有54個基因在Y染色體上產生對應功能。細胞減數分裂的過程中，帶有父母遺傳的基因配對組成。雖然兄弟姊妹承續了父母的遺傳基因，但是爲什麼即使是同父母所生的子女仍有一些不同？原因在於細胞減數分裂的過程，進行染色體互換（crossing-over）使得交換之後的基因產生與原始細胞不同的染色體組成。

二、顯性遺傳與隱性遺傳

　　一對跨國婚姻夫妻，黑髮的父親與金髮的母親結合，生出來的孩子黑頭髮的機率有多少？若以N代表顯性遺傳基因，n代表隱性遺傳基因，則這對跨國婚姻夫妻的孩子，頭髮顏色的基因組合有下列三種可能性：NN、Nn、或nn。因爲頭髮顏色是顯性遺傳，也就是強勢基因（N）會使得基因中只要有N的強勢基因都會表現出黑色頭髮的特徵。因此他們的下一代黑頭髮的機率有3/4，其中Nn會有1/2，孩子帶有金髮遺傳基因者，不過其表現型髮色仍爲黑色。只有1/4的機率，會生出金頭髮的下一代。其他的顯性特質還包含捲髮、酒窩、正常色覺（對應色盲）、杭丁頓症、A型和B型血（對應O型血）、多一根腳趾、正常紅血球（對應鐮型血球貧血症）。

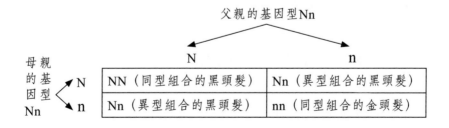

圖2-1　兩個基因型組合產生的四種髮色基因型配對

　　除了顯性和隱性遺傳，另外還有性聯遺傳。這是主要由X染色體攜帶隱性基因，性聯遺傳通常只會顯現在男孩身上，但女性只會是帶因者。例如：色盲就是一種典型的性聯遺傳。假設父親正常沒有色盲的基因（XBYo），X染色體是正常基因B，Y染色體則沒有色盲基因，其表現型為正常。媽媽則是色盲的帶因者（XBXb），其X染色體有色盲的隱性基因(b)，媽媽表現型也是正常。他們的子女有多少機率會有色盲？圖2.2說明了：生下的女兒都是正常沒有色盲，但其中會有一半的機率生下的女兒帶有色盲基因但不會表現出色盲，即使女兒從媽媽身上得到一個色盲基因，但是因為另一個正常基因會壓制色盲基因，所以女兒只會帶因但不會表現色盲。不過，若生下的是兒子，一半的機率是正常，也不會有色盲基因，但是有一半機率兒子會帶有色盲基因且表現出色盲，因為Y染色體沒有對應的基因可以壓制色盲基因。

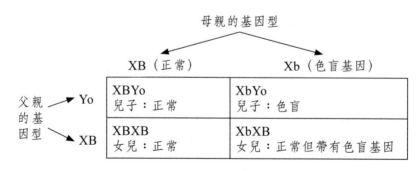

圖2-2　兩個基因型組合產生的四種色盲基因型配對

　　假如這個色盲的兒子（XbYo）又繼續娶了一個帶有色盲（XBXb）遺傳基因的女性，那麼他們下一代生下的孩子中只有1/4會是正常的兒子（XBYo），1/4的機率是色盲的兒子（XbYo），另外1/4會是帶因的女兒（XBXb），最後1/4的機率女兒也會得到色盲

（XbXb）。除了色盲之外，還包含血友病或某些夜盲症也都是性聯遺傳疾病。

第二節　遺傳疾病與染色體異常

常見的隱性遺傳疾病包含：囊胞纖維症、糖尿病、血友病、苯酮尿症、鐮型血球貧血症。通常父母在外觀上沒有問題，但父母可能都是隱性遺傳基因的帶因者，必須透過基因檢測才能瞭解。

常見的顯性遺傳疾病包含：杭丁頓舞蹈症（Huntington's disease）。父母任一方只要有顯性遺傳基因，下一代得病的機率為50%。多數杭丁頓氏舞蹈症在30歲之後才會發病，明顯的特徵為手腳抽筋、無法自我控制的肢體晃動、身體的協調能力變差，憂鬱，記憶受損。目前還沒有積極可以治癒的方法，且發病者通常在15年內死亡。

染色體異常通常容易導致流產，若幸運存活仍有先天性畸形。常見的染色體異常包含：

1. 唐氏症（Down syndrome）

主要因為第21對染色體多了一條，唐氏症的臉部較為扁平、常吐舌頭、四肢較短、手掌較寬。不過唐寶寶長大之後，多半顯示較樂觀、友善，同時也有提早老化和壽命較短的現象。依據臺大醫院臨床追蹤統計，多數一歲以下的唐氏症患者有先天性心臟病、呼吸道反覆感染等症狀。家族遺傳基因和母親高齡都是造成唐氏症的危險因子（臺大兒童醫院，2013）。

2. 透納氏症（Turner syndrome）

第23對性染色體少一條染色體，身材短小（通常僅有120-150公分），卵巢萎縮，出生時手背及足背有先天性淋巴水腫，胸部較寬、

手肘外翻等徵狀。

3. 柯林菲特氏症（Klinerfelter syndrome）

男性第23對性染色體多一條X染色體，常帶有女性的第二性徵（如：胸部較大），不過因為睪丸太小而無法生育，多數病患有語言智能缺陷。

4. 超雄性（supermale syndrome）

男性第23對性染色體多一條Y染色體，比一般正常男性更為高大。

第三節　遺傳篩檢

優生學的觀點即為透過產前遺傳篩檢得知可能的遺傳性疾病。經常使用的檢測方法有兩種：羊膜穿刺（amniocentesis）與絨毛膜取樣（chorionic villus sampling, CVS）。

胎兒染色體異常主要隨著孕婦高齡明顯增加，針對高齡或高風險孕婦建議施行羊膜穿刺。懷孕第16-18週，以長針筒抽取羊水中的胎兒細胞，進行染色體、基因或生化的檢查，以瞭解胎兒有無先天性疾病或染色體異常，準確率達99%以上。國民健康署補助羊膜穿刺費用，從原來的2,000元提高為5,000元。對象包含：34歲以上孕婦、本人或配偶或家族有罹患遺傳性疾病、曾生育過異常兒、孕婦血清篩檢疑似染色體異常之危險機率大於1/270、超音波篩檢胎兒可能有異常、或疑似基因疾病等孕婦（國民健康署，2015）。

絨毛膜取樣的時間則可以在懷孕第10週，檢測的項目與羊膜穿刺相同。可以用一根導管或細長針，透過子宮頸或腹部，穿入胎盤組織，吸取少量的絨毛做染色體、基因或酵素的分析。

女星安潔莉娜‧裘莉（Angelina Jolie）2013年動手術切除乳

房和卵巢，她的母親因罹患癌症，經過醫學檢查，證實她體內帶有BRCA1基因。女性若遺傳到這種基因，罹患乳癌和卵巢癌的機率將大增。安潔莉娜・裘莉的醫師預估，她罹患乳癌和卵巢癌的機率分別為87%與50%（Jolie, 2013）。遺傳諮商與瞭解家族疾病史，是有效掌握遺傳風險的方法，可以預先評估是否採取較積極的預防措施。

第四節　產前的發展

一、受孕

男性的成熟性細胞為精子，正常男性每天可產生約三億個成熟的精子，精子大小約0.06公釐。女性的成熟性細胞為卵子，從青春期開始，女性平均每28天就有一個成熟的卵子釋出，從卵巢進入輸卵管，卵子大小約0.1-0.2公釐，是人體內最大的細胞。女性卵子存活時間只有24小時，精子存活的時間約有48小時，若這段期間卵子沒有和精子結合，卵細胞就會自然死亡排出體外，此為月經。男性射精後，精子隨著精液射進女性陰道內，不過這些精子僅有少數成功進入輸卵管內，且僅有一個精子可以成功穿透進入卵子，此時卵子細胞壁會出現生化變化，阻止其他精子穿透，此稱為受精或受孕（fertilization）（周念縈譯，2004）。

國民健康署（2011）指出，影響懷孕的因素包含：

1. **生活型態**：濫用煙、酒及藥物，可能會影響精卵的製造與成熟，導致不孕。此外，情緒及工作壓力，可能導致性功能協調、性慾減低等現象，也會有排卵障礙、或精子製造減少。環境中高溫、化學及放射性物質污染，包含手機、電腦、微波爐、電磁爐等放射線來源，應盡量避免。

2. **性生活**：單純的性關係及正確使用保險套，可減少感染性病與感染的機會。減少墮胎手術，可減少併發症的發生。

3. **子宮內膜異位症**：女性有子宮內膜異位症時，應就醫治療，並及早規劃生育。

4. **適孕年齡儘早生育**：生殖的高峰期是在21-30歲之間，35歲之後生殖功能明顯衰退，因此儘早生育不僅可以減少高齡生產的風險，精卵的品質也較理想。

二、胎兒的成長

從受精卵、胚胎、到發展成胎兒，整個孕程約40週的時間，通常第37週之後為足月生產。胎兒生長的三週期包含：孕卵期、胚胎期、和胎兒期。

表2-1　胎兒生長的三週期

孕卵期	受精到2週	受孕到著床
胚胎期	3-8週	器官開始成形
胎兒期	9週到出生	各種器官發展成熟

1. 孕卵期

從受精開始到受精卵在子宮著床，時間約10-14天。此時受精卵朝向子宮移動的過程也會進行一分為二、二分為四的有絲分裂。囊胚（blastocyst）的內層逐漸變成胚胎（embryo），外層則變成提供胚胎營養的組織。受孕後的第6-10天，囊胚就會在子宮著床（implantation），囊胚表層的絨毛組織深入子宮壁，從母親的血液中攝取養分。不過，並非所有的受精卵都可以順利發展，大約只有一半的受精

卵可以順利著床，著床的受精卵又只有一半可以順利發展成胎兒（林淑玲、李明芝譯，2014）。子宮外孕（又稱異位妊娠）即受精卵沒有在子宮著床，而是停留在輸卵管著床，約有98%的子宮外孕爲輸卵管著床。

著床之後，囊胚的外層發展出羊膜，當中充滿羊水，可以保護胚胎不受外力衝擊。羊膜的外層是絨毛膜，同樣可以包覆囊胚，絨毛膜附著在子宮壁可以幫助胚胎吸收養分。胎盤則是傳送氧氣和養分。從胚胎有一條臍帶連結到胎盤，讓胚胎排出二氧化碳和廢物。這些排泄物經由胎盤排入母體的血液中，和母體的代謝物一起排出體外（林淑玲、李明芝譯，2014）。

2. 胚胎期

從著床後（約第三週）到第九週，是胚胎發展的最重要時期，胚胎先天性的不良發展會在此時期造成流產，同時此時期也是胚胎發展身體系統和器官的最重要階段，外在環境的不利因素也最容易造成胚胎的缺陷。胚胎分化成三層細胞層（林淑玲、李明芝譯，2014）如下表：

表2-2　胚胎細胞層與發展的器官

外胚層	皮膚、毛髮和神經系統
中胚層	肌肉、骨骼、和循環系統
內胚層	消化器官、肺、尿道、胰腺、肝臟

3. 胎兒期

從懷孕第九週開始到出生前稱爲胎兒期。此階段胎兒的器官逐漸發展成熟，也是較爲穩定的時期。胎兒已經有呼吸、吸吮、吞嚥等動作，也可以偵測到胎兒的心音。胎兒存活最低週數爲懷孕22-28週，

若胎兒早產仍有存活機會，不過此時期的胎兒肺部尚未發展成熟，無法交換氧氣，仍須依賴呼吸器維生。到接近懷孕後期，胎兒已經增加到1.8公斤左右，在狹小的子宮內幾乎很難活動，此時胎兒以頭下腳上的姿勢準備迎接出生的到來。

三、產前發展的危機

胎兒器官發展容易受到敏感期的影響，也就是在該階段是發展某個器官或系統的關鍵時期，特別容易受到發展的不利因素影響。例如：懷孕的第三到五週，中樞神經系統最容易受到傷害。以下為造成胎兒傷害的常見因素：

1. **德國麻疹**：若孕婦在懷孕前八週感染德國麻疹，則會造成胎兒畸形，包含：聽障、視障、智能障礙、貧血、小眼症、小頭症和心臟異常。建議計畫懷孕的婦女應該在預備懷孕前3個月到半年前先注射疫苗。

2. **B型肝炎病毒**：若母親為B肝帶原者，有可能透過垂直傳染造成胎兒成為B肝帶原者。臺灣自1984年以來對全國出生嬰兒實施B肝疫苗注射，B型肝炎帶原率已經有良好的改善（臺大兒童醫院，2013）。

3. **其他傳染病**：如生魚片、貓狗糞便等，可能潛藏寄生蟲，引發流產。所以建議孕婦儘量不要生食，也要避免接觸寵物糞便。

4. **梅毒、性病**：梅毒病毒在胎兒四個月之後會穿透胎盤，造成眼、耳、腦、心臟受損。性病、愛滋病等則會透過胎盤的血液交換和陰道垂直感染，所以一般都會採取剖腹產。

5. **毒品**：包含大麻、古柯鹼等，造成新生兒會有顫抖、睡眠障

礙、注意力缺陷等戒斷症候群，同時日後也會有智商較低、閱讀障礙和情緒的問題。

6. **抽菸、酒精**：尼古丁和一氧化碳會導致胎盤損害，導致流產或體重不足。即使是二手菸也有同樣的危險性。日後兒童可能有認知和注意力缺陷等問題。酒精的影響則可能造成胎兒酒精症候群（fetal alcohol syndrome, FAS），臨床表現包含過動、癲癇、易怒、低體重、發展遲緩。

許多藥物無法評估對胎兒的可能影響，包含抗生素、類固醇、普拿疼等處方藥，建議孕婦服藥前應該徵詢婦產科醫師建議。

德國葛盧恩塔化學製藥公司（Chemie Grünenthal）在1957年研發了沙利竇邁（thalidomide）並上市，主要用來治療懷孕初期的孕吐症狀，但是卻沒想到這個普遍被用來減少孕婦噁心感、嘔吐的藥，卻造成了新生兒的畸形，醫學名詞稱為「海豹肢畸形」（phocome-lia），嬰兒的手腳短小，甚至有些眼睛、心臟、消化道和尿道也都出現畸形。當時有一萬多名婦女因為服用了沙利竇邁而導致產下畸形兒，直到現在，沙利竇邁的悲劇並未終止，還有許多當時的受害者仍與藥廠進行訴訟中（李尚仁，2015）。即使沙利竇邁對於胎兒有不力影響，近年來醫學界也發現沙利竇邁對於抑制骨髓癌血管增生極為有效，過去曾被視為禁藥的沙利竇邁，卻成為近來治療癌症的新寵兒（陳博明，2009）。

第五節　分娩與胎兒出生後的健康評估

一、分娩

多數的孕婦選擇在醫院或診所生產，除了醫療院所有較完備的儀

器和急救措施可以因應各種生產的緊急狀況，同時產檢過程婦產科醫師也會對孕婦的狀況有較明確的掌握。生產的方式可以分為自然產和人工生產（剖腹產）。臺灣剖腹產的比例高居世界第二，比例約在32%-37%之間，大概三個孕婦就有一個選擇剖腹產。與我們鄰近的日本，剖腹產的比例也不過7%。高剖腹產比例歸因於臺灣民間風俗相信挑一個好的時辰對孩子的命格有幫助、其次孕婦的生產恐懼、怕痛、怕產道、骨盆受傷，都是孕婦選擇剖腹產的原因。不過若就嬰幼兒發展的歷程，自然產對胎兒和母體都是比較安全、風險較低的生產方式。

表2-3　自然產與剖腹產的比較

	自然產	剖腹產
生產途徑	陰道	下腹
傷口	會陰／陰道／肛門	腹壁／子宮
待產	數小時到兩日	無
生產	數分鐘到1小時	1小時
產後恢復	較無傷口	較無大小便失禁問題
胎兒風險	待產／生產中	無
母親短期風險	裂傷到直腸／陰道子宮頸	傷及膀胱子宮血管
母親長期風險	生殖泌尿道鬆弛	疤痕／腹腔沾黏

資料來源：公共電視（2010）。有話好說：臺灣剖腹產比例世界第二！！準媽媽不愛自然產？剖腹挑時辰卡好命？生產迷思與制度缺失！網址：http://talk.news.pts.org.tw/2010/07/blog-post_12.html

分娩從第一次陣痛開始到胎盤排出體外。大致可以分為三個階段：

第一階段子宮收縮：從每10-15分鐘一次，到子宮頸張開，嬰兒可以通過。生產過程子宮收縮的時間會愈來愈密集、強度愈來愈高。

第二階段：胎兒頭部通過子宮頸到胎兒離開母體。

第三階段：胎盤排出，分娩結束。

二、胎兒出生後的健康狀況評估

　　亞培格量表（APGAR）是目前國內使用最普遍的測量工具，尤其用來評估胎兒出生後的健康狀況，因為測量快速便利，可以讓醫護人員在最短時間內立刻判斷是否需要進行緊急醫療處理。胎兒出生後第一分鐘和第五分鐘進行評估。APGAR共包含五項指標，每項指標分別採計0分、1分、或2分。總分為10分，最高分為10分、最低分為0分。7分以上為健康的嬰兒，但嬰兒若低於4分，則需要緊急醫療處理。

表2-4　亞培格量表

測試項目	分數		
	0分	1分	2分
A：appearance 外觀	藍色或黑紫色	身體淡粉紅但是四肢已經變藍紫	粉紅色
P：pulse 心跳	無	每分鐘少於100次	每分鐘超過100次
G：grimace 面部皺扭	無	面部有表情但哭聲微弱	大聲哭、咳嗽或打噴嚏
A：activity level 肌肉活動	無	非常微弱	強
R：respiratory 呼吸	無	慢或不規則	強

三、產後憂鬱症

產後憂鬱症的心理表徵包含：對未來感到絕望、感覺生命中沒有什麼樂趣、經常感到悲傷、憂鬱、憂愁和不快樂，產婦失眠或嗜睡、經常感到疲勞、反覆出現自殺或死亡的念頭，體重下降、食慾減少等。

造成產後憂鬱的原因可以分為生理因素與心理社會因素。生理因素包含：產後雌性激素與黃體素、皮質醇（cortisol）急速下降、色氨基酸、正腎上腺素、泌乳素等減少有關；心理社會因素則與嬰兒出生後，照顧新生兒的壓力、面對新增加的母親社會角色短期內無法調適、以及因為家庭增加新成員導致的家人關係改變，如家中長輩過度介入新手媽媽的照顧，太太對於先生協助新生兒照顧的期待落空等。如果新手媽媽過去曾有憂鬱症病史，則誘發產後憂鬱症的可能性高達三成。

生產是身心負荷沉重的歷程，接踵而來的新生兒照顧常常讓新手媽媽落入心情低落的情境，若家人可以提供較多同理和情緒性支持、或者協助照顧新生兒，讓新手媽媽可以多一點休息，家中長輩切勿以「指導者」的角色責怪新手媽媽不懂、不會照顧，甚至把新生兒從媽媽身邊帶走，這些都可能造成新生兒媽媽自責、與被剝奪感。

高達七到八成的孕婦產後可能會有憂鬱症，不過多數產後憂鬱症經常被忽略，而被歸咎於「情緒不穩定」，造成家人關係緊張。雖然多數的產後憂鬱症無須藉助藥物控制，不過多數的產婦很少覺察自己的心理狀況，除了家人友伴的關懷和體貼可以協助新手媽媽渡過低潮期。重度憂鬱症者，還是需要醫療和藥物介入。

第六節　新生兒的生理評估

正常新生兒的體溫約爲36.5-37.5°C（肛溫），呼吸頻率爲每分鐘40-60次，心跳約每分鐘120-160次。

一、早產兒與低體重兒

早產兒（premature infant）爲懷孕滿20週但未滿37週出生稱爲早產兒。早產兒通常有體重不足與發展未成熟的情況。愈接近足月的早產兒預後狀況愈好，存活率愈高。出生時體重低於1,500克稱爲極低體重兒，體重低於2,500克稱爲低體重兒。新生兒因死產或出生後七日內死亡稱爲「週產期死亡」，臺灣每年的新生兒死亡人數約在3-4千名左右，其中3/4是因爲早產兒出生體重過低致死。早產兒出生後需要仰賴呼吸器，還可能產生併發症，包含高黃疸血症、敗血症、呼吸道疾病，可能產生神經傷害或腦性麻痺（早產兒基金會，2015）。早產兒需要住保溫箱，每日費用爲500元，以平均住院天數18天計算，花費近萬元。不過自2007年開始，健保每日給付98元（蘋果日報，2006）。早產兒矯正年齡的計算方式適用於嬰幼兒兩歲之前，尤其在發展評估篩檢時，教保人員應留意矯正年齡的計算方式。出生年齡指的是從出生日開始計算的年齡，而矯正年齡則是由預產期當天開始計算的年齡。

出生年齡爲計算當天日期減去出生日期。

矯正年齡爲計算當天日期減去預產日期。

同時預防接種是以出生年齡計算，而非以矯正年齡（彰化基督教醫院，2015）。

依據世界衛生組織（WHO）的定義，新生兒出生體重低於2500

51

克，則稱爲「低體重兒」（low birth weight）。蘇楓喬等人（2007）指出，母親懷孕期間暴露於環境菸煙（environmental tobacco smoke, ETS）的頻率，與嬰兒早產、住院有顯著相關。懷孕期間母親抽菸，則與造成低體重兒有顯著相關因素，懷孕期間暴露於ETS環境中比沒有暴露的母親，其嬰兒體重減少222.3克。體重不足的長期結果可能導致學習障礙，智力表現較差，甚至有情緒困擾等問題。

二、新生兒黃疸

　　成人的紅血球存活天數約120天，但新生兒紅血球僅能存活70-90天，紅血球的快速代謝造成膽紅素（bilirubin）大量上升，血液中的膽紅素必須和血中白蛋白結合成易溶於水的直接型膽紅素，然後傳送到肝臟代謝，新生兒的肝臟尚未發展成熟，導致血液中的膽紅素大量累積。新生兒黃疸的主要原因爲膽紅素的製造過多、排出減少，因爲膽紅素對身體組織具有毒性，尤其容易傷害中樞神經，因此新生兒會出現嗜睡、吸吮力減弱、肌肉張力低等現象，嚴重則會導致痙攣、躁動、甚至死亡（臺大兒童醫院，2013）。新生兒紅血球較成人多，且肝臟尚未發展成熟，比較容易產生黃疸，稱爲生理性黃疸，通常出生後1-2星期逐漸消退。大約出生後2-3天，即可透過採腳跟血的微量膽紅素，測量黃疸指數。若指數小於12，爲正常值範圍，但若新生兒黃疸指數超過15，即可能爲「病理性黃疸」，持續時間超過一週，也需要積極治療（吳建儀，2007）。

　　治療與處理方式包含（臺大兒童醫院，2013）：

1. 照光：利用膽紅素會吸收特定光波的能量，改變膽紅素結構，使膽紅素可以不經過鏈結就可以從膽汁排除。光源以450nm的藍光效果最好。

2. **換血治療**：使用兩倍血量換血法（double-volume exchange），用新生兒全身估計血量的兩倍全血的量做置換。經過換血治療的新生兒，膽紅素的值會降到原本的一半。不過換血治療也可能造成靜脈炎、低血糖、血栓症等併發症。

三、妊娠糖尿病

孕婦罹患妊娠糖尿病，懷孕時容易羊水過多，或者有腎盂腎炎、胎兒早產、慢性高血壓等症狀。孕婦血糖上升時，胎兒的血糖也會上升，刺激體內胰島素分泌，造成胎盤和胎兒腦部以外的器官重量增加，生下的嬰兒也會有低血鈣、高黃疸、低血鎂、呼吸窒息、心肌肥厚和心臟衰竭等現象（臺大兒童醫院，2013）。

四、新生兒感染

胎兒在子宮內遭到感染的機率約2%，新生兒出生後遭到感染的機率則有10%。感染來源包含病毒（德國麻疹、水痘、梅毒等），孕婦破水超過18小時也可能造成泌尿道感染，引發新生兒敗血症或腦膜炎。包含大腸桿菌及B型鏈球菌造成的細菌感染導致新生兒敗血症（臺大兒童醫院，2013）。

五、嬰兒猝死症

嬰兒猝死症（sudden infant death syndrome, SIDS）的定義為：「1歲以下嬰兒突然死亡，且經過完整病理解剖、解析死亡過程、並檢視臨床病史等詳細調查後，仍未能找到死因者。」（衛生福利部，2016）嬰兒猝死症是美國嬰兒死因的第三位，及新生兒後期最

主要的死因（Hoyert, Kung, & Smith, 2005），但在台灣，雖然嬰兒猝死人數從2004年以來持續下降，衛福部統計2014年嬰兒猝死人數仍為30人，占嬰兒死亡原因3.9%，為嬰兒死因第6位（衛生福利部，2016），但嬰兒猝死人數占嬰兒死亡人數的比例卻有增加的趨勢。嬰兒猝死症目前的原因不明，但是研究指出可能誘發猝死症的因素包含：嬰兒因不明原因引起腦部發展缺陷，以致無法適當控制心跳、呼吸、體溫等功能。當嬰兒俯睡或睡覺時口鼻被蓋住，可能因為吸入過多自己呼出的二氧化碳，導致體內二氧化碳含量增加，嬰兒在氧氣過低的情況下無法自行甦醒而導致死亡（黃筑瑜、鄭夙芬，2006）。

　　透過護理人員對家長提供衛教，包含強調嬰兒採仰睡姿勢，一個月之後，睡眠時間可考慮使用奶嘴，但奶嘴不可懸掛於嬰兒頸部或附著於嬰兒衣物上，勿在嬰兒床放置不必要的柔軟物件、嬰兒不與其他人同睡，建議可以同室但不同床，避免環境過熱，穿著太多衣物，確認無任何東西蓋住嬰兒頭部，這些都是可以預防嬰兒猝死的方式（黃筑瑜、鄭夙芬，2006；衛生福利部，2016）。

第七節　器官與生理系統的發展

　　臺灣俗諺有云：「一眠大一寸」，這句話符合了嬰幼兒發展的第一個快速成長期，兩歲之前嬰幼兒的身高和體重快速增加，出生時的體重約在3公斤左右，但是一歲左右幼兒的體重可以達到10公斤，約為出生時的三倍。到了兩歲左右，幼兒的身高可以達到成年身高的一半。不過，這樣的成長速度在兩歲之後逐漸趨緩，一直到青春期來臨，才會再進入人類的第二個快速成長期。從成熟論的觀點來看，世界上所有嬰兒的發展程序大致相同，時間點也大同小異。人類的發展大致依循下列原則：1.從頭到腳：頭部的發展成熟較早，如：轉頭，

再發展到腿的控制。2.從軀幹到四肢：嬰幼兒的身體動作發展，從手臂、大腿的大肌肉動作發展先開始，到小肌肉（如手指）的發展。3.從簡單到複雜：所有複雜的動作，如兩腳交替上下樓梯必須先有簡單的動作（走路）熟練完備，才能進行到複雜的動作。

一、神經系統（the nervous system）

1. 神經元與突觸

出生時，小嬰兒的頭部和身體的比例較大，大腦約占身體重量的10%。出生時大腦重量約350克。隨著嬰兒神經系統發展成熟，使得神經系統發送的訊息可以傳遞到身體部位（李宜賢譯，2009）。隨著腦細胞成長，神經膠細胞（glia）開始製造一種蠟狀物質，稱為髓鞘（myeline），其主要功能為幫神經元（neuron）包上保護套，阻斷神經衝動的傳遞，可以讓神經傳導的訊息更為有效快速。神經元可以接收和傳遞神經衝動。神經膠細胞的數量非常多，這些細胞終其一生都會不斷形成。一個胎兒就有一千億到兩千億個發展成熟的神經元。神經元與神經元之間有突觸（synapse）連結，不過若神經元沒有得到適當的刺激，神經元就會退化、死亡。例如：長年生活在地底下的魚，視覺的神經元會自然退化和死亡。動物的視覺剝奪超過一年，就完全無法恢復視覺，造成永久性的失明。因此嬰幼兒的照顧環境應該儘量讓嬰幼兒爬行，提供大量的肢體刺激。育幼院因缺乏足夠人力，讓嬰幼兒長期在侷限的嬰兒床上照顧，認知和動作發展比同年齡幼兒還要慢（林淑玲、李明芝譯，2014）。

2. 大腦側化

人類大腦左半球控制身體的右半側，在語言處理有特化，包含：說話、聽覺、與正向情緒表達。大腦右半球則控制身體左側，可以

處理視覺空間，非語言的聲音、觸覺、和負向情緒（林淑玲、李明芝譯，2014）。大腦側化（cerebral lateralization）指的是大腦左右半球的功能特化，偏好使用某一隻手或身體的某個部位。例如：我國旅美大聯盟左投陳偉殷，就是明顯的側化使用左手。

3. 反射動作

人類的反射動作例如：眨眼反射、瞳孔反射、呼吸反射、打噴嚏等，終其一生都不會消失。但新生兒的原始反射則在出生後幾個月內會自動消失。新生兒的中樞神經系統出問題時，導致缺少反射動作或者反射動作持續沒有消失，所以反射動作的診斷對於評估嬰幼兒生理發展極為重要。以下說明常見的幾種反射動作：

表2-5　新生兒的反射動作

項目	反應
吸吮反射	用手指輕敲擊嬰兒的臉頰，嬰兒會轉頭朝向被敲擊的一方
巴賓斯基反射（腳底反射）	輕輕碰觸腳掌，腳趾會先張開然後捲曲
驚嚇反射（摩洛反射）	極大聲響出現時，嬰兒會伸長雙臂、拱起背，雙臂向內彎。
抓握反射	成人將手指放在嬰兒手掌心，嬰兒會抓握碰觸的手指
游泳反射	將嬰兒放在水中，嬰兒會做出像游泳的姿勢
踏步反射	將嬰兒扶直，腳碰觸地板時，嬰兒的腳會做出像在踏步的姿勢

二、消化系統

消化系統包含口腔、咽喉、食道、胃、小腸和大腸。出生後3個月嬰兒的唾液才會發展成熟，所以2-3個月的嬰兒不會吞口水，會有

流涎現象。幼兒的乳齒到兩歲時可以長成20顆，但6-12歲之間，逐漸進行換牙，乳齒掉落、恆齒長出。因為幼兒乳齒的琺瑯質較薄，即使是尚未長牙的嬰兒，也要用乾淨的紗布協助幼兒清潔口腔。早期的乳齒發展不良不僅有礙幼兒的整體形象，對於咀嚼能力也會受到影響（賈璟祺譯，2005）。

新生兒的賁門括約肌較鬆弛、橫膈也尚未發展完全，嬰兒平躺時容易造成胃脹氣或胃內食物逆流食道，因此餵奶完之後，應該對嬰兒排氣，避免嬰兒溢奶（賈璟祺譯，2005）。

三、呼吸系統

胎兒在子宮內依賴臍帶進行氧氣交換，出生之後，呼吸系統必須啟動，新生兒出生的大聲哭，除了可以用是評估新生兒健康的亞培格量表指標之一，同時也可以讓新生兒的肺葉張開，自行呼吸。新生兒因為每次吸入的空氣量較少，因此每分鐘呼吸的次數約為30-40次，比成人的12次還多。

嬰兒的呼吸系統比成人更容易受到感染，適度的哭泣和活動量可以增加嬰兒的肺活動，指導幼兒正確用鼻呼吸而非口呼吸，減少環境中的塵蟎、灰塵，都是維持呼吸道健康的方法。

四、泌尿系統

1. 泌尿系統

泌尿系統主要由腎臟、膀胱、尿道組成。腎臟左右側各一個，主要功能為維持酸鹼平衡、調節水分、排泄廢物和有毒物質，以及維持內分泌的功能。尿液集中於膀胱，當膀胱的尿液量過高時產生排尿反射，膀胱壁的伸張感受器將訊息傳遞到脊髓，脊髓發出的副交感神經

刺激膀胱收縮、尿道括約肌舒張，尿液從膀胱經由尿道排出體外則為排尿（賈璟祺譯，2005）。

2. 排泄控制

新生兒排尿由反射控制，因控制尿道的外括約肌神經元尚未發育完全，到一個月大之前，每天排尿次數約20次，隨著膀胱機能發展成熟，排尿的次數會逐漸減少。1歲半至2歲的幼兒括約肌逐漸成熟，成人可以開始大小便訓練，3歲的幼兒應該完成小便訓練。

教保人員應該注意觀察幼兒具備下列條件之後再來進行排便訓練較為適當：

(1) 幼兒每天有固定的排便時間。

(2) 幼兒可以蹲、站。

(3) 幼兒有便意的時候懂得告訴大人。

(4) 可以遵從大人指示。

小便的訓練則需要觀察幼兒的膀胱控制能力，幼兒能否覺察自己想小便、幼兒可以維持一段較長時間（通常為2-3小時）不上廁所。多數幼兒到4、5歲時，即使晚上也不再需要尿布。排便訓練期間，最好讓幼兒穿著容易穿脫的褲子，以訓練幼兒自理能力。

3. 泌尿道衛生教育

女生的尿道長約4公分，比男性的20公分還要短，細菌也容易從尿道感染到膀胱，造成尿道炎。除了養成充足喝水的習慣，幼兒不要有憋尿的習慣，幼教老師可以2-3小時提醒幼兒排尿，便後由前往後擦拭，可避免肛門細菌造成尿道感染。

五、骨骼

1. 頭骨

新生兒的頭骨板塊尚未密合，新生兒頭骨有六塊，形成前後兩個囟門（fontanelle），之後才會慢慢由礦物質填滿。新生兒前端囟門位於前額頂端，後端囟門位於頭頂後端，柔軟而有彈性的頭骨，使得新生兒的頭部可以容易通過產道，大約幾個月之後，頭骨慢慢變硬接合。囟門接合的時間因人而異，後囟門閉合時間較早，約兩個月大，前囟門則約10至14個月。

2. 腿骨

兩歲以前的幼兒多半為O型腿，因為嬰兒出生前必須捲曲身體才能在有限的子宮內成長，所以正常的新生兒大約有10-15度內彎角度。幼兒學步之後，因為身體較重、骨骼卻較軟，造成腿部負擔更重，O型腿的情況會更嚴重，2歲之後隨著身體發展，腳也會慢慢伸直（臺大兒童醫院，2013）。

3. 骨頭數量

嬰兒的骨架分為兩部分：一是中央或軸向骨架，包含頭骨、脊柱和胸部的骨頭；其次為四肢或手腳骨架。成人約有260塊骨頭，但新生兒則有270塊。成人骨頭減少的原因主要是因為頭骨和脊椎裡的骨頭融合（李宜賢譯，2009）。

第八節　嬰兒的感覺發展

嬰兒透過感覺動作，逐漸建構對於世界的認知。嬰兒看到父母臉孔、聽到父母呼喚他的名字、感受身體的接觸、抓握不同材質的玩具，品嚐蘋果泥、葡萄汁等各種不同味道，這些經驗的累積，協助嬰

兒快速建構他們所認知的環境。

一、視覺

　　新生兒的視網膜和視神經尚未發展成熟，此乃控制水晶體的肌肉尚未完全發育，所以視覺是新生兒所有感覺發展最慢也最弱的。新生兒可見的視力範圍僅有30公分左右，而且是模糊的。因此建議托嬰環境布置可以採取對比色強烈的大色塊，以刺激嬰兒的視覺發展。隨著年齡增加，視覺發展漸趨成熟，新生兒對於不同圖形反應不同的興趣，其中小嬰兒對於臉孔圖形注視的時間最久。

二、聽覺

　　剛出生的嬰兒聽覺並不敏銳，不過新生兒可以分辨聲音的大小、頻率、以及方向。DeCasper的實驗指出（引自林淑玲、李明芝譯，2014）孕婦在懷孕最後六星期常常唸某一段短文，當嬰兒出生之後聽到此短文時，會增加吸吮的速度，顯示胎兒在母親子宮時即具有聽覺能力。一歲以前的嬰兒，對於常聽到的詞特別敏感，顯示嬰兒具有辨識聲音的能力。例如：四個月大的嬰兒對媽媽呼喚自己名字會有反應。

三、觸覺和痛覺

　　皮膚上的觸覺刺激可以增強嬰兒的反應力。當胎兒經過產道的擠壓時，產道的壓縮刺激了胎兒身上的皮膚，一般也認為自然產的嬰兒因為產程的刺激，在情緒和認知發展上優於剖腹產嬰兒。嬰兒按摩不但可以增進嬰兒皮膚的觸覺刺激，減少嬰兒壓力和穩定情緒，同時也

有助於親子關係的培養，尤其是早產兒，透過按摩和觸摸，早產兒的發展較好。

四、味覺和嗅覺

嬰兒對於甜味特別偏好，但對於苦味或鹹味則表現嫌惡。部分市售的嬰兒配方奶粉為了迎合嬰兒喜愛甜味的偏好，有時候也會特別添加某些香精或糖以吸引嬰兒。嬰兒對於氣味的敏感度也很高，尤其偏好有母親味道的衣服。實驗指出，六天大的新生兒，已經可以分辨母親和陌生人的胸墊，因為新生兒會將頭轉向自己母親胸墊的一方。

第九節　發展篩檢

一、新生兒先天性代謝異常疾病

苯酮尿症是最早新生兒篩檢的檢查項目，起因於苯酮尿症病人因為無法代謝苯丙胺酸，導致有毒代謝物在體內堆積，通常他們的尿液中或身體有股異味，大量的苯丙胺酸累積造成腦部的傷害，表現為智能不足。台灣在1982 年開始試行新生兒篩檢，當時新生兒的篩檢項目只有5項：先天甲狀腺不足症、苯酮尿症、半乳糖血症、高胱胺酸尿症、葡萄糖六酸去氫酶缺乏症（胡務亮、簡穎秀、李妮鍾，2010），而今新生兒先天性代謝異常疾病的篩選已經增加到11項。

國民健康署提供新生兒先天性代謝異常疾病篩檢，透過新生兒篩檢可以早期發現先天性代謝異常疾病，降低身體和智能的不利影響。醫療院所可以對出生48小時的新生兒採腳跟血液，寄交給衛生署國健局指定的新生兒篩檢中心進行檢驗。政府補助的新生兒篩檢項目共有十一項（見表2-6）：

表2-6　常見的新生兒先天性代謝異常疾病

疾病名	盛行率	產生原因	臨床表現
先天性甲狀腺低能症	約3千個嬰兒有一個	嬰兒缺乏甲狀腺荷爾蒙，影響腦神經和身體發育	智能障礙、生長發展遲緩、身材矮小
苯酮尿症	約每3萬5千個嬰兒有一個	嬰兒無法有效代謝食物中的蛋白質	尿液及身體有霉臭味，嚴重智能不足
高胱胺酸尿症	約每10-20萬個嬰兒有一個	嬰兒無法有效代謝食物中的蛋白質	骨骼畸形、智能不足、血栓
半乳糖血症	約每100萬個嬰兒有一個	嬰兒體內無法正常代謝乳糖	餵奶後嘔吐、昏睡；眼睛、肝臟、及腦部損害
葡萄糖—六—磷酸鹽脫氫酶缺乏症（俗稱蠶豆症）	約每100萬個嬰兒有3個	嬰兒體內紅血球的葡萄糖代謝異常	新生兒接觸某些藥物（如吃蠶豆、樟腦丸、擦紫藥水），造成急性溶血性貧血。導致黃疸、智能障礙
先天性腎上腺增生症	約每1萬5千個嬰兒有一個	缺乏腎上腺21-羥化酵素	失鹽型：餵食困難、體重降低、生長遲滯、嘔吐、脫水、低血壓、低血鈉、高血鉀 單純男性化型：女嬰外生殖器男性化。男嬰的外生殖器正常，若未作新生兒篩檢，難以早期診斷，直到3-7歲出現生長過速及陰毛長出才可能被發覺

（續）

疾病名	盛行率	產生原因	臨床表現
楓漿尿症	國內發生率尚在評估中，歐洲白人約每12萬個新生兒有一個；美國約每25萬個嬰兒有一個	特殊支鏈胺基酸代謝異常	體液和尿液會有楓樹糖漿的甜味；嘔吐、嗜睡、食慾減低、呼吸急促、黃疸、抽搐
中鏈脂肪酸去氫酶缺乏症	歐美地區約每1萬5千個嬰兒有一個	新生兒缺乏中鏈脂肪酸去氫酶，致脂肪代謝無法順利進行，不完全分解的脂肪堆積在體內產生毒性，對大腦和神經系統造成傷害	嘔吐、肝臟腫大、低血酮性低血糖、意識模糊、昏迷、抽搐
戊二酸血症第一型	國內發生率尚在評估中，美國約2萬名嬰兒有一個	新生兒缺乏戊二基輔酶A去氫酶，無法正常解離胺酸與色胺酸，致有毒物過量堆積於血液和組織中，形成漸進性神經症狀與急性的代謝異常	運動困難、漸進式的舞蹈徐動症、肌肉僵硬、麻痺，甚至有癲癇或昏睡
異戊酸血症	國內發生率尚在評估中，國外約每5萬名嬰兒有一個	新生兒缺乏異戊醯輔酶A去氫酶，無法正常分解白胺酸，致使異戊酸過度堆積，侵犯神經與造血系統	新生兒出生後出現倦怠、噁心、嘔吐、嗜睡、胃口不佳、抽筋等症狀。因大量異戊酸堆積，新生兒身體和尿液會有明顯臭腳汗味
甲基丙二酸血症	國內發生率尚在評估中	甲基丙二酸輔酶A變位酶功能異常或鈷胺素代謝異常，導致體內甲基丙二酸、丙酸等有機酸累積，造成神經系統損害	酮酸中毒、低血糖、高血氨、高甘胺酸血症

資料來源：國健署新生兒先天性代謝異常疾病篩檢宣傳單臺大版（2015）。

63

二、聽力篩檢

國健署補助未滿3個月的新生兒聽力篩檢，出生後24-60小時，即可由醫療院所針對先天「感覺神經性聽損」及先天「傳導性聽損」進行檢查。通常嬰兒三個月前可以確診，六個月大以前開始治療。

三、發展遲緩與篩檢

發展遲緩（developmental delay）的定義為：學齡前幼兒在認知發展、生理發展、語言發展、社會心理發展及自理能力等五種領域中至少有一項，與一般幼兒比較，有至少一項的發展落後或異常（郭逸玲，卓妙如，2004）。例如：幼兒可能常生病、或者語言溝通能力有問題、出現社會情緒的障礙、注意力不集中等（財團法人中華民國發展遲緩兒童基金會全球資訊網，2015）。臺灣地區0至未滿6歲人口數約120萬左右，發展遲緩幼兒的發生率約為6%推估，國內大約有7萬2千名發展遲緩幼兒，不過依據下表的通報人數，近五年實際通報人數約在2萬人左右，其中男性幼兒發展遲緩人數約為女性幼兒的兩倍，實際通報比例不到三成（衛生福利部，2015）。

造成發展遲緩的主要原因包含：

1. **懷孕時的不利因素**：早產（懷孕期未滿36週）、嬰兒出生時體重未滿2,500克。

2. **先天性異常**：染色體異常、頭顱顏面異常（如唇顎裂、外耳異常）、先天性新陳代謝異常（如苯酮尿症）、水腦脊柱裂、頭骨提早密合、先天性心臟病、手足缺損畸形。

3. **產前、產程或產後的問題**：孕期前3個月感染德國麻疹、母親妊娠期有不正常出血、糖尿病、妊娠毒血、梅毒、酗酒、抽菸；產程有吸入性胎便、窒息缺氧需急救、呼吸急迫、胎心

音下降；Apgar分數過低；出生後痙攣、無呼吸、反覆嘔吐、低體溫；重度黃疸需換血。

4. **腦傷**：水腦、出血或缺氧、腦部感染、癲癇、腦瘤。

5. **家族史或環境因素**：近親中有身心障礙者、低社經地位、孤兒或受虐兒。

　　發展篩檢的工具決定發展遲緩的評估結果。學齡前兒童行為發展量表（Chinese Child Development Inventory, CCDI）的施測對象為6個月到6歲3個月的兒童，目前國內醫療院所的兒童發展聯合評估中心多半使用此量表作為檢核工具。CCDI的評量內容包含8個領域：(1)粗動作；(2)精細動作；(3)溝通與表達；(4)概念理解；(5)環境理解；(6)身邊處理；(7)人際社會；(8)一般發展，共320個題目。CCDI的評量結果以發展商數（developmental quotient）表示。發展商數是以評估幼兒各項能力的實際發展年齡，除以實足年齡所得的比值，再乘以100，可以用來顯示個體發展狀況。若發展商數介於80-100之間，表示幼兒的發展能力符合其實際年齡的能力；若發展商數介於70-80之間，則表示幼兒的發展可能在邊界值內；但若發展商數低於70，則表示幼兒有發展遲緩的現象（王慧儀，2005）。幼兒在二次不同時間所做的評量結果，發展商數均小於80，或者四種能力中有一種發展能力的商數小於70，均需要進一步做全面性的身體、神經及發展評估（黃朝慶，2016）。

　　依據王慧儀（2005）以356名4-6歲幼兒的研究結果顯示，家中較多子女，或者受試幼兒排行越小，粗動作的發展商數越高；溝通表達領域的評量結果，男幼兒被歸類為發展遲緩的比例（3.8%）明顯少於女幼兒（5.2%）。家長職業為從商，幼兒對環境理解和人際社會的發展商數明顯較高。

　　兒童發展檢核表從4個月開始到6歲，嬰幼兒3足歲以前共有7次

發展檢核，分別為4個月、6個月、9個月、1歲、1歲6個月、2歲、2歲6個月。3歲以上到6歲則有5次發展檢核，分別為：3歲、3歲6個月、4歲、5歲、與6歲（國民健康署，2015）。依據衛生福利部社會及家庭署居家托育服務中心評鑑指標，托育人員需要對收托嬰幼兒於指定月齡進行發展篩檢，保留檢核紀錄，將檢核結果通知家長，並對個案進行處遇紀錄（如訪視或通報）。依據《幼兒園教保實施準則》第9條規定，幼兒園應定期對全園幼兒實施發展篩檢，對於未達發展目標、疑似身心障礙或發展遲緩之幼兒，應依特殊教育法之相關規定辦理。通常幼兒園每年幫幼兒進行一次發展檢核，檢核結果必須通知家長。

發展遲緩與早期療育的通報服務流程包含下列五個步驟（財團法人中華民國發展遲緩兒童基金會全球資訊網，2015）：

1. **發現與初篩**：家長或專業人員觀察幼兒有疑似發展異常現象，可以透過篩檢工具做簡易評量。

2. **通報**：醫護人員、社工師、教育與保育人員等，發現疑似發展遲緩之特殊兒童，應向通報轉介中心通報。

3. **轉介**：通報轉介中心的社工對於發展遲緩兒童先做個案建檔管理，依據幼兒發展狀況轉介到評估中心，召開療育會議，擬定個別家庭服務計畫，轉介早療資源、諮詢。

4. **評估**：衛生福利部補助成立「發展遲緩聯合評估中心」，由專業團隊以聯合或特別門診方式進行評估。

5. **療育**：提供發展遲緩幼兒家庭整合醫療、教育和社會福利的資源，提供醫療復健、教育訓練、與家庭支持。

【近年教師檢定考題解析】

　　近年教師檢定產前與一歲前發展的遺傳或基因的考題較少，主要原因爲幼兒園教師仍是以照顧2-6歲幼兒爲主。不過，與發展有關的神經、骨骼、內分泌等系統對2歲之後產生影響，這些則是本章的考試準備重點。同時泌尿系統因爲與幼兒如廁訓練有關，也是較常考的範圍。

　　教師檢定考題來源：國家教育研究院教師檢定歷屆試題及參考答案，網址：https：//tqa.ntue.edu.tw/

一、產前的發展

1. 胚胎期爲產前個體變化最大的一個重要時期，期間每一胚層發展爲器官和組織。下列敘述何者正確？　　　　　　（102年教檢）
   (A)胚胎期是從第2週至第6週爲止
   (B)皮膚外層和神經系統爲外胚層發展而成
   (C)消化系統、骨骼和肌肉爲內胚層發展而成
   (D)循環系統、消化系統、肝臟、胸腺爲中胚層發展而成

二、各種系統的發展

2. 人類的運動控制主要是藉由下列哪兩個系統間的密切合作來達成？　　　　　　　　　　　　　　　　　（100年教檢）
   (A)骨骼及肌肉系統　　　　　(B)循環及呼吸系統
   (C)消化及泌尿系統　　　　　(D)神經及內分泌系統

3. 抱新生兒時，應避免劇烈搖晃，因爲劇烈震動最有可能會使嬰

兒身體的哪一部分受到傷害？　　　　　　（101年教檢）

(A)消化系統　　　　　　　　(B)循環系統

(C)反射系統　　　　　　　　(D)前庭系統

4. 下列有關幼兒泌尿道感染的敘述，何者錯誤？　（102年教檢）

(A)平時鼓勵多喝水

(B)每2-3小時提醒排尿

(C)男生發生機率高於女生

(D)可多攝取蔓越莓汁降低感染機率

5. 排尿是指尿液的排空，三歲的幼兒大都已經可以成熟地抑制排
尿，可以整晚不包尿布，此乃是源自下列哪一項原因？

（102年教檢）

(A)大腦枕葉發展成熟　　　　(B)小腦早期發展成熟

(C)交感神經系統成熟　　　　(D)副交感神經系統成熟

6. 幼兒出現下列哪一項行為徵兆，會是如廁訓練的最佳時機？

（103年教檢）

(A)一學會「聽到口哨聲就尿尿」

(B)穿著尿布經常會出現尿布疹

(C)會以突然站著不動表示有尿意

(D)穿著尿布能維持一個小時不濕

7. 美國職棒大聯盟金鶯隊的陳偉殷是個左投，有關這種偏好使用
某一隻手或身體某一側的現象，下列敘述何者較為正確？

（104年教檢）

(A)大腦側化發生的機率是二分之一，且多數無法預測

(B)大腦側化從幼兒期之後開始，慣用左右手才會慢慢形成

(C)右半腦通常與處理視覺、空間、觸覺和負向情緒的表達有關

(D)較常使用的一側就會產生髓鞘化，可以加速神經衝動的傳遞

三、遺傳

8. 小華是一位患有先天性色盲的五歲男孩，他的色盲是下列何種原因造成？　　　　　　　　　　　　　　　　（100年教檢）

(A)性染色體隱性疾病　　　　(B)體染色體顯性疾病

(C)性染色體數目異常　　　　(D)體染色體數目異常

9. 小強的父親是一位需要限制飲食的苯酮尿症（phenylketon-uria）患者，而他的母親並沒有帶因。下列對小強的敘述何者正確？　　　　　　　　　　　　　　　　（104年教檢）

(A)發病機率為25%　　　　(B)發病機率為50%

(C)成為帶因者的機率為50%　(D)成為帶因者的機率為100%

四、反射動作

10. 小香是出生二十天的新生兒，當媽媽將手指放在她的手掌心時，她會緊緊地抓住媽媽的手指，此為何種反射動作？

（101年教檢）

(A)摩羅反射（Moro reflex）

(B)行走反射（walking reflex）

(C)達爾文反射（Darwinian reflex）

(D)巴賓斯基反射（Babinski reflex）

11. 下列哪一項新生兒的反射行為會隨著年齡增長而消失？

（103年教檢）

(A)抓握反射　　　　　　(B)眨眼反射

(C)瞳孔反射　　　　　　(D)呼吸反射

五、感覺發展

12. 下列有關4個月大嬰兒感官能力發展的敘述，何者正確？

（102年教檢）

(A)比媽媽對高頻率的聲音更敏感

(B)喜歡觀賞單調刺激物甚於圖形

(C)目前還無法區辨媽媽和其他女性的聲音

(D)偏好甜味，但對於苦味則尚無區辨的能力

六、發展篩檢

13. 下列有關幼兒發展遲緩（developmental delay）概念的敘述，何者錯誤？

（105年教檢）

(A)大多是針對零到六歲幼兒的發展狀況做檢測

(B)先天遺傳或後天不利的文化、環境等因素都可能造成發展上的遲疑

(C)評估後有兩項發展商數（development quotient）低於100，或其中一項低於80，即顯著遲緩

(D)指與一般同齡幼兒相較，在認知、語言、運作、人際及情緒等方面有發展落後或異常的現象

【解答】••

1.B　2.A　3.D　4.C　5.C　6.C　7.C　8.A　9.D　10.C

11.A　12.A　13.C

參考文獻

公共電視（2010）。有話好說：臺灣剖腹產比例世界第二！！準媽媽不
　　愛自然產？剖腹挑時辰卡好命？生產迷思與制度缺失！網址：http://
　　talk.news.pts.org.tw/2010/07/blog-post_12.html

王慧儀（2005）。學齡前兒童行為發展量表評估結果的相關分析探討。
　　載於第六屆全國早療相關服務論文發表大會暨國際研討會論文手冊，
　　頁21-24。台中市：中華民國發展遲緩兒童早期療育協會。

早產兒基金會（2015）。認識早產。網址：http://www.pbf.org.tw/html/
　　c01.asp

吳建儀（2007）。淺談新生兒黃疸。義大醫訊，第22期。網址：www.
　　edah.org.tw/journal/22/34-37.html

李宜賢譯、D. Morris著（2009）。小寶貝：精彩的0-2歲影響一生。臺
　　北：合記。

李尚仁（2015）。沙利竇邁悲劇半世紀。科學發展，511，頁82-85。

周念縈譯、J. W. V. Zanden原著（2004）。人類發展學。臺北：麥格羅希
　　爾。

林淑玲、李明芝譯、Schaffer & Kip原著（2014）。發展心理學。臺北：
　　學富。

武光東（2015）。新生兒先天性代謝異常疾病篩檢作業手冊。網址：
　　http://nbs.tw/assessment/nsmanual/part3-1.htm

胡務亮、簡穎秀、李妮鍾（2010）。新生兒篩檢。臺灣醫學，14(1)，頁
　　34-38。

財團法人中華民國發展遲緩兒童基金會全球資訊網（2015）。
　　早療簡介。網址：http://www.fcdd.org.tw/ap/cust_view.
　　aspx?bid=41&sn=7cd62910-3827-4cf9-96dc-b5a8900e838b

國民健康署（2011）。影響懷孕的因素。網址：http://www.hpa.gov.tw/

BHPNet/Web/HealthTopic/TopicArticle.aspx?No=201110060002&parentid=201109210001

國民健康署（2015）。健康九九網站－寶貝發展篩檢指南光碟。網址：http://health99.hpa.gov.tw/EducZone/edu_detail.aspx?CatId=50223&Type=004&p=1

國民健康署（2015）。國民健康署自103年起，提高產前遺傳診斷（羊膜穿刺）補助費！網址：http://www.hpa.gov.tw/Bhpnet/Web/News/News.aspx?No=201411040002

國民健康署（2015）。新生兒先天性代謝異常疾病篩檢宣傳單臺大版。網址：http://www.hpa.gov.tw/BHPNet/Portal/File/ThemeDocFile/20070820106778/%E6%96%B0%E7%94%9F%E5%85%92%E7%AF%A9%E6%AA%A2%E5%AE%A3%E5%82%B3%E5%96%AE-%E5%8F%B0%E5%A4%A795%E7%89%88.pdf

郭逸玲、卓妙如（2004）。發展遲緩幼兒早期療育之概念與模式。身心障礙研究，2(2)，頁68-76。

陳博明（2009）。小兵立大功沙利竇邁。癌症新探，第30期。網址：http://cisc.twbbs.org/lifetype/index.php?op=ViewArticle&articleId=1611&blogId=1

黃朝慶（2016）。什麼是兒童發展遲緩？網址：http://parent.kimy.com.tw/new/article.aspx?id=1734

黃筑瑜、鄭夙芬（2006）。降低嬰兒猝死症發生的危險－執行安全睡眠措施。護理雜誌，53(4)，頁11-16。

賈璟祺譯、MacGregor原著（2005）。幼兒生理學。臺北：啓英。

彰化基督教醫院（2015）。衛教天地～兒科部。網址：http://www.cch.org.tw/knowledge/knowledge_1_1_detail.aspx?oid=599&no=1&pID=4&sNO=120

臺大兒童醫院（2013）。實用兒科學。臺北：國立臺灣大學醫學院。

臺北市政府衛生局（2015）。兒童發展檢核表。網址：http://health.gov.taipei/Default.aspx?tabid=411&mid=1142&itemid=24839

衛生福利部（2015）。發展遲緩兒童通報人數。網址：www.mohw.gov.
　　tw/CHT/DOS/DisplayStatisticFile.aspx?d=31844

衛生福利部（2016）。防嬰兒猝死，你家作對沒？仰睡為首要。網址：
　　http://www.mohw.gov.tw/news/571754184

蘇楓喬、李孟智、謝武勳、張蓓貞、郭育良、洪百薰、林秀娟、陳保中
　　（2007）。出生前後二手菸暴露與嬰兒健康，臺灣衛誌，26(6)，頁
　　472-481。

蘋果日報（2006）。明年起保溫箱納健保給付。網址：http://www.apple-
　　daily.com.tw/appledaily/article/headline/20061004/2932746

Hoyert, D. L., Kung, H., & Smith, B. L. (2005), Deaths: Preliminary
　　Data for 2003. National Vital Statistics Reports, 53(15), 1-31.

Jolie, A. (2013). My Medical Choice. New York Times, 14th May 2013.
　　http://www.nytimes.com/2013/05/14/opinion/my-medical-choice.
　　html?hp&_r=2&

施嘉慧

認知發展

CHAPTER 3

　　隨著科技日新月異，現今的孩子接觸平板、電子產品的年齡愈趨下降，經常我們會看見當父母親忙碌時，最能打發孩子免於吵鬧的方式就是提供其3C電子產品，然而幼兒真的能藉由操作3C產品從中習得什麼概念嗎？幼兒的認知發展究竟該從何開始呢？幼兒的認知發展又與智力有何關聯性呢？本章將針對過去各學者所提出的理論進行認知發展的介紹。

第一節　認知與智力

　　認知（cognition）與智力（intelligence）所呈現的方式與意義皆有所不同，認知是個體在學習新事物時，所產生的一個過程；智力則是經過一連串的學習與反覆練習後，所呈現出來的一種表現結果。以下將分別介紹認知與智力的意義及概念。

一、認知的意義

　　認知是個體對事物瞭解與認識的歷程，包含對事物的注意、辨別、理解、思考、記憶等複雜的心理活動（張春興，2001）。就狹義的來說，認知就是認識或知道。認知是一種察覺，即發現或知道各種現象的訊息；就廣義的來說，認知是所有形式的認識作用。包括感覺、知覺、注意、記憶、推論、問題解決等。

二、認知發展的影響因素

　　認知發展為個體適應環境的過程，遺傳與成熟決定了先天的基礎，而環境則提供適應的場合，故個體獲得知識的歷程為先天基礎加上後天經驗的交互影響而決定的。

1. **成熟**：認知發展有賴個體生理的成熟，當個體發展到達一定
　　成熟階段時，則能學習到相對應的認知。
2. **環境**：透過環境的改變，從活動中可以讓發展的技能更熟
　　練。
3. **經驗**：從與同儕、社會的互動中，不斷累積不同生活經驗，
　　進而增進對世界的瞭解。
4. **自我調節**：從同化與調適、組織與尋求平衡的過程中讓認知
　　水準不斷的提升。

三、智力的概念

　　智力是一種認識世界的綜合能力，是以本身的遺傳條件為基礎，
在環境中認識事物的能力，包含：注意力、觀察力、記憶力、想像
力、創造力等。

四、智力的發展

　　智力的發展速率以及停止年齡與個體智力高低有關，智力愈高，
其發展速率愈快，停止的時間也較晚，相對的，若智力愈低，則發展
速率愈低，停止發展的時間也會較早。

五、影響智力的因素

　　影響一個人的智力程度絕非單一因素造成，除了先天的遺傳因素
外，後天的環境、學習以及成熟度也都是影響智力發展的重要因素，
如圖3-1所示。

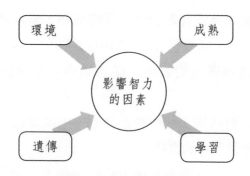

圖3-1　影響智力的因素

影響智力的因素分述如下：

(一)**遺傳**：是奠定智力的基礎。研究顯示同卵雙胞胎的智力相近，說明遺傳在智力上的影響。

(二)**環境**：母親產前孕育胎兒的環境如果不良，可能會導致胎兒神經功能的受損，造成智能發展障礙。研究顯示共同生活的人其智力相近，說明環境在智力上的影響。個體所處的家庭、社會文化、教育、同儕等外在環境會影響智力發展。

(三)**成熟**：智力與生理，尤其是神經系統的發育相關。

(四)**學習**：教育環境及教學方式的適當性，也會影響智力的發展。

第二節　認知發展理論

本節將分別介紹皮亞傑（Piaget）的認知發展論以及維高斯基（Vygotsky）的社會建構論。

一、皮亞傑（Piaget）認知發展論（cognitive development）

　　皮亞傑的理論是以發展的階段取向為根基，他認為所有的幼兒都要經歷一連串、從出生到青少年的固定順序且一致的四個階段（Febert, 2015）。過去曾有幼兒教育領域之專家學者以皮亞傑所提出的認知發展理論為基礎，針對幼兒教具設計進行探討，郭春在、卓素慧（2008）運用皮亞傑的認知發展理論進行幼兒教具設計原則之探討，然而之所以採用皮亞傑的理論，是因為他們認為皮亞傑所提出的認知發展四階段中，光是幼兒時期就占據了兩階段，由此可看出幼兒時期發展的重要性。並且皮亞傑強調幼兒認知是由其感覺與知覺開始，逐漸發展到抽象概念的層次，此理論帶給我們許多教育方面的啟示，它讓我們注意到每個孩子的認知能力及發展皆不盡相同，對此，身為教師或父母的我們，應該要隨時注意孩子的需求及發展程度，提供適合的學習內容。

(一)皮亞傑認知發展理論基本概念介紹

　　皮亞傑提出認知發展過程或建構過程有以下三個核心概念（張春興，2001）：

1. **認知結構**（cognitive structure）**與基模**（schema）

　　皮亞傑將基模視為人類吸收知識的基本架構。

　　(1) 是個體用來認識周圍世界的基本模式。

　　(2) 幼兒透過雙手觸覺抓取基模和嘴巴感覺的吸吮基模來探索與學習周遭事物。

　　(3) 基模會隨著個體的成長及經驗的增加漸趨複雜，並逐漸成為一種心理模式。

2. 組織（organization）與適應（adaptation）

   (1) 組織是將比較簡單、低層次的結構，組織成較複雜、較高層次結構的過程。 例如：當幼兒聽到巨大聲響時，會立刻轉頭尋找聲音來源，起初可能會四面八方尋找，經過多次後，可能已經會正確辨識聲音發出的方位，不須四處找尋，可直接將頭轉向正確方向。

   (2) 適應是指認知基模會因環境的限制而主動改變的心理歷程。個體在適應環境的過程中，會經歷兩個心理歷程，一種是同化（assimilation），另一種是調適（accommodation）。

      (a)同化（assimilation）：個體運用其既有基模解決問題時，將遇見的新事物吸納入既有基模，此一新事物及同化在他既有基模之內，成為新的知識。

      (b)調適（accommodation）：在既有基模不能同化新知識時，個體主動修改其既有基模，而達到目的的歷程。

3. 失衡（disequilibrium）與平衡（equilibrium）

   (1) 失衡：當個體不能同化新知識經驗時，心理上自然會感到失衡。失衡時會產生一內在驅力，驅使個體改變既有基模。

   (2) 平衡：當個體能輕易同化新知識經驗時，心理上自然會感到平衡。

(二)皮亞傑認知發展理論的主要特色

皮亞傑所提出的認知發展四階段有以下特徵：

1. 發展的順序不變，但具有個別的差異性。

2. 發展具有普遍性（不具文化特別性）。

3. 依賴認知發展，但可普遍化爲其它功能。

4. 各發展階段都是在邏輯上有組織的整體。

5. 各階段的順序是自然的階層（所有成功發展的階段都會有前一階段的元素參與合作，但後一階段比起前面的階段，更加不同，而且更加完整）。

6. 每一個階段，在思考模式上會表現出質的不同，而不僅是量的差異。

(三)皮亞傑認知發展理論各階段介紹

皮亞傑認知發展理論認爲幼兒的心智成長是幼兒在其所接觸的環境中經由探索、解決問題而建構出來的，並且強調幼兒的成長有階段性。從單詞句階段開始，個體所發的語詞以具體感覺到的物體爲主，正符合皮亞傑所說的感覺動作期；約於2歲多開始，幼兒的表達大都以自我中心來思考事物，經常說出此時此刻自己所想到的事物，不太在意他人是否聽得懂他想表達的意思，這正是皮亞傑所謂的前運思期階段；在7歲之後個體則進入具體運思期，進而再發展進入抽象思考的形式運思期。皮亞傑將認知發展分爲四個階段，階段間的發展順序不會改變，但會依個體的發展速度有快慢的差異，以下分別介紹四階段特徵：

1. 感知運動階段（感覺動作期，Sensorimotor，0-2歲）

此時期個體靠感覺獲取經驗。約於1歲時發展出物體恆存的概念，個體透過感官器官，探索外界事物，藉以獲取知識的歷程。

2. 前運算階段（前運思期，Preoperational，2-7歲）

已經能使用語言及符號等表徵外在事物，具推理能力但不符邏輯，尚未具有保留概念，思考缺乏可逆性，以自我爲中心。

3. **具體運算階段（具體運思期，Concrete Operational，7-11歲）**

了解質量守恆的概念，能對具體存在的事物進行合乎邏輯的思考，並且能根據具體經驗思維以解決問題，但此階段還沒有辦法作抽象性思考。

4. **形式運算階段（形式運思期，Formal Operational，11歲以上）**

開始會類推，對抽象性事物能進行合乎邏輯的思考，有形式邏輯思維和抽象思維，並且能建構系統性思考。

表3-1 認知發展與階段特徵表

	感覺動作期 （出生-2歲）	前運思期 （2-7歲）	具體運思期 （7-11歲）	形式運思期 （11歲以後）
認知發展	由反射動作到主動嘗試錯誤的解決問題模式。	1. 具有簡單的象徵能力，但雙重表徵的能力尚未成熟。 2. 心智的運作由感覺動作層次轉化為概念思維層次。	能同時考量多種向度，不會被感覺影響，能進行正確的邏輯推論。	不須藉由具體的事物即能進行抽象的邏輯推論。
階段特徵	1. 物體恆存概念。 2. 延宕模仿。	1. 自我中心。 2. 集中注意。 3. 缺乏可逆性思考。 4. 缺乏保留概念。 5. 直接推理。 6. 萬物有靈論。	1. 具有保留概念。 2. 具備可逆性思考。 3. 具備分類的能力。 4. 具備序列的觀念。 5. 從自我中心轉向社會觀點。	1. 具備假設與推理的能力。 2. 具備歸納與演繹的能力。 3. 能應用抽象名詞進行思考。 4. 能針對自己的思考進行反省。

(四)皮亞傑認知發展理論對教育的影響

透過皮亞傑所提出的認知發展理論，教師可透過其理論概念落實於教學，以下提出六點供參考：

1. 瞭解幼兒的思考

教師應具有同理心才能瞭解幼兒，瞭解幼兒的認知歷程，才能有效幫助其學習，教師可以透過多元方式得知幼兒的心智運作模式和看待現象與問題之能力，例如：透過行為觀察、晤談及家長問卷等。在感覺動作期，兒童會以動作表徵表達自己想法，例如：幼兒拿玩具水果在嘴邊作出咬的動作，就表示他在吃水果的意思，教師在瞭解幼兒動作之意思後，可從旁與幼兒互動，詢問幼兒在吃什麼水果呀？增強其探索環境之意願。

2. 介紹新經驗

皮亞傑認為新經驗是學習以及認知發展的開始，但需要個體有能力適應，才具有意義，故教師在介紹新經驗以前應先瞭解幼兒所具備的舊經驗為何。另外，教師可善用認知之衝突，即在教學設計時須配合學生認知結構的發展而給予新的課程，能使學習產生挑戰性。

3. 依認知發展順序訂定教學策略

配合學生的認知發展順序，在不同認知發展階段，有不同的教學方式，例如：具體運思期要注意實物教學，妥用教學策略，重視班級成員。

4. 運用具體的教材

在學齡前與小學低年級階段，教學過程宜提供實際操作之機會，符號與語言之瞭解以直接操弄或內在操弄的機會為基礎，較易使兒童瞭解抽象觀念。

5. 設定學習速度

皮亞傑認爲發展順序不變，但發展因個人而異，同年齡層其認知發展速率不同，教師可依學生狀況設定學習速度。

6. 分析錯誤

瞭解學生所犯之錯誤，可從中瞭解學生之思考邏輯，教師透過分析與解釋，讓學生瞭解其邏輯思考之謬誤。

二、維高斯基（Vygotsky）社會建構論（social constructionism）

維高斯基的理論奠基於馬克思主義，從意識的角度探討人在社會中的活動，主張人類的心智起源於社會。雖然維高斯基認同皮亞傑的看法，認爲兒童會主動地去探索並建構知識，但維高斯基強調探索的意義在於發現社會文化對認知發展的重要性。

維高斯基提出人的心智活動分成低層次與高層次兩種，低層次的心智活動來自生物演化的結果，高層次的心智活動則來自工具的使用，其源自於社會。以下將以表格呈現兩層次心智活動之特徵，如下表3-2：

表3-2　心智活動層次特徵

	低層次心智活動	高層次心智活動
起源	生物演化	社會
表現	1. 基本的注意力 2. 基本的知覺 3. 原始的記憶	1. 自發性的注意力 2. 知覺不受場域限制 3. 具備邏輯記憶
特徵	舉凡生物皆有	人類獨具有

簡淑貞（1998）曾透過維高斯基的社會建構論談幼兒教育，認

爲社會建構論是有關個體如何獲得知識及知識如何成長的理論，強調知識是由個體主動建構而非複製外在的事實或被動地接收訊息，並且認爲維高斯基所強調的社會文化和語言中介對幼兒教育影響最大。

第三節　智力發展理論

　　本節將智力的各種理論區分爲心理計量取向（psychometric approach）與多元取向（multidimensional approach）兩種類型做介紹，所謂心理計量取向，就是將智力轉換爲可計算與比較的數字，通常經由測驗後得到的分數進行數據分析及討論。多元取向則是將智力分爲許多面向，以多元的方式去評量個體在各方面的能力表現。

一、心理計量取向的智力理論

　　心理計量取向（psychometric approach）主張人的行爲是由許多特質及因素所組成的，他們採用心理計量法來確認智力所包含的特質與因素並且以標準化測驗工具進行測量，故心理計量取向傾向以傳統式的智力測驗來量化智力。心理計量取向的理論重點在探究智力所應包含的因素，且強調測驗的結果，以下分別介紹：

(一)斯皮爾曼（Spearman）二因論

斯皮爾曼主張心智的運作是由兩大因素：
1. **普通因素（G因素）**：是指個體的一般學習能力，其心理功能是表現在一般性的活動上，可以從一般智力測驗中測得。
2. **特殊因素（S因素）**：是個體所具有的某些特殊能力或是某些學科中表現特別優異的心理能力，例如：美術、音樂能力等。

85

(二)桑代克（Thorndike）三因論

桑代克將智力分成三種能力：

1. **抽象智力**（abstract intelligence）：運用符號表徵進行抽象思考的能力。

2. **機械能力**（concrete intelligence）：運用肢體感官進行操作的能力。

3. **社會智力**（social intelligence）：指的是個體在社會活動情境中與他人相處的能力。

(三)卡特爾（Cattell）智力型態論

卡特爾主張智力分為兩類：

1. **流體智力**（fluid intelligence）

為個人的基本能力。受先天影響較大，隨年齡增加而下降。例如：語言、抽象推理、記憶、空間能力、反應等。

2. **晶體智力**（crystallized intelligence）

為個人經學習後擁有的能力。受後天影響較大，隨年齡增加而上升。例如：訊息處理能力、知識、理解力。

　　以下將以表格呈現流體智力（fluid intelligence）與晶體智力（crystallized intelligence）之比較，如下表3-3：

表3-3　流體智力與晶體智力之比較

智力型態	影響因素	年齡相關性	評量方式
流體智力（fluid intelligence）	先天：遺傳與生理結構	25-40歲後逐年降低	一般智力測驗
晶體智力（crystallized intelligence）	後天：生活經驗與智慧	隨著年齡增長	常識或語彙測驗

(四)瑟斯頓（Thurstone）群因論

瑟斯頓主張心智的運作包含七種基本能力：

1. **語文理解**：閱讀時理解文章的能力。
2. **語言流暢**：用字遣詞與聯想的能力。
3. **數的運算**：數字運用與計算能力。
4. **空間能力**：感官與空間的運用及判斷。
5. **記憶力**：對一般事物的記憶與聯想。
6. **知覺速度**：觀察與區辨能力。
7. **一般推理**：推理判斷的能力。

(五)吉爾福特（Guiford）智能結構論

吉爾福特強調個體的心理歷程，以思考為中心，提出智力結構的動態運作觀點，他主張心智是經由內容的運作而產生效果。針對智能結構提出以下三點意義：

1. 強調智力包括心靈的運作。
2. 強調智力包含擴散性思考，為創造力的發展開啓研究。
3. 強調感官、社會能力的教育。

二、多元取向的智力理論

多元取向（multidimensional approach）不強調去研究智力的因素，而是探討心理能力的種類，各理論分述如下：

(一)迦納（Gardner）多元智能論

迦納主張智力是在社會環境影響下，個體用以解決問題的實際能力，所以智力應涵蓋多個層面。並且提出八大智能如下：

1. 語文智能（verbal intelligence）

包括口頭語言運用及文字書寫的能力，能夠把語句文法結合並運用自如。擅長於此類型的人在學習時是用語言及文字來思考，喜歡文字遊戲、閱讀、討論和寫作。

2. 邏輯數學智能（logical-mathematical）

從事與數字有關工作的人特別需要這種有效運用數字和推理的智能。他們在學習時靠推理來進行思考，喜歡提出問題並執行實驗以尋求答案，尋找事物的規律及邏輯順序，對科學的新發展有興趣。對可被測量、歸類、分析的事物比較容易接受。

3. 空間智能（visual-spatial）

空間智能強的人對色彩、線條、形狀、形式、空間及它們之間關係的敏感性很高，能準確地感覺視覺空間，並把所知覺到的表現出來。這種類型的人在學習時是用意象及圖像來思考的。

4. 肢體動覺智能（bodily-kinesthetic）

善於運用整個身體來表達想法和感覺，以及運用雙手靈巧地生產或改造事物的能力。這種類型的人很難長時間坐著不動，喜歡動手建造東西，喜歡戶外活動，與人談話時常用手勢或其他肢體語言。他們學習時是透過身體感覺來思考。

5. 音樂智能（musical-rhythmic）

音樂智能強的人能察覺、辨別、改變和表達音樂，對節奏、音調、旋律或音色較具敏感性。在學習時是透過節奏旋律來思考。

6. 人際智能（inter-personal social）

這種類型的人對人的臉部表情、聲音和動作較具敏感性，能察覺並區分他人的情緒、意向、動機及感覺。他們比較喜歡參與團體性質的活動，較願意找別人幫忙或教人如何做事，在人群中才感到舒服自在。他們通常是團體中的領導者，靠他人的回饋來思考。

7. 內省智能（intra-personal introspective）

內省智能強的人能自我瞭解，意識到自己內在情緒、意向、動機、脾氣和欲求，以及自律、自知和自尊的能力。他們會從各種回饋管道中瞭解自己的優劣，常靜思以規劃自己的人生目標，愛獨處，以深入自我的方式來思考。

8. 自然觀察智能（naturalist）

能認識植物、動物和其他自然環境（如雲和石頭）的能力。自然觀察智能強的人，在打獵、耕作、生物科學上的表現較爲突出。

迦納的多元智能論之意義除了強調智力與教育、社會文化相互作用外，更強調教學者應該要重視並啓發幼兒的各個層面智能，並且強調智力的表現具有個別差異。

(二)史登伯格（Sternberg）智力三元論

史登伯格主張智力研究應從訊息處理的歷程及結果來分析。他認爲智力源自於生活，呈一體三面，個體間的差異只是訊息處理方式的不同，包含：

1. **組合智力（分析）**：爲個體內在智力的運作，例如：善於記憶、辨別、分析、判斷、從而找出問題答案的能力。

2. **經驗智力（創造）**：指個體處在新環境時，善於從經驗中得到啓發與領悟，從而形成個人的創造性能力與表現。

3. **環境智力（應用）**：個體與社會互動時，因應環境需要而隨機應變的能力，既能改變自己適合環境要求，也能改變環境條件從而達到自己追求的目的。包括選擇、適應、改造環境以及應用知識解決實際問題的能力。

三、心理計量取向與多元取向智力之差異與批判

針對心理計量取向與多元取向的智力理論，彙整比較表格如下表3-4：

表3-4　心理計量取向與多元取向之智力差異與批判

	心理計量取向	多元取向
智力型態	主張智力是靜態的，受遺傳與成熟的影響。	主張智力是動態多元的，易受到環境與學習的影響。
智力測量	傾向以心理計量法來計算智力，重視智力測驗的結果。	傾向去瞭解智力的本質運作歷程，並致力於與教學結合。
智力理論	主張智力是固定不變的。	主張智力可藉學習與互動而改變。
批判	僅從測驗結果中分析出彼此相關的各個不同因素，然後即以分析所得的因素，用來界定智力，此方法可能會誤判智力的高低。	構成智力的面向過多，無從得知各面向間存在的關聯性與重要性。

第四節　訊息處理

訊息處理模式（information processing model）是認知心理學的主要理論架構，其視人類為主動的訊息處理者，探討人類透過感官接收訊息、儲存訊息以及提取、使用訊息等不同階段發生的事，所以認知心理學也常被稱作訊息處理心理學（鄭麗玉，1993）。

一、記憶的定義

皮亞傑將記憶定義為「個體針對過去經驗或認知基模而瞭解周遭

世界的事物，記憶是認知結構的形態及認知發展的結果」。

二、記憶的策略

(一)組織

將要記住的訊息結構化，相關的訊息儲存在一起。例如：小朋友可以依照相同顏色或形狀進行分類來組織數概念。

(二)精緻化

將要記住的訊息做更精緻深層的處理，讓它更容易記住（柯華葳，2011）。精緻化牽涉到兩個或更多種不屬於同一類別的訊息片段之間，創造關係或是分享意義。

(三)策略選擇模式

當面對具有挑戰性的問題時，兒童會嘗試多種策略，並且以正確性與速度為基礎，逐漸從中選擇。但幼兒縱使具有產生策略之認知能力，仍然常會出現產生缺陷現象、控制缺陷、以及使用缺陷，最後才有能力以有效的策略使用。

三、記憶的類別

(一)感官記憶（sensory register; SR）

為感官接收刺激時引起的即刻記憶，特徵為保留刺激的原本形式，且存留時間短，依個體的需求、動機及經驗作選擇性注意，而轉換為短期記憶，若未經處理則會遺忘。感官記憶的運作：

1. **編碼**：個體從情境中的眾多刺激中選擇一部分去反應，在進

行編碼前會先辨識刺激的樣貌，再將其分類以進行編碼。

2. **儲存**：因刺激存留時間極短，透過餘像或餘音，讓個體在刺激消失後還能繼續對刺激進行處理。餘像是指刺激消失後，於留在心中的視覺影像；餘音則是指刺激消失後，於留在心中的聽覺影像。

(二)短期記憶（short-term memory; STM）

是指從SR注意而存留的記憶，約停留20秒，短期記憶具明確的意識，可執行心靈的運作，是針對訊息做分析、理解後保留的記憶。短期記憶可以經由不斷的反覆複習轉換成長期記憶，若訊息未經處理，則會遺忘。短期記憶的運作如下：

1. **編碼**：將短期記憶注意而來的外在刺激，依其字音、字形、字義轉換成形碼、聲碼、意碼等抽象的表徵形式。

2. **儲存**：記憶廣度有限。

(三)長期記憶（long-term memory; LTM）

指長久保存的記憶，特徵為容量無限，儲存時間長。長期記憶是將短期記憶組織、編碼後存入，當需要時，可經由檢索、解碼進行記憶提取。長期記憶的運作如下：

1. **編碼**：長期記憶的編碼以意碼為主，增加刺激的意義將有利於編入長期記憶中，若在編碼時就考慮刺激的情境，將有助於在相似的情境下檢索長期記憶。

2. **儲存**：

(1) 程序性記憶：是對句有先後順序性刺激的記憶，例如：動作技能的學習。當學會騎腳踏車後，即使很久沒騎，還是會騎腳踏車。

(2) 陳述性記憶：是對事實性刺激的記憶，例如：人名、地名等。

　針對感官記憶、短期記憶與長期記憶，彙整比較表格如下表3-5：

表3-5　感官記憶、短期記憶與長期記憶之比較

	感官記憶（SR）	短期記憶（STM）	長期記憶（LTM）
儲存時間	0.5-3秒	少於20秒	無限期
容量	大	小	無限制
穩定性	瞬間	容易被擾亂	不易被擾亂
特徵	暫時、無意識	即時意識、聲碼、複誦	知識庫、連結、編碼
訊息載入	在注意之前	需要注意	複誦
訊息編碼	直接拷貝訊息	主要為聲碼	主要為意碼

(四)遺忘

1. 記憶痕跡消退
若學習後很久沒有再提取使用，則記憶痕跡將會逐漸消失。

2. 記憶干擾
新舊記憶相互干擾造成，新經驗干擾舊記憶稱為逆向抑制；舊記憶干擾新經驗稱為正向抑制。

3. 提取障礙
長期記憶的容量無限，但卻無法完全被提取出來。童年失憶症認為一般人都不記得自己3歲以前所發生的事情，然而並不是3歲以前都沒有記憶，而是提取障礙使然。

4. 受動機與情緒影響

如果對記憶缺乏興趣與動機，那麼就不容易被檢索出來，例如：心不在焉的情況下，很容易回想不起過去發生的事。

四、訊息處理理論（information processing theory）

訊息處理理論的代表人物為美國心理學家米勒（Miller），此理論不認同行為學派以操作、制約的方式處理學習，反對將學習視為對外在刺激的反應。訊息處理理論主張學習是在內在心理運作的，個體是主動的處理訊息而非被動的接受刺激，並從與環境的互動中產生學習。

(一)定義

Miller定義訊息處理理論為「學習是個體在環境中，經由感覺知覺、注意、辨識、轉換、記憶等內在心理活動，以吸收知識、運用知識、儲存知識的歷程」。

(二)意義

訊息處理理論將人的心智活動模擬電腦的操作、將個體當作動態的訊息處理系統來分析訊息在內在的運作過程。藉由分析其中歷程，以透徹瞭解心智的運作。

(三)運作模式

當刺激產生時，會化為神經衝動傳入大腦中的感官記憶（SR）中暫時停留，一部分的訊息被個體選擇性的注意後，進入短期記憶（STM）中暫時儲存或進行分析、運用，在短期記憶中的訊息經由

與舊經驗的連結、進行編碼處理或複誦後，以個體能理解的方式進入
長期記憶（LTM）中，當遇到相似的訊息時，個體藉由提取的過程
將記憶取出後做適當的反應。

(四)運作歷程

刺激→注意→知覺→記憶→思考→解決問題→反應。

1. **刺激**：能引起個體的感官產生反應者，與舊經驗相關的刺激
   較易被注意。
2. **注意**：意識到刺激的存在，因為注意力的選擇不同，處理的
   訊息也不同。
3. **知覺**：物體的意義是在個體注意後所賦予的。
4. **記憶**：記憶的步驟含編碼、儲存、提取，記憶的策略則包含
   複誦、組織、精熟。
5. **思考**：是記憶提取的歷程。
6. **解決問題**：利用記憶中的舊經驗來假設如何解決問題。

五、訊息儲存模式

訊息處理系統中有其儲存模式，假設我們擁有或儲存的訊息，在
心智系統中分三個部分進行處理，分別為：感官登錄、短期記憶以及
長期記憶。訊息通過每一個部分時，我們可以利用心智策略去運作並
改變它。

第五節　問題解決

問題解決是指當幼兒遇到困難時，努力想盡辦法克服障礙的過

程，透過問題解決的過程中，認知發展將影響其思考解決策略的方式。然而問題解決是我們生活中的重要部分，本節將提供協助幼兒問題解決的方式。

一、主動探索定義問題

當幼兒嘗試主動探索時，將在過程中遇到問題，此時教師或家長可以協助幼兒定義問題，通常，幼兒都是以具體行動來表達自己觀點。成人可適時以引導方式與幼兒說明他所遇到的問題是如何產生，進而瞭解真正的問題在哪。

二、產生選擇性的解決方法

當幼兒不知道該如何解決問題時，成人可以鼓勵幼兒，自己想出解決方法，不管方法是好或者壞、是對或者錯，這對他們來說，是一個很有用的學習解決問題的方法。因為他們可以藉此機會，來增加思考及創造力。當幼兒表示想不到任何解決辦法時，成人也不要直接提供一個解決方式給幼兒，應該提供多種方式讓幼兒思考該如何做選擇。

三、討論所提出的解決方法

當幼兒提出解決方法時，成人可以針對該方法與幼兒進行討論，並且分析之後產生的結果是否恰當。對於各個建議方法背後所隱藏的危險，成人可以用輔助物如：玩偶，來表演各種情形讓幼兒判斷哪個是恰當的方法，哪個是不恰當方法。

四、達成共識解決問題

　　經由與幼兒討論後，讓幼兒去執行最後所決定的方法，並且讓幼兒親自解決問題，從中習得問題解決的經驗。

【近年教師檢定考題解析】⋯⋯⋯⋯⋯⋯⋯⋯⋯

　　近年教師檢定考試中，針對認知發展所考出的考題類型中，以皮亞傑的認知發展理論的相關考題所占比例最多，以下將針對近年有關認知發展所出的考題做四大分類，供讀者練習。

　　考題來源：教育部高級中等以下學校及幼兒園教師資格檢定考試網站。

一、Piaget認知發展理論

1. 嬰兒在7至9個月大時，會出現依附現象，根據認知發展論者的觀點，這種現象與下列何者相關最大？　　　　　　　（101年教檢）

   (A)萬物有靈（animism）

   (B)自我中心（egocentrism）

   (C)象徵思考（symbolic thinking）

   (D)物體恆存（object permanence）

2. 三歲的小威相信外表就是事實，常會被戴獠牙等嚇人面具的人嚇哭；或看到像石頭的玩具海綿會說它就是石頭而不是海綿。此現象最有可能是因為小威還無法熟練地進行下列哪一種思維？　　　　　　　　　　　　　　　　　　　（101年教檢）

   (A)雙重表徵　　　　　　　(B)邏輯思考

   (C)自我中心　　　　　　　(D)重量保留

3. 幼兒看「三隻黑狗和一隻白狗」的圖片時，能正確指出哪一些是黑狗。當老師再問「是黑狗比較多，還是狗比較多？」幼兒回答「黑狗比較多」，表示幼兒下列哪一項認知能力尚未成熟？　　　　　　　　　　　　　　　　　　　　（102年教檢）

(A)因果關係（causality）

(B)保留概念（conservation）

(C)層級包含（class inclusion）

(D)物體恆存（object permanence）

4. 下列敘述分別屬於哪一個概念，試依序排列？ （102年教檢）

甲、幼兒會去尋找藏匿在布塊以下的娃娃

乙、幼兒將掃帚放在胯下假裝自己在騎馬

丙、幼兒認為直的線彎成彎曲的線就變短了

(A)保留概念、物體恆存、表徵能力

(B)物體恆存、保留概念、表徵能力

(C)表徵能力、物體恆存、保留概念

(D)物體恆存、表徵能力、保留概念

5. 媽媽用手擋住7個月大寶寶面前的玩具，讓寶寶無法拿到。寶寶沒看媽媽一眼，就拍打媽媽的手。下列哪一項描述最能解釋寶寶的行為？ （102年教檢）

(A)寶寶已有明顯的敵意企圖

(B)寶寶想移開阻擋，好接近目標

(C)寶寶此攻擊行為具有性別的個別差異

(D)寶寶已有搶玩具的意圖而故意傷害他人

6. 下列有關皮亞傑（J. Piaget）認知發展理論中「平衡」（equilibration）的敘述，何者錯誤？ （102年教檢）

(A)是一個人在環境中為解決認知衝突的內在歷程

(B)主要是透過個體的同化與轉換兩種功能來達成目標

(C)知識的產生是個體經由內在活躍的心靈活動所建構的

(D)與外在環境互動及具體操作是獲取知識過程中的要素

7. 小佑是五歲的幼兒，當給他一疊「怪獸王卡」要他根據怪獸類

型和力量分類時，他分得比青春期的姐姐還快、還正確。試問下列何者較不能用來說明小佑和姐姐的差異？ （103年教檢）

(A)背景知識基礎　　　　　　(B)專家生手之別

(C)特定領域知識　　　　　　(D)動作發展階段

8. 兩歲的小安認為東西放手時會往下掉，當他看到氫氣汽球往上飄時大吃一驚。根據皮亞傑（J. Piaget）的理論，小安的反應稱為什麼？ （104年教檢）

(A)基模（schema）　　　　　(B)同化（assimilation）

(C)組織（organization）　　　(D)失衡（disequilibrium）

9. 幼兒園中班王老師帶小朋友去參觀超市時買了兩包白米和十種豆子。兩包米的包裝完全一樣，回校後小華將其中一包裝到一個透明塑膠罐中，小明看小華裝完後說道：「小華，你怎麼把白米變多了？好像在變魔術。」

試依據小明的提問，推測他的思考特徵是甚麼？（104年教檢）

(A)有遞移推理的傾向　　　　(B)缺少質量守恆概念

(C)缺少物體恆存概念　　　　(D)有去集中化的傾向

10. 幼兒園中班王老師帶小朋友去參觀超市時買了兩包白米和十種豆子。兩包米的包裝完全一樣，回校後小華將其中一包裝到一個透明塑膠罐中，小明看小華裝完後說道：「小華，你怎麼把白米變多了？好像在變魔術。」

王老師又拿出買來的顏色、形狀、大小不同的十種豆子，想進行分類教學，試問下列何者最可能是班上幼兒分類的表現？

（104年教檢）

(A)可以在角落活動中自己進行階層式的分類

(B)缺乏邏輯運作能力，無法進行特徵的分類

(C)按照老師所提出豆子的顏色等特徵進行分類

(D)透過小組同儕討論，可以呈現階層式的分類

11. 在車輛圖卡操作的活動中，下列哪一位幼兒表現的認知能力層
　次最高？　　　　　　　　　　　　　　　　　　（105年教檢）

(A)小文自己將車輛圖卡分為大眾運輸車、自用車

(B)小武自己將車輛圖卡分為紅色的車、黃色的車、綠色的車

(C)小雙根據老師的要求，將車輛圖卡分為大眾運輸車、自用車

(D)小全按照老師的要求，將車輛圖卡分為紅色的車、黃色的
　車、綠色的車

二、Vygotsky社會建構論

12. 下列哪一位學者的理論，主張成人或較具有能力的同儕必須協
　助指導幼兒的學習，使其能夠精熟與內化所學習的事物？

（102年教檢）

(A)皮亞傑（J. Piaget）

(B)馬斯洛（A. Maslow）

(C)維高斯基（L. Vygotsky）

(D)布朗菲布列納（U. Bronfenbrenner）

13. 下列有關認知發展觀點的敘述，何者錯誤？　　　（103年教檢）

(A)皮亞傑（J. Piaget）的理論被稱為「個人建構取向」

(B)維高斯基（L. S. Vygotsky）的理論被稱為「社會建構主義」

(C)從維高斯基的觀點來看，自我中心語言是無用的，反映出幼
　兒思考缺陷

(D)從皮亞傑的觀點來看，當幼兒克服了他們的自我中心，自我
　中心語言就消失了

14. 懷恩說：「我長大了，我變老師了，因為老師很高。」這屬於

下列哪一種推理方式？　　　　　　　　　（105年教檢）

(A)集合式推理　　　　　　　(B)演繹式推理

(C)歸納式推理　　　　　　　(D)橫跨式推理

三、智力相關

15. 李老師認為每位幼兒的專長不一，學習方式也有所不同，在教導幼兒時不能僅重視數理邏輯以及語文智能，應該同時重視其他智能。請問李老師的理念最可能受到下列哪一位學者的影響？　　　　　　　　　　　　　　　　　　（102年教檢）

(A)迦納（H. Gardner）　　　　(B)皮亞傑（J. Piaget）

(C)布魯納（J. Bruner）　　　　(D)維高斯基（L. Vygotsky）

16. 五歲的小美仔細聆聽老師的提問並準備回答，此時她的哪一種腦波反應最強？　　　　　　　　　　　　　　（102年教檢）

(A)α (alpha)　　　　　　　(B)β (beta)

(C)θ (theta)　　　　　　　(D)δ (delta)

17. 下列何者是史登伯格（R. Sternberg）所提出的智力理論？

　　　　　　　　　　　　　　　　　　　　　（104年教檢）

(A)智力結構模式（structure-of-intellect model）

(B)智力三元論（triarchic theory of intelligence）

(C)多元智慧論（theory of multiple intelligences）

(D)智力三階層理論（three-stratum theory of intelligence）

18. 媽媽出了一個題目給五歲的小明猜：「威威把糖果放在藍色的盒子裡，結果他的妹妹趁威威不在家的時候，偷偷把糖果移到自己紅色的盒子裡。你猜威威回家時，會到哪裡去找糖果？」結果小明猜藍色的盒子，試問小明可能是表現出下列何種特

徵？　　　　　　　　　　　　　　　　　（104年教檢）

(A)邏輯推理（logic reasoning）

(B)可逆性推理（reversibility reasoning）

(C)外表與真實區辨（appearance-reality distinction）

(D)相信－想要推理（belief-desire reasoning）

四、記憶發展相關

19 老師說：「襪子除了用來穿在腳上之外，還可以用來做什麼呢？」小亮說：「可以綁在水龍頭上當作放置肥皂的器具，也可以做襪偶啊！」小亮的答案具有下列何種特性？

　　　　　　　　　　　　　　　　　　　（101年教檢）

(A)單一性　　　　　　　　(B)變通性

(C)偏執性　　　　　　　　(D)矛盾性

20.「自傳式記憶」（autobiographical memory）指對於發生在自身經驗的回想，其正確性在一些訴訟案件（如兒虐、監護權之爭）中備受爭議。關於「自傳式記憶」的敘述，下列何者錯誤？　　　　　　　　　　　　　　　　　　（101年教檢）

(A)對幼兒提問過去經驗有助於自傳式記憶能力的發展

(B)學前幼兒常忘記事件的核心，卻能回想許多正確的細節

(C)所有年齡的人都容易受提問暗示的影響而說出不正確的訊息

(D)在提問中暗示不正確的事實時，幼兒的記憶較年長兒童更易受扭曲

21.方老師帶大班小朋友去年貨大街，進行辦年貨的主題活動。回到幼兒園之後，老師鼓勵小朋友簡單說出去辦年貨自己所經歷的先後事件，這樣較能培養幼兒何種記憶的發展？

　　　　　　　　　　　　　　　　　　　（103年教檢）

(A)語意記憶　　　　　　　　(B)自傳記憶

(C)策略記憶　　　　　　　　(D)逐項記憶

22. 就訊息處理論而言，下列何者較符合「自動化」的表現？

（104年教檢）

(A)可以邊騎腳踏車邊和朋友說話

(B)能在腦中進行可逆性的運思操作

(C)對事物熟悉後，對此事物的注意力減弱

(D)學習西班牙語後，有助於學習類似的義大利語

23. 請幼兒記住一組電話號碼，三歲的幼兒會認為自己現在能記得，下個月也還能記得；六歲的幼兒會認為雖然現在能記得，但是如果不寫下來的話，下個月可能會忘記這組號碼。上述現象主要展現了六歲幼兒在下列哪種能力上與三歲幼兒的明顯差異？　　　　　　　　　　　　　　　　（104年教檢）

(A)複誦（rehearsal）　　　　(B)組織（organization）

(C)後設記憶（metamemory）　(D)自由回憶（free recall）

閱讀下文後，回答24-25題。

爸爸問佩佩今天在幼兒園玩什麼，佩佩回答：「我們先玩玩具，吃點心，然後上課，然後吃午餐，最後睡覺。」

24. 佩佩的回答顯示了他的哪一種記憶？　　　（105年教檢）

(A)腳本　　　　　　　　　　(B)詞彙

(C)內隱　　　　　　　　　　(D)工作

25. 根據上述情況，佩佩表現的是下列哪一種認知能力？

（105年教檢）

(A)分類　　　　　　　　　　(B)型式

(C)序列　　　　　　　　　　(D)可逆

【解答】 ∙∙

1.D　　2.A　　3.C　　4.D　　5.B　　6.B　　7.D　　8.D　　9.B　　10.C

11.A　12.C　13.C　14.D　15.A　16.B　17.B　18.D　19.B　20.B

21.B　22.A　23.C　24.A　25.C

參 考 文 獻

Febert R, S.原著，許秀萍等譯（2015）。兒童發展。臺北：心理。

柯華葳（2011），素養是什麼？親子天下雜誌，25，30。

郭春在、卓素慧（2008）。從認知發展觀點探討幼兒教具設計原則之研究。南華大學應用藝術與設計學報，3，27-36。

張春興（2001）。教育心理學 —— 三化取向的理論與實踐。臺北：東華。

教育部高級中等以下學校及幼兒園教師資格檢定考試網站。網址：https://tqa.ntue.edu.tw/

鄭麗玉（1993）。認知心理學 —— 理論與應用。臺北：五南。

簡淑貞（1998）。建構論及其在幼兒教育上的應用。課程與教學，1(3)，61-80。

鄭伊恬

動作技能發展與保育
CHAPTER 4

　　動作發展係指個體從出生後，隨著年齡增長在身體肌肉活動與手眼協調等動作技能的發展歷程；動作技能是由身體動作所表現的技能，個體在適當地時間出現適當地動作，包含身體運動的技巧和各種工具的使用（張春興，2011）。

🙂 第一節　嬰幼兒期的動作發展

　　嬰幼兒期的動作發展若以種類來劃分可分為：大肌肉動作（粗動作技巧）、小肌肉動作（精細動作技巧）和基本動作技能的發展，以下分述之。

一、嬰幼兒大肌肉動作的發展

　　大肌肉（粗動作）發展是指頭部、軀幹、四肢的動作，像是坐、爬、站、走，由上述得知，幼兒的粗動作是由頭到腳的發展，先是頭部會轉動，再到頸部，可以抬頭，然後肩膀、胸部、手臂，可以伸展，再來是骨盆、臀部，最後才是腳的發展。當幼兒可以局部控制身體後，就能更進一步發展比較複雜的粗大動作，當大肌肉發展的好，小肌肉也會發展的愈好。嬰兒在2個月時能自己抬胸，算是自主動作發展的開始，此時嬰兒對自己的手亦非常有興趣常玩弄自己的手且仔細地觀看與研究（郭靜晃、黃志成、黃惠如，2008）。嬰幼兒這時期大肌肉動作發展大約如下：

(一)抬頭

　　嬰幼兒依靠頸屈肌和頸伸肌的主動收縮，在照顧者幫忙下可使頭豎立（辛慧玲等，2003）。1個月時僅能微微的抬起頭來，3個月趴

臥時可用雙臂將頭部和胸部抬離床面，與床面約成 90 度。

(二)翻身

「翻身」是獨立坐起的前置重要動作發展，嬰兒多半先學會由趴臥翻成仰臥，再由仰躺翻身為趴姿，幼兒約在3至4個月開始學會翻身。幼兒開始學會翻身後，照顧者（家長、保母或托嬰中心照顧服務人員）必須將幼兒安置在安全的環境，避免受傷。

(三)坐

3個月的嬰兒有支持時，會彎著背屈膝而坐，4個月時在成人扶持下，可以坐直，一直到7、8個月時，不須扶持就能自己坐穩了，9到10個月的嬰兒不用靠支持可以坐上10分鐘或更久。

(四)爬行

嬰兒約8個月時先以腹部伏在地上，四肢游動的方式爬行，與匍匐移動的方式相似；9個月時會將腹部抬高與地面平行，用雙手及膝蓋四肢移動。爬行時力氣的掌握是重要訓練，此階段訓練手腕力氣可增進幼兒支撐身體的重量，亦可同時訓練膝蓋及手臂的協調能力，與四肢關節的靈活度。

(五)站

依照一般發展程序，爬行與有扶持站立的發展是互相配合的，一般嬰兒需滿週歲才能自己站立。獨自站立大約在出生後10個月到10個月半時，而女孩較男孩稍早。嬰兒典型站立姿勢是雙腳分開，腳趾向外，頭與肩向前傾，以保持較平穩的狀態（盧素碧，1996）。

(六)走

幼兒會站後，就有想走路的慾望，按照一般標準，嬰兒能獨立行走的年齡為1歲3個月，但這年齡走起路來並不穩，腳步抬的很高，兩腿張開姿勢僵硬，頭部向前傾以保持身體平衡。每步的距離很小，慢慢到了2歲以後，兩腿伸開的距離漸小，每步的距離增大，而且已能走的非常平穩了（盧素碧，1996）。

(七)跑

2至3歲的幼兒喜歡到處亂跑，不懂得危險性。對於周圍的事物發生興趣（盧素碧，1996）。不過還不太會減速或轉彎。要到4歲後跑步的動作才會更加的敏捷。

(八)上、下樓梯

12至14個月時，幼兒會自己沿著樓梯往上爬；15至16個月會自己沿著樓梯往下爬；17至18個月大，大人牽著幼兒或幼兒扶著欄杆時可以上、下樓梯；2歲時，會自己上、下樓梯，但是必須雙腳站在同一階梯上後，才會再繼續上或是下第二個階梯；到了3歲後，可以開始雙腳交替上樓梯但還不會下樓梯，一直到了4歲就會雙腳交替下樓梯。

二、嬰幼兒小肌肉動作的發展

小肌肉（精細）動作主要是指知覺與動作協調而成的技巧，在協助幼兒探索和適應環境，如手眼協調、腳眼協調，主要是靠著視覺和手（足）部的協調動作居多，例如：嬰兒進行功能性遊戲時運用手及手指來操弄物體，幼兒書寫、塗鴉、剪貼或使用工具等動作，非常需

要此種技巧的發展（郭靜晃，2013；張欣戊、林淑玲、李明芝譯，2010）。

表4-1　嬰幼兒大肌肉及小肌肉動作的發展

動作年齡	大肌肉（粗大）動作	小肌肉（精細）動作
1個月	1. 俯臥時，骨盆平貼於床面，偶爾能微抬頭並且轉向另一側。 2. 俯臥時，會做出爬的動作（爬行反射）。 3. 突然受到痛、光、強音的刺激，或仰臥時輕敲腹部或使其瞬間失去平衡，會引起四肢衝擊運動，雙腳舉高兩手腕向內側彎曲做擁抱狀（驚嚇反射）。	1. 頭與眼一起轉動。 2. 以手指撫摸其臉頰時，會把頭轉向手指的方向（探索反射）。 3. 撫摸嘴唇上下方，會用嘴去吸吮手指頭，飢餓時尤其顯著（吸吮反射）。 4. 輕輕撫摸腳掌，腳趾變相外伸張，同時腿部也會搖動（巴賓斯基反射動作）。 5. 手常握拳，呈緊握狀態（抓握反射）。
2個月	1. 俯臥時能將頭抬高45度。 2. 俯臥時能短暫的胸部抬離床面。 3. 拉扶坐起時，只有頭部輕微落後。 4. 能從側臥翻成仰臥。 5. 雙腳交替踢腳。	1. 眼睛能隨著移動的物品或人而轉動。 2. 能短時間握住放在手裡的物品。 3. 喜歡將手放在口中。
3個月	1. 俯臥時，能將頭部抬起45至90度。 2. 有支持時，會彎著背及屈著膝而坐。 3. 能由俯臥翻成仰臥。	1. 眼睛可凝視自己的手及玩自己的手。 2. 開始揮抓物品，但不一定總是抓得到。
4個月	1. 呈坐姿時，頭部穩定不再向後倒，且背部彎曲減少。 2. 在有足夠的扶持下可以坐直。 3. 反射漸消失，而逐漸以具控制的動作取代。 4. 能由仰臥翻成側臥。	1. 張開手指抓東西，並將東西放入口中。 2. 能抓住，並且搖晃小物件。

111

（續）

動作＼年齡	大肌肉（粗大）動作	小肌肉（精細）動作
5個月	1. 臥姿拉成坐姿時，頭不向後倒，背可以挺直。 2. 抱成站姿時，雙腳可支持自己大部分的體重。 3. 能由仰臥轉為俯臥。	1. 開始運用拇指及其他手指的相對位置。 2. 可隨意撿起東西，較少失誤。 3. 用整個手抓東西。 4. 兩手一起抓。
6個月	1. 不用支持可短暫的坐著。 2. 抱起時，雙腿幾乎可以支撐全身的體重。 3. 能自由翻身。	1. 能將小物件由一手交到另一手。 2. 能敲擊握在手中的物品發出聲音；以拇指與其他四指相對抓東西。 3. 能伸手抓物，通常把物品放入口中。 4. 常會舉手，凝視手部。
7個月	1. 不須扶持能自己坐穩。 2. 雙腿能完全支持體重。	1. 坐著時能自取兩塊積木且兩手各拿一塊。 2. 用單手抓玩具，且在桌上敲。 3. 雙手互握在一起。
8個月	1. 獨坐得很好。 2. 以腹部伏在地上，四肢游動的方式爬行。	1. 開始會用食、中指及拇指底部做鉗抓動作。 2. 憑意願放下物品。
9個月	1. 會爬著走（腹部抬高，與地面平行，用雙手及膝蓋移動）。 2. 能扶著東西維持站立的姿勢。	1. 更熟練的用鉗抓方式抓起小物件的動作。 2. 以推、拉、拖、抱的方式操縱物體。 3. 能握住奶瓶，將奶瓶放入口中。
10個月	1. 藉攀扶能自己站起來。 2. 站不久常跌坐地上。	1. 可以熟練地撿起小物品。 2. 自己吃手上的食物。 3. 控制嘴唇靠近茶杯喝水。 4. 喜歡丟擲東西。

（續）

動作 年齡	大肌肉（粗大）動作	小肌肉（精細）動作
11個月	1. 用一手扶著可支撐地東西，能挺直的站著。 2. 牽著成人的手或扶著家具走動。	1. 能執行精細的鉗抓動作，如：撿起葡萄乾的細小東西。 2. 能將手上的東西交給別人。
12個月	1. 能短暫時間獨站。 2. 能扶家具走路。	1. 能握住杯子喝水，但需大人的協助扶杯子。 2. 能將東西放入容器中。
18個月	1. 可以走得很快。 2. 牽著或扶著欄杆可以走上樓梯。 3. 能不扶東西，自己由坐或躺的姿勢站起來。 4. 在少許支撐下能蹲下或彎腰撿起地上的東西，然後恢復站的姿勢。	1. 會用筆亂塗。 2. 會將瓶蓋打開。 3. 已開始較常用特地一邊的手。
2歲	1. 會自己上、下樓梯，但仍是雙腳在同一階，再上或下第二階。 2. 會向前踢球。 3. 會自己由椅子上爬下來。 4. 開始會跑。 5. 雙腳跳。	1. 重疊兩塊積木。 2. 會一頁一頁翻圖畫書。 3. 會將杯子的水倒到另一個杯子。 4. 會轉門鎖開門。
3歲	1. 會踩三輪車。 2. 跑得很好。 3. 雙腳交替上樓梯。 4. 大幅度的跳躍。	1. 舉手過肩的投擲動作。 2. 模仿畫直線、平行線或交叉線。 3. 自己刷牙、洗臉。 4. 把東西放入窄頸瓶裡。
4歲	1. 過障礙物。 2. 雙腳交替下樓梯。 3. 單腳跳。 4. 平穩地拿球。	1. 會使用剪刀。 2. 像大人般拿筆拿得很好。 3. 會自己扣釦子和穿襪子。

（續）

動作 年齡	大肌肉（粗大）動作	小肌肉（精細）動作
5歲	1. 會玩跳繩。 2. 以雙手接住反彈的球。	1. 自己會寫一些字。 2. 20秒中可將10個珠子放入瓶中。 3. 會寫1-5的數字。 4. 會畫三角形。 5. 以拇指觸碰其他四指。 6. 將鞋子、鞋帶穿好。 7. 能畫身體六個部分。 8. 能將紙摺疊成兩個三角形。
6歲	1. 騎腳踏車。 2. 溜直排輪。 3. 能向後跑，跑的速度增快。	1. 自己使用刀子。 2. 在部分協助下洗澡。 3. 畫出熟悉的畫像。

資料來源：整理自郭靜晃（2013）。兒童發展與輔導。新北市：揚智文化。及行政院衛生福利部國民健康署（2015）。兒童健康手冊。臺北市：行政院衛生福利部國民健康署。

三、基本動作技能的發展

　　幼兒園教保活動課程暫行大綱中，身體動作與健康領域強調嬰幼兒應靈活掌握身體自主的行動，培養穩定性動作技能、移動性動作技能及操作性動作技能三項能力，是其他動作技能發展的基礎（游淑芬等，2004；教育部，2012）。

(一)穩定性動作技能

　　任何維持或達成平衡的動作，屬於平衡移動中的體態平衡，特別指軸心動作、直立支撐及倒立支撐，也就是幼兒在某固定點上，步態停止或站立時，能做出來的動作表現（郭靜晃，2013；教育部，2012；王惠姿，2006）。

　　1. **伸展**：將身體各部位做水平或垂直的關節延伸。

2. **彎曲**：彎曲身體的部位，包括彎曲頭頸、腰部、手臂、手指等。

3. **揮動**：指大幅度的揮舞手臂。

4. **擺動**：在定位性的位子上，運用肢體或腰部有節奏的前後、左右來回移動，創造弧形或圓形的動作。

5. **扭轉**：轉動身體微繞在身體主軸的部位，固定身體的支點做有限度轉動，脖子、身體、手臂以及腳是身體部位中最容易扭轉的部位。手腕關節、腳踝、肩膀及臀部也能做很少範圍的扭轉。

6. **旋轉**：指以三百六十度轉動身體部位，轉動時腳的位置會做改變，可以用不同的身體部位、不同的水平空間、順時鐘方向及逆時鐘方向等各種不同方式表現。

7. **捲曲**：彎曲身體的部位，將這些部位緊緊靠住身體。

8. **蹲**：雙腿彎曲，身體向下沉，依下沉高度可分為全蹲或半蹲。

9. **抖動**：雙腳掌抓地，身體有節奏的前後來回震動。

10.**支撐**：身體或手臂擔負重量時（例如：揹著、抱著、提著或倒立）的平衡與支撐，幼兒於六歲時可維持身體在倒立姿勢。

(二)移動性動作技能

指身體從直立的姿勢，向水平或垂直方向移動的技能，也就是幼兒從這一點移到另外一點，能做出來的動作表現（郭靜晃，2013；教育部，2012；王惠姿，2006）。

1. **走**：雙腳交替跨步前進，雙臂配合腳步擺動。

2. **跑**：雙腳交替跨步前進時，雙腳會短暫離開地面，雙臂配合腳步擺動。

3. **單足跳**：以單腳起跳，將身體向上帶動，並以同一隻腳落地的動作。

4. **雙足跳**：以雙足起跳，將身體向上帶動，並且雙腳著地的動作。

5. **踏跳**：先由前導腳做一次步行的動作，再接著做一次單腳跳的動作，如此有節奏地交替而行。

6. **跨跳**：身體向上提起，完成向前跨越的動作，空中停留的時間比跑步要長。

7. **前併步**：用同一隻前導腳，以後腳尖接續前腳跟的方式，依序的向前移動。

8. **側併步**：身體面向側面，以拖曳腳接續前導腳的方式，向左或向右移動。

9. **匍匐前進**：肚子貼在地面，用手肘及肩膀在地板上滑動，同時運用手肘來支撐上半身的重量。

10. **爬行**：利用手和膝蓋，或手及腳來移動身體到空間中。

11. **攀爬**：同時運用手與腳，爬上有高度物體的直立爬。

表4-2　移動性動作技能發展里程碑

移動型態	發展過程與特色	發展年齡
走	無扶持狀態下行走。	13個月
	向前走。	16個月
	倒退走。	17個月
	他人協助狀態上樓梯。	20個月
	自行上樓梯。	24個月
	自行下樓梯	25個月

（續）

移動型態	發展過程與特色	發展年齡
跑	腳底仍碰地快速走	18個月
	腳底離地真正跑步	2-3歲
	有效能的跑步	4-5歲
	加速地跑步	5歲
跳	從低位的地方走下	18個月
	從約60公分的高度跳下	2歲
	從兩個樓梯階梯跳下	28個月
	從自己喜歡的高處單腳跳下3次	3歲
	從自己喜歡的高處單腳跳下4-6次	4歲
	從約91公分的高度跳下	5歲
	節奏性的單腳跳	6歲
爬	肚子貼在地上，四肢游動的方式爬行。	8個月
	肚子抬高與地面平行，用雙手和膝蓋移動。	9個月
	攀爬垂直的階梯	4歲
	主動且有技巧地攀爬	5歲

資料來源：整理自郭靜晃（2013）。兒童發展與輔導。新北市：揚智文化。

(三)操作性動作技能

操作性動作包含粗動作技巧及一個完全不同的物品，指透過物體操作，進行與物體有意義的接觸，也就是幼兒藉由物品（例如球、繩、棒等），能做出來的動作表現（王惠姿，2006；劉錞綺、劉嘉豪，2014）。

1. 拉：將東西從一點移動到另一點，並朝向於支撐點的基礎處。手臂由伸的動作彎向自己的方向，拉扯也許透過移動性動作結合會有延伸的動作。

2. **推**：將物品朝反方向推離自己，動作開始於手臂縮短，接著持續推出延伸手臂，嬰兒在走路時通常較喜歡推或拉著一個物品。

3. **投擲**：引用上臂力量，手腳動作對稱，扭動腰部來投球或物品。

4. **接**：眼睛會看著球或物品，依照其飛行的高度及速度調整動作，並用手掌接球或物品。

5. **踢**：用腳對準物體（例如：球）發動力量的動作。

6. **高踢**：用腳將落下中的球往前往上踢。

表4-3　操作性動作技能發展里程碑

操作性動作技能	發展過程與特色	發展年齡
拿取、抓握、放置	1. 原始的拿取行為 2. 捕捉物品 3. 以手掌抓取物品	2-4個月 2-4個月 2-4個月
投擲	1. 面對目標物穩定站立，投擲時僅用前臂 2. 面對目標物穩定站立，投擲時除了使用前臂也用到全身的力量 3. 投擲時會站向投擲手臂的那一側 4. 投擲動作更加純熟	2-3歲 3.5-5歲 5-6歲 6.5歲
接	1. 無法及時伸出手臂接空中丟來的球，總是慢半拍 2. 看到球會閃躲（轉頭或跑開） 3. 使用整個身體接球 4. 對於小球能使用手臂接球	2-3歲 3-4歲 4歲 5歲
踢	1. 向球的反方向移動，無法正確踢球 2. 踢球時用到腳及部分身體力量 3. 會將腳向後先拉高，以增加踢球的力量 4. 腳向後拉更高，並且藉由手腳擺盪增加踢球力量 5. 踢得更加純熟	18個月 2-3歲 3-4歲 4-5歲 5-6歲

資料來源：整理自郭靜晃（2013）。兒童發展與輔導。新北市：揚智文化。

👶 第二節　動作發展的原則

　　嬰兒的動作發展乃是與神經系統發展平行運作，經由反射動作發展到成熟的有意識控制動作，隨著中樞神經成熟，有意義的行為開始形成。初生兒的四肢與身體動作是一種自然而然的原始反射動作，而後經由發展，動作的產生受到原始反射的影響逐漸降低，當控制自動運動的骨骼肌發展成熟後，嬰幼兒才能做出自動控制的動作，其發展原則以下分述之（郭靜晃，2013；郭靜晃等，2005；蘇建文，1995；林麗琴，2016；張欣戊等譯，2010）。

一、一般發展原則

　　依照肌肉活動控制及身體部位的動作控制，每個不同動作的發展原則，均有一定的順序，雖然每個階段均不相連，但卻會彼此影響。嬰幼兒基本的動作發展可分成四部分：頭部、軀幹、手臂及手、腳，身體發展的順序，原則如下：

1. **由頭至腳原則**：初生兒頭部的動作較身體其他部位活動頻繁，遵循由上往下的先後順序，直到神經系統成熟後，才發展至四肢及軀幹的活動控制。初生兒的身體完全不能脫離地心引力，大部分時間都在睡覺，一個月左右可以抬頭；兩個月左右能夠挺胸；三個月左右上半身的肌肉漸漸可以控制，於是嬰兒的姿態漸漸由平臥改變為直立；當腰部及腿部的肌肉發展到能夠有效控制的時候，嬰兒就進入站立與行走的階段。

2. **由中心發展至周邊原則**：一般而言，身體肌肉的控制以軀幹為中軸，再逐漸推展到四肢的末端，由軀幹到四肢的發展，例如：嬰幼兒在抓取物品時，開始是用肩頭與手肘做出伸手

動作，然後才學會用手腕及手指握物；握物時先用掌心，最後才會靈活地運用拇指與食指。

3. **由大動作發展至小動作原則**：初生兒除了反射動作外，便是頭部、軀幹及手腳部分的全身籠統性動作，如肩部動作及髖關節部分的粗大動作。等到身體各部分運動機能成熟，能作有效的控制之後，才分化為許多局部的動作，例如：手的拿取執握、腳的移動等。當身體局部的動作能完全控制之後，幼兒就能將身體局部動作加以統籌協調，進一步發展較複雜的精細動作技能，如：吃飯、穿衣、騎小三輪車、繪畫及各種運動技能等。

二、葛塞爾（Gesell）的動作技能發展原則（蘇建文，1995）

美國心理學家葛塞爾（Gesell）致力於嬰幼兒行為之相關研究，針對動作技能發展提出其發展原則（蘇建文，1995）。

1. **個別化成熟原則**：指自生命之始，個體即具有遺傳潛能，發展成為一個具組織性與統整性的個體。

2. **發展方向原則**：指個體發展方向是由頭到腳，軀幹到四肢，粗動作到細動作，由籠統到分化。

3. **互相交織原則**：動作發展在不成熟與成熟的發展歷程之間是以螺旋交織的方式呈現。如：粗動作不斷分化→統整→再分化→特殊化→再統整後而形成。

4. **自我調節變動原則**：發展會因應個別身體時鐘與外在環境的變化而調整個體發展的步調。

5. **功能不對稱原則**：從出生開始，由動作發展即可發現功能不對稱的現象。如：新生兒頸部反射，在動作上是不對稱的，至六個月大，頭趨於中央位置，是對稱的，早先慣用兩手臂

是對稱的，而後發展出慣用手又是不對稱的。

第三節　幼兒身體動作評量工具

　　幼兒身體動作評量應採用多元方式予以評量，父母或老師可在平常戶外活動中觀察幼兒的粗動作能力，並且於幼兒使用剪刀、膠帶等器具時，觀察其精細動作的發展情形。

　　除了日常生活中的觀察以外，亦可使用已出版之標準化評量工具或各縣市所提供之幼兒動作發展評估表，瞭解幼兒的動作發展，進而設計相關的活動，增進幼兒身體動作技能發展。

表4-4　幼兒身體動作發展工具

發展工具 說明	0至5歲幼兒生長曲線	動作問題簡易量表 （QMPI）	學前兒童粗大動作品質量表 （PGMQS）
目的	提供瞭解0至5歲幼兒身高、體重、頭圍之發展情形。	可快速有效地評估5至10歲幼兒的基本動作能力，篩檢出神經功能障礙之兒童（含上肢協調、下肢協調、眼球控制、口腔控制）。	評量3至6歲幼兒動作品質發展狀況，並據以擬定發展遲緩兒童之動作訓練計畫。
編製者	採世界衛生組織公布適用全球0至5歲兒童生長曲線標準圖；其以跨國合作方式，調查餵食母乳並在良好健康環境成長的兒童生長情形，故可避免將餵食母乳的嬰兒誤判為體重不夠的情形。	由羅均令參考國內外文獻，整理國內外常用的神經動作測驗，再依據神經發展階段理論，自行發展編製，並於2010年出版。	由孫世恆、朱怡菁、林千惠、吳昇光編制，並於2013年出版。

（續）

發展工具 說明	0至5歲幼兒生長曲線	動作問題簡易量表（QMPI）	學前兒童粗大動作品質量表（PGMQS）
適用年齡	0至5歲	5至10歲	3至6歲
內容	包含0至5歲男生和女生的身高、體重、頭圍等三方面發展的曲線圖。	共有22個評量項目，評估五種學習各種動作技巧的基礎能力：(1)反射反應之整合；(2)肌肉拮抗作用／穩定度；(3)平衡；(4)動作計畫；(5)動作協調。	共有17個評估項目，可評估：(1)移位能力；(2)物品傳接能力；(3)平衡能力等三項粗大動作。
其他	新版幼兒生長曲線圖已放入衛服部國民健康署出版之「兒童健康手冊」。	考量城鄉差異，取樣自大臺北地區之臺北縣與臺北市共1,351名學童，建立本量表常模。本量表之再測信度介於.44-.92之間，施測者堅信度介於.26-.85之間，顯示為快速、可信之標準化評量工具。	以北、中、南、東的人口數，選取43間幼兒園，隨機選取3至6歲1,121位幼兒建立常模。全量表內部一致性α值為.878，評分者堅信度介於.67-1.00，評分者內信度介於.70-1.00；以Pearson積差相關顯示，本量表具有良好的聚斂效度。

資料來源：整理自王珮玲（2014）。幼兒發展評量與輔導。臺北：心理。

第四節　影響動作發展的因素

　　幼兒動作技能發展良好與否受到遺傳、環境、遊戲刺激與學習等因素交互影響，以下分述之。

一、遺傳因素

1. **智力**：智能水準可能影響學習領悟力，高智商的幼兒較智商低下的幼兒，動作發展方面相對較佳。

2. **性別**：男女性別在生理構造上原本就不同，對於動作技能的學習，先天所賦予之潛能即有所差異，研究顯示（陳淑女、蘇建文、盧欽銘、鐘志從、張景媛，1992；戴尉珊、林耀豐，2003；徐畢卿、龍佛衛，2011），嬰幼兒時期男、女生動作發展並無明顯差異，但是隨著年齡增長，受文化社會環境影響，逐漸產生差異（劉錞綺、劉嘉豪，2014）。

3. **體型**：特殊的體型，例如：過高、過矮、過胖、過瘦等，皆不利動作技能學習而影響其發展。

二、環境因素

1. 出生序

出生序不同，在家庭環境中所提供的經驗亦不相同，研究發現（蘇建文等人，1992）父母特別重視排行老大的孩子，較常表現積極的情感，常陪孩子玩耍，其智力與動作發展情形亦較後面出生序之孩童高。

2. 管教態度

家庭對個人的成長是助力亦是阻力，父母親的行為特質影響幼兒的行為表現，例如：父母過度嚴峻要求幼兒的動作表現，而造成幼兒的壓力與緊張，使得幼兒較退縮不願嘗試新事物及行為（王珮玲，2014；劉錞綺、劉嘉豪，2014）。現今臺灣社會，單親家庭日益增加，隔代教養家庭比例也上升，加上新住民家庭的比率也不少，因此幼兒可能需要父母之外親屬或保母協助照顧，如祖父母、保母、親戚

等，這樣的家庭脈絡是否健全，以及教養幼兒之管教態度是否一致，將會影響幼兒之發展。

3. 居家環境

造成幼兒健康與身體發育問題的主因之一是貧窮，貧窮也較容易造成家庭對幼兒的疏忽與虐待事件，貧窮的家庭居住環境較狹窄、擁擠、不衛生，缺乏足夠的食物及醫療資源，因此帶來幼兒後天環境之影響（郭靜晃，2013；顏士程等，2015）。

三、成熟

1. **產前環境**：良好的產前環境將影響幼兒未來動作的發展，尤其是母親健康與營養充足均衡之狀況（顏士程等，2015）。

2. **胎兒狀況**：產前動作發展愈成熟，對於產後動作技能的學習則愈有利。

3. **生產過程**：生產過程或不順利造成腦部損傷，容易導致阻礙動作的發展。

4. **成熟程度**：根據Gesell（1929）的同卵雙生子研究指出，訓練對動作發展之影響不如成熟來得重要，因此生理成熟程度將影響動作發展，早產兒的動作發展受成熟因素限制，通常較容易有遲緩的情形。

5. **營養適切**：充足均衡營養或營養不良，對於動作技能發展有關鍵性的影響。

6. **健康狀況**：健康的幼兒對於從事各項活動較有動力，學習動機較強；反之，健康狀況欠佳的幼兒，生理成熟較晚且動作發展也較遲緩，肌肉控制能力較同年齡幼兒顯得笨拙（劉錞綺、劉嘉豪，2014）。

🐚 第五節　協助嬰幼兒動作發展的策略

　　教育部（2012）公布之「幼兒園教保活動暫行大綱」之身體動作與健康領域中，強調應營造安全有趣的遊戲氣氛，以統整的觀點將體能性活動融入日常生活。善用多元化的活動與教材，巧妙運用生活經驗、時間、個人及整體空間，並依據幼兒的身體狀況、興趣與情境，彈性變換各種有趣的教學方式，陪伴幼兒一起經歷覺察與模仿、調整與運用各種與物體互動時形成的身體動作，進而能自在地控制身體及享受活動後的舒暢，體驗在體能性活動遊戲及肢體的想像與創作。

　　遺傳因素、環境因素及成熟對幼兒造成的動作發展影響，教學者及照顧者應以多元化的方式協助嬰幼兒的身體發展及動作發展，以下將分為身體發展及動作發展二部分加以說明之：

一、身體發展的輔導

1. **充足嬰幼兒之營養**：過胖或營養不良將導致動作發展、行為問題及學習能力低落。

2. **注意均衡飲食**：可參考每日飲食指南（衛福部，2012），每日攝取均衡飲食，三餐以五穀類為主食，儘量選用高纖維食物，及鈣質豐富的食物，儘量以少油、少鹽、少糖為原則，口渴應以開水或牛奶為主要飲品，儘量少給多醣類飲料。食物應考量新鮮、衛生、營養豐富及容易消化為原則，採用「少量多餐」的方式，供給幼兒身體所需之熱量（顏士程等，2015）。

3. **瞭解幼兒食慾，勿以食物為處罰或獎賞之工具**：除了不要養

成幼兒偏食的習慣，也要尊重幼兒的胃口狀態，讓幼兒清楚表達及感受自己的食慾，勿以食物作為獎懲工具。

4. **養成運動的習慣**：教育部（2012）提倡幼兒每天需進行30分鐘的出汗性活動，以運動為主體，以遊戲為方法進行身體動作領域課程。提供幼兒遊戲的機會，透過家庭休閒活動培養運動的習慣，可增加幼兒身體的免疫力，增加對疾病的預防。

5. **預防事故傷害**：對於環境應嚴格檢查，落實危機意識，並且加強溝通示範（顏士程等，2015），以確保幼兒有安全的能力。

二、動作發展的輔導

1. 瞭解嬰幼兒之發展能力與需求：瞭解嬰幼兒平時表現，迎合其能力所及範圍來要求幼兒的表現，切勿以成人的觀點或刻版印象來判斷嬰幼兒的行為（郭靜晃，2013）。

2. 提供新鮮、新奇的玩具及有興趣的活動來誘發其行為：嬰幼兒對予新鮮事物感到好奇，可提供新鮮、多樣化的玩物來吸引幼兒，提高其學習慾望（郭靜晃，2013；劉鐏綺、劉嘉豪，2014）。

3. 在安全的環境中，給予探索及遊戲的機會。在安全範圍內，可讓幼兒自行探索熟悉的環境或物體，適時增加一些超越其能力的要求（劉鐏綺、劉嘉豪，2014），亦可安排玩伴，透過同儕互相學習，增進其動作發展。

4. 多鼓勵，少責罵，以增進學習樂趣：以正向積極肯定的話語代替負面消極的責罵，可增加嬰幼兒願意主動嘗試的動機，

及強化其生活自理的技巧。

5. 尊重幼兒個別差異，少用比較：由於個別差異的問題，教學者應設計多項個別指導策略，提供幼兒更具深度的學習（劉錞綺、劉嘉豪，2014），並且掌握幼兒發展順序，瞭解其個別差異，避免與其他幼兒相比較。

6. 增加同儕互動機會：幼兒善於覺察身邊大人或同儕所發出的非語言訊息，運用同儕互動機會及資源，帶動幼兒模仿及學習動機，以促進幼兒動作發展之精熟（劉淑英譯，2014；劉錞綺、劉嘉豪，2014）。

【近年教師檢定考題解析】

近年教師檢定動作技能發展與保育考題以嬰幼兒期的動作發展為主,其次是協助嬰幼兒動作發展的策略等範圍,並且以實務性情境題型為主。

教師檢定考題來源:國家教育研究院教師檢定歷屆試題及參考答案,網址:https://tqa.ntue.edu.tw/

一、嬰幼兒期的動作發展

1. 下列哪一種活動可以促進幼兒的大肌肉動作發展? （100年教檢）

   (A)滾球　　　　　　　　(B)繪畫
   (C)繫鞋帶　　　　　　　(D)串珠子

2. 依照幼兒手部精細動作發展的順序,下列哪一種行為出現最晚? （100年教檢）

   (A)會摹畫圓圈圈　　　　(B)會畫一條直線
   (C)會抓緊一塊積木　　　(D)會將兩塊積木疊成塔狀

3. 下列有關三至五歲幼兒小肌肉發展的敘述,請依照發展先後順序排列。 （103年教檢）

   甲、會拼大塊的拼圖、使用剪刀、畫出人形

   乙、會拉拉鍊、扣扣子、幫娃娃穿脫衣服、用積木搭拱橋

   丙、會用積木蓋高塔、串大珠子、用打洞器壓出紙的各式圖形

   (A)乙→甲→丙　　　　　(B)乙→丙→甲
   (C)丙→乙→甲　　　　　(D)丙→甲→乙

4. 下列何者最可能是幼兒粗動作發展遲緩的特徵? （103年教檢）

(A)二歲半時才會踮著腳尖走路

(B)三歲時才可腳尖接著腳跟走路

(C)四歲時才會玩丟接球的遊戲

(D)六歲時才能單腳站立二秒

5. 幼兒玩「紅綠燈」遊戲時，不僅要跑，還要配合那位當鬼的同伴追逐自己的動作而跑開、停止、改變方向和加速。下列何者是幼兒玩此遊戲時運用較多的動作技能？　　（104年教檢）

(A)精細動作技能 　　　　　(B)操作性動作技能

(C)移動性動作技能 　　　　(D)穩定性動作技能

二、協助嬰幼兒動作發展的策略

6. 媽媽很想要三歲的小雄開始學寫字，但是小雄的握筆姿勢還不正確。下列提供給小雄媽媽的建議中，何者最不適當？

（100年教檢）

(A)讓小雄拿粗蠟筆或彩色筆畫圖

(B)應該趕快糾正小雄拿筆寫字的姿勢

(C)多讓小雄剝葡萄、橘子，或練習撕紙等

(D)小雄的小肌肉發育還沒有達到可以寫字的程度

7. 兩歲的小明執意要自己吃飯，但是他總是把飯粒灑得滿地都是，這時老師應採取下列何種處理方式最適當？（103年教檢）

(A)先隨他，讓他自己吃，等老師事情忙完，再來餵他

(B)不要在意他把飯粒灑得滿地都是，讓他練習自己吃完

(C)提醒他要好好吃飯，如果再掉飯粒，就把飯拿走不給他吃

(D)告訴他因為他還不會好好吃飯，所以不能自己吃，要由老師餵

【解答】‥‥‥‥‥‥‥‥‥‥‥‥‥‥‥‥‥‥‥‥‥‥‥‥‥‥‥‥‥‥‥
1.A　2.A　3.B　4.D　5.C　6.B　7.B

參 考 文 獻

王姵玲（2014）。幼兒發展評量與輔導。臺北：心理。

王惠姿（譯）（2006）。0-8歲嬰幼兒肢體動作經驗與教學。臺北市：華
騰。

行政院衛生福利部食品藥物管理署（2012）。每日飲食指南。臺北市：
行政院衛生福利部食品藥物管理署。

行政院衛生福利部國民健康署（2015）。兒童健康手冊。臺北市：行政
院衛生福利部國民健康署。

林麗琴（2016）。簡介動作發展與動作控制。網址：http://baby.syinlu.
org.tw/knowledge_detail.php?k=2&id=41

徐畢卿、龍佛衛（2011）。新世紀臺灣嬰幼兒健康圖像：第四章嬰幼兒
社會心理發展，46-48。

張春興（2011）。張氏心理學辭典。臺北市：東華。

教育部（2012）。幼兒園教保活動暫行大綱。臺北市：教育部。

郭靜晃（2013）。兒童發展與輔導。新北市：揚智文化。

郭靜晃、黃志成、黃惠如（2005）。兒童發展與保育。新北市：空大。

陳淑女、蘇建文、盧欽銘、鐘志從、張景媛（1992）。家庭環境與嬰兒
認知與動作能力發展的關係。教育心理學報，25，13-29。

黃志成、王淑芬、陳玉玟（2008）。幼兒發展。新北市：揚智文化。

劉淑英（譯）（2014）。幼兒動作與舞蹈教育（原作者：Mollie Da-
vies）。臺北市：心理。

劉錞綺、劉嘉豪（2014）。兒童體能活動設計。臺北市：心理。

盧素碧（1996）。幼兒的發展與輔導。臺北市：文景。

戴尉珊、林耀豐（2003）。兒童動作發展之初探。屏師體育，7，104-
113。

顏士程、鄭孟忠、李政穎、張臺隆、林俊成、陳世穎、楊涼富

（2015）。幼兒發展。臺北市：華騰。

蘇建文（1995）。發展心理學。臺北市：心理。

Gesell A. (1929). Maturation and infant behavior patterns. Psychological
Review, 36, 307-379.

施嘉慧

語言發展與輔導

CHAPTER 5

新生兒在沒有任何學習經驗之前，就已經能辨識出母親與其他人聲音的不同，這代表著語言的存在與影響對於新生兒來說已經具有辨識的重要性，並且在嬰兒階段，還無法理解語言意義的時期，已經會辨別他人說話的語調高低給予表情回應。隨著年齡成長，語言發展的重要性更影響著個體社會發展與他人互動之關係，語言則代表著溝通與表達的能力，本章將介紹語言發展之歷程與其重要性。

第一節　語言的基本概念

在瞭解語言發展的過程中，我們須先瞭解語言的基本概念，以下將逐一說明語言的意涵、元素、功能、特徵及其重要性。

一、語言的意涵

語言是一種溝通的方法，透過聲音符號來表達人類思想和情感的工具，它具有生成性、創造性與個別性。語言可分成以下三類：

(一)口說語言

以聲音符號來表達說話，即聽和說的過程，例如：哭、笑、說話、高聲呼喊等。

(二)書寫語言

以形象符號來表達，例如：寫字、繪畫等。

(三)肢體語言

以肢體動作來表達，又稱為非語言式溝通，例如：臉部表情、手

勢、身體動作等。

表5-1 語言類別一覽表

類別	說明	例舉
口說語言	以聲音符號來表達說話,透過聲帶與嘴巴進行聲音傳遞與表達。	哭、笑、說話、高聲呼喊等。
書寫語言	以形象符號進行表達,透過雙手將欲表達的語言以文字或圖像等方式作表達。	寫字、繪畫等。
肢體語言	以肢體動作來表達,又稱為非語言式溝通。	臉部表情、手勢、身體動作等。

二、語言的元素

構成語言的元素有以下五種:

(一)語音（Phonology）

指語言所發出的聲音,也是語言最原始的訊號,具有特別的結構,不同語言會有不同的語音。幼兒在8至12個月左右會開始發出第一個有意義的聲音（王佩玲,2001）,也就是說,這個時候已經會開始使用不同的聲調來表達訊息,但還是必須學會基本的發音,才可以完整的掌握正確的發音技巧。

(二)語形（Morphology）

指語言的聲音和符號,透過聲音去形成有意義的字句規則（Shaffer, 2010）。幼兒以不同的聲音來表達與辨別語言的意義和特徵,對於意思的傳達和訊息的接收有很大的幫助（蘇建文等,1991）。

(三)語意（Semantics）

語意是指語言最常代表的涵義，可以是一個字、一個人、一個詞或一句話（王佩玲，2001）。幼兒的語意常常會出現過度延伸，例如：就算看到不同的人都會稱為父親；或是延伸不足，例如：幼兒所說的娃娃可能僅是指平常最常抱的泰迪熊而已，但並不包括其他種類的娃娃。幼兒早期的語言知識也可能影響到他的思想（蘇建文等，1991），語意雖然表達的意義有限制，但是幼兒語言發展的潛能，和其重要性是不容小覷的；我們可以透過對話時提供具體的實物給幼兒看，進而引導幼兒說出物品的名稱及特色。

(四)語法（Syntax）

語法就是語言的結構，也是指將字、詞組織成有意義的句子，主詞、動詞及形容詞都有一定規則與順序，兒童在習得語言的過程中，一定要學會這些規則（賴保禎等，1993）。

例如：我喜歡你
　　　我你喜歡
　　　你喜歡我

以上三個句子，除了第二句很明顯地在語詞結構上違反規則，但第一句和第三句則是合於文法的句子，他們所組成的文字都相同，但所傳達出的意義卻完全不同。這說明了文字意義如何與句型結構相互作用以賦予整個句子一個意義。幼兒在能熟練說話或瞭解語言之前，必須先精熟語法規則。

(五)語用（Pragmatics）

能在不同的時間、地點、及情境中適當的使用語言，達到有效溝

通的目的，這就是語用，換句話說，就是與他人溝通的技巧（王佩玲，2001）。嬰兒大約可以在2歲左右就會聆聽同伴們的對話，3歲以上就可以慢慢地瞭解在不同的場所和不同的對象說話，四歲以上就可以和他人做簡單的溝通。例如：日常生活中阿嬤講臺語、媽媽講國語，幼兒知道當今天要和阿嬤說話時，要使用臺語；然而當今天說話對象是媽媽時，則使用國語對話。

表5-2　語言元素一覽表

元素	說明	例舉
語音	基本的聲音單位。有些兒童因為音調、強度或共鳴有問題，所發出的聲音使聽者感到不舒服或刺耳。	「在」發「tsai」音、「大」發「ta」音。
語形	有些兒童能夠用正確的語句、語彙以表達適合年齡的思想，但是不能使用被接納的語形規則。	6看成9、b看成d。
語意	對字詞意義的理解。語意的困難可能包括字意、生詞、片語與子句的關係，及比喻性語言的理解或表達的困難。	能回答「正方形有幾個邊？」、「花蓮為在台灣的哪一方？」
語法	為字組合成句子的意義與規則。有些兒童在處理複雜句型的結構上，或在超過一個句子以上的句型等，有顯著的困難。	「我打你」、「你打我」的差異。
語用	為語言的應用，涉及社會語言知識，須同時考慮聽者的想法與感受。有些兒童在使用語言及溝通方式以適應聽者或人際關係的需求上有困難。	姊姊會依照正在學走路的弟弟之語言能力來調整自己所說的話。

三、語言的功能

語言的功能具有以下兩項：

(一)溝通功能

語言做為人與人之間來往、交換訊息的重要功能。說、寫者用語言來表達其思想、見解、期望、訴求和感情；而聽、讀者則是透過語言來理解所傳達之訊息的意涵。

(二)概括與調節功能

因為語言具有概括性，所以語言不但可以成為人類思維的工具，且使人類的心理活動和行為能夠提高到任何動物所不具有的水準。

四、語言的特徵

語言的特徵包含以下五種特性：

(一)創新性

語言的組合具有其創新性，例如：「牛」本身已經是一個字，而「犇」則是將三個牛擺在一起，意思則是奔跑極為快速的意思。

(二)無限性

在語言使用上，一句話的長度並沒有受到一定限制，例如：當你肚子餓的時候你可以說「我肚子餓」，也可以說「我的肚子真是超級餓」，諸如此類，可看出語言使用的無限特徵。

(三)規則性

在語言使用上，有些文字的使用有其一定的規則，例如：「的」是形容詞、「得」則是複詞。

(四)共通性

有些語言無論人事時地物的改變，都不會因此改變其內涵或意義。例如：世界上的紅綠燈都是紅燈停綠燈行。

(五)相對性

透過語言的表達，可看出其相對性，例如：「上」與「下」，除了在字面上可看出一個是在地平線之上，另一個是在地平線之下外，在語意上也是相對的。

表5-3　語言特徵一覽表

特徵	說明	例舉
創新性	語言的組合具有其創新性。	「牛」本身已經是一個字，而「犇」則是將三個牛擺在一起，意思則是奔跑極為快速的意思。
無限性	在語言使用上，一句話的長度並沒有受到一定限制。	當你肚子餓的時候你可以說「我肚子餓」，也可以說「我的肚子真是超級餓」，諸如此類，可看出語言使用的無限特徵。
規則性	在語言使用上，有些文字的使用有其一定的規則。	「的」是形容詞、「得」則是複詞。
共通性	有些語言無論人事時地物的改變，都不會因此改變其內涵或意義。	世界上的紅綠燈都是紅燈停綠燈行。
相對性	透過語言的表達，可看出其相對性。	「上」與「下」，除了在字面上可看出一個是在地平線之上，另一個是在地平線之下外，在語意上也是相對的。

五、語言發展重要性

語言發展其重要性有以下四點：

(一)促進社會行為的發展

進行社會互動時，必須透過語言進行表達與溝通，如果無法清楚地做表達，那麼將無法順利與他人互動產生社會行為。

(二)協助情緒的發展

透過語言的表達，能表現自我及他人之情緒，例如：告訴他人我現在很生氣。

(三)增進認知能力的發展

在與人交談的對話中，除了可以表達自己的想法外，也可以透過他人的表達來吸取新知，無論是口語或文字書寫的語言，都有增進認知能力的發展功能。

(四)增進自我概念的發展

經由語言的轉換，個體能將對自我的概念用語言做描述或表達，並且從中建立對自我之概念。

六、語言發展的關鍵期

大腦為側化的器官，語言中樞在左腦，為人類大腦所獨有，大腦的側化約在青春期完成，大腦的可塑性隨之降低，所以青春期以前是語言發展的關鍵期。

七、失語症

失語症是指語言功能喪失的現象。左腦的語言中樞分為兩區；針對受傷的部位不同，其語言喪失的型態也不同。以下將以表格呈現不同類型失語症之特徵，如下表5-4：

表5-4　不同類型失語症之特徵

種類	病變部位	特徵
表達型失語症 Broca's Area	左腦額葉	聽得懂但是無法說出話。理解能力正常，但口語表達上則有困難。
感受型失語症 Wernick's Area	左腦顳葉	失去語言理解的能力，聽不懂他人的語意，但能正常說話，所以經常出現答非所問，無法與人正常溝通。

第二節　語言發展理論

幼兒是如何學習語言的原則？有關語言的發展和相關學習的理論，以下將介紹各學派學者在不同理論觀點學派對語言發展理論的看法及認知。

一、皮亞傑（Piaget）認知理論觀

皮亞傑早期強調幼兒的語言多半為自語，屬於認知不成熟與自我中心的語言，所以幼兒會大聲對自己說話，這時期的語言只是反映出其當下的心智活動，不太在意別人是否有專注地傾聽或是聽不聽得懂，也無意與他人溝通。因此，語言發展與認知發展為兩條平行線，沒有交互作用。隨著年齡的增長，約七歲的兒童逐漸減低自我中心語

言，將語言的功能擴大為社會化語言，進而拋棄自語，開始進行符號性思維。約八歲左右，具體運思期的兒童發展出社會化語言，開始能與同儕進行真正的溝通。

(一)皮亞傑將語言區分為自我中心語言（egocentric speech）及社會化語言（social speech）。

(二)幼兒語言的發展是由自我中心語言發展至社會化語言。

(三)「自我中心語言」係指幼兒只為自己想說話而說話，即能得到快樂，並不在乎有沒有人聽，其特徵為：

  1.話語中以第一人稱「我」或「我的」的代名詞使用最多。

  2.反覆語（repetition），幼兒常將所聽到的語言一再重複，如聽到電鈴「叮咚」聲，也會跟著模仿「叮咚」的聲音，甚至當作語言遊戲自我娛樂。

  3.獨語（monologue），幼兒常一個人自言自語的說話給自己聽。

  4.集體獨語（collective monologue），即使在團體中，幼兒仍自顧自地說話，並不期待他人的回應。

(四)「社會性語言」是指當幼兒漸長，社會化使幼兒已能真正的與聽話者對話，且能考慮他人的觀點與反應。其特徵為：

  1.適應性的述說。此時期幼兒企圖影響聆聽者來聽他說話。

  2.批評與指責。幼兒已經能用語言來批評或指責他人缺點或過失。

  3.命令或請求。幼兒已經會用命令或請求的語氣與他人互動。

  4.質問。幼兒所發出的問題，幾乎都是想要獲得他人解答的。

  5.問話或答話。幼兒已經開始會回答他人的問題。

二、維高斯基（Vygotsky）社會學習觀

維高斯基認為幼兒的自語在其語言發展中扮演重要的角色，透過自語，兒童可以自我規範、和自己溝通或引導自己思考。但是，他不認為自語是兒童自我中心的表徵，而是一種與自我對話的溝通形式。此外，維高斯基在解釋人類語言習得時較側重文化社會的層面，他認為人類的語言發展是一種社會化行為，兒童的語言學習是一種由外而內的內化歷程。

(一) 維高斯基將語言的功能分為兩種

1. 自我中心語言（egocentric speech）

3-7歲時出現，透過他人在旁的指導與協助，兒童經由初生的自語讓自己專注於解決問題，逐漸進入獨自運作的心智歷程層次，進而內化成不出聲的內在指導語言。維高斯基認為兒童的自語現象並不如皮亞傑所說的會隨著年紀增長而消失，而是與社會化語言並存。在幼兒學習語言的過程中，幼兒會經由獲得同儕與參與者的支持鼓勵，累積其成功經驗，進而提升語言層次。是社會性語言到內在語言的中介，能協助幼兒擬定與執行計畫，以完成目標，是一種認知的自我引導系統。

2. 內在語言（inner speech）

內在語言是指未發出聲音的語言，是個人內心中的語言，7歲後出現，是心智活動在內心的運作及自我對話，是語言發展最高層次。維高斯基認為兒童從2歲開始就會進行思考，思考和語言開始彼此交互影響。維高斯基分析皮亞傑所說的自我中心語言，認為最初幼兒說話時通常不會去顧及聽者的想法或感受，但是這種自我中心語言會隨著兒童社會化之後逐漸遞減，開始出現社會性語言。維高斯基認為此

時兒童的自我中心語言並未消失,只是變成內在語言。

維高斯基認為內在語言有一項很重要的功能,那就是認知運作的計畫(the planning of cognitive operations)。他以心智架構來說明內在語言;藉著內在語言,一個人可以計畫並組織其思考。例如:要煮飯或換輪胎時,內在語言可以導引所有的動作,直到工作完成為止。

(二)維高斯基語言的認知發展功能

1. 在歷史文化的傳承中,生活經驗與思維解決問題的方式,都是透過語言傳遞給兒童。
2. 兒童以學得的語言為工具,以便可以來適應環境與解決問題。
3. 自我中心語言具有促進個體認知發展的功能,且可紓解個人情緒。
4. 語言是人類思維的最根本基礎。

三、杭士基(Chomsky)天賦論(nativism)

杭士基認為人類使用語言的能力是與生俱來的,是人類普遍存在的潛力,雖然個體在語言發展上的速度不一,但是,世界各地幼兒學習語言的過程都大同小異,即使失聰的幼兒也能呈現一樣的發展順序。杭士基進一步指出,語言習得是學習者對句子直覺反應出隱含心理文法,並非與學習者的表現有直接相關,且學習者所使用的語言與有意識的信念無關,也就是說,語言是屬於本能的反應。因此,就語言學習的觀點而言,杭士基是反對史金納所主張的行為學習論點。他不認同環境刺激是學習語言的重要關鍵,並推翻兒童學習語言時是處於被動地位的說法。其核心論點如下:

(一)人類具有「語言習得機制」（Language Acquisition Devce, LAD）

1. LAD是一種天生具有的語言程式處理器，當幼兒聽到外界的語言時，透過此系統的運作便出現一套適於學習的規則，使幼兒能快速學會語言的規則。LAD為杭士基的重要主張，當人類對於語言是如何出現感到好奇時，一群語言學派學者認為學習論者以嬰兒模仿成人的語言而習得語言的說法，無法解釋幼兒的過度延伸或錯誤使用語言的現象。

2. 在LAD中，有一套普遍語法，這套語法是內建的規則，適用於所有人類的語言。幼童使用這種知識來解碼，區分他們接觸到的語言中的語法類別及各類別間的關係。因為這個語言習得機制特別適合語言的理解，所以幼兒自然的就學會掌握語言結構，即使只有接觸少量的語言。（林美珍，2009）

3. 幼兒可以於短期內發展出語言能力，且速度驚人。

4. 幼兒語言錯誤皆有內在的規律性，不同於一般成人所使用的原始用意。

5. 世界上的幼兒都經歷同樣的語言發展過程。

(二)評價

1. 正向評價

(1) 證明失語症之存在，左腦受損會造成語言功能的缺陷，說明語言的先天性功能。

(2) 杭士基指出支持這項理論的基本證據來自新生兒能夠分辨相似的語音，而且幾乎所有的幼兒都以相近的年齡順序熟悉自己的母語，不需要經過正式的教導，只要透過環境的刺激，

幼兒自然調整表達語言的方式。

(3) 因為LAD的存在，只要提供適當的刺激，幼兒就能自動將語言訊息處理內化而學會，並且能創新語句。

2. 其他限制

(1) LAD無科學性根據，有不少學者認為天賦論過於著重天生語言學習器的生物機制，人類靠著先天具有的LAD獲得語言的論調，到目前仍然只是一種推論，這其中的假設也沒有事實根據。

(2) 杭士基未詳細解釋此機制的運作方式，也沒有具體完整的說明一個人在面對複雜的語言時是如何篩選、歸納，形成可表達的功能。

(3) 依照天賦論的觀點，同一母語體系的兒童語言發展狀況應該會一致，但有些相同資質的幼兒使用的語言規則，經過不同的教育方式，會比同儕還要突出或複雜。

四、行為學派經驗論

　　行為學派經驗論主張語言發展為後天學習，班度拉（Bandura）提到觀察學習模仿即幼兒的語言行為是以主要照顧者為楷模，向他們模仿學習而來；所以生長在哪一種語言環境中，幼兒就只能模仿該種語言。

　　此外，操作制約原理增強作用亦是行為學派的主張，認為語言能力的獲得，是由於周遭環境給予的增強作用所產生，也就是說語言的獲得是經過一系列的刺激和反應連結而成；也就是透過操作制約增強作用與反覆練習，便能獲得大量的語言。

五、認知建構論

　　認知建構論主張語言發展與幼兒的思考、創造力、問題解決能力相關；他們認同語言的發展中成熟因素很重要，但也不能忽略後天的學習。在語言發展中，如果認知能力尚未成熟，那麼將很有可能因為不理解其意涵而無法展現良好的語言發展。

第三節　幼兒語言發展分期

　　史登（Stern）將幼兒在語言發展上分為前語言階段及語言發展兩階段，前語言階段是幼兒準備開始學習語言前的準備階段；在進入語言發展階段後，幼兒的語言能力會迅速成長，以下將針對此兩階段之發展做詳細介紹。

一、前語言階段

　　幼兒從出生到能說出的一個有意義的聲音之前，此階段稱為「前語言期」或「準備期」。雖然嬰兒發出的聲音還不能稱之為語言，但是在前語言時期，嬰兒的語音發展卻已經出現明顯且固定順序的階段。

(一)說話的準備

包括發出語音和說出最初的詞，即所謂的牙牙學語（bab-bling）。在說話的準備過程中又可區分為三階段：

1. 簡單發音階段

(1) 發出嗓音：嬰兒大約在2個月前所發出的聲音，都屬於這一類的聲音，這種嗓音是由身體的狀態引起，若是處於飢餓、口

渴、身體不適等狀態時,都會出現此噪音。

(2) 開始出現咕咕聲(cooling):隨著嬰兒日漸長大,會發現自己可以用言語聲音作為遊戲,嬰兒所發出的聲音開始逐漸分化,並且帶有條件反射性質。在不同的動機下,會發出不同的聲音,此時期嬰兒的主要照顧者或熟悉之人,將有辦法辨識嬰兒所發出的聲音代表何種意義,此階段的咕咕聲還不能算是語音,亦不代表正式語言。

2. **連續音節階段**

(1) 此時期多半發出重疊音,例如:Ba Ba ba或Ma Ma Ma等單音節的語音。但這個時期還不是真的在模仿成人的語言,並且只會模仿自己自發發出的聲音,而無法模仿新的聲音。

(2) 6-10個月左右的嬰兒會開始重複發出一連串單音節的聲音,許多人會誤以為這就是人類發出的第一個字,其實此時期的發音多半很類似,但還不能算是語言,只能說是未來語言學習的奠基。

3. **說話萌芽階段**

大約在嬰兒11個月左右,開始會出現語音,並且開始模仿新的語音。

(二)理解語言的準備

在理解語言內涵前,須學會對語音的知覺以及對語意的理解,在具備兩種能力後,彼此交互作用後將能理解語言的內涵與意義。

二、語言發展階段

真正的語言產生,是指嬰兒完全瞭解其所發出的聲音之意義,並

有意義的表達自己的意思。

(一)單字句期

約1歲至1歲半，此時期為幼兒語言發展的關鍵期。此時期具有以下三大特徵：

1. 以單字表示整句話的意思。例如：叫「媽媽」，代表的意思是「媽媽我要抱抱」，雖然只說了「媽媽」單一詞語，但會搭配手勢、動作去表達完整句子的意思。
2. 以物的聲音做其名稱。例如：「汪汪」代表小狗、「嘆嘆」代表汽車。
3. 常發出重疊的聲音。例如：「水水」、「飯飯」。

(二)雙字句期

約1歲半至2歲，此時期又稱為電報語言期。幼兒開始由單字語句發展為雙字語句，進而發展為多字語句。此時期具有以下三大特徵：

1. 瞭解每一件物品都有其代表的名稱，喜歡問物品名稱。
2. 此階段雖為多字句期，但整句話的完整性還不足，例如：「媽媽一吃」，代表的是「媽媽，我想要吃」，因為所表達的語句簡單，如同在打電報般，故又稱為電報語言期。
3. 此階段所表達的語句中，以名詞最多，接著將逐漸增加動詞，其次為形容詞。此時期語彙會大量累積，稱為「命名爆炸」（naming explosion）。

(三)文法期

2歲到2歲半，幼兒開始注意文法，可清晰、正確地說出一完整

的句子，例如：我要吃糖果，這類的需求表達已經能夠清楚且正確地說出；約到了2歲半時，幼兒已經開始有人稱的觀念，會使用「你、我、他」，開始意識到自我，發現自己與他人的世界是相對立。即有客觀的存在，此外，幼兒已能瞭解聲音所代表的意義。

(四)複句期

2歲半到3歲半，此期幼兒逐漸多使用複句，雖然使用時常出現遺漏關係詞的現象，但這現象會逐漸有改善；大約在3歲期間，幼兒的字彙可以高速增長，以長串的字組成句子，並能正確的文法表達。而這時期的幼兒還有一特徵，就是喜歡發問，所以這時期又稱為「好問期」，這時期可以說是奠定幼兒將來語言發展的關鍵時期，父母應有效的加以引導，以滿足幼兒求知慾及語言發展。

(五)完成期

4歲至6歲，幼兒的語言已經能掌握完整的語言運用能力（包括發音和文法），並由好奇的發問與學習新詞，而逐漸演變至追求語句的內容和求知，所以，常會問「為什麼」、「誰說的」、「什麼時候去」。大約到了6歲，幼兒已經可以說出流利、準確的語言。

以下將以表格呈現不同階段語言發展的順序，如下表5-5：

表5-5　不同階段語言發展順序

發展年齡	語言表現
出生	1. 偏好人的聲音 2. 能區辨語言與非語言 3. 能區辨所有語言的語音 4. 能區辨母語與非母語 5. 以哭聲與大人溝通

（續）

發展年齡	語言表現
2-3個月	1. 能區辨母音與子音 2. 較注意有韻律的語句 3. 大人説話時會以咕咕聲或微笑做回應
6個月	1. 牙牙學語 2. 開始失去對非母語語系的語音辨識能力
9個月—1歲	1. 發出單音節有意義的字 2. 嘗試以單字吸引大人的注意 3. 能理解大人的某些語句
1歲半	1. 字彙量大量增加 2. 能説出不完整的兩個字組合的電報式語句
2歲—2歲半	1. 能真正理解大人的間接式語法 2. 能表達間接式語法 3. 能針對不同溝通對象而調整語言
2歲半—6歲	1. 文法知識急速成長，能理解與使用文法複雜的句子 2. 容易出現過度規則化的文法錯誤
6歲—12歲	1. 能理解各種時態、語態詞的使用 2. 能掌握文字
12歲—18歲	1. 能掌握語言的特殊用法 2. 理解語言的本質與自己的語言能力

（資料來源：王震武等著，2001，心理學，學富文化事業有限公司）

第四節　影響語言發展的因素

　　影響語言發展之因素有很多，除了智力以外，社會環境、性別、他人示範及個別性格情緒等，皆為影響語言發展之因素，以下將介紹各項因素可能影響語言發展之原因。

一、智力影響

幼兒的語言發展，深受智力發展的影響，通常以幼兒開始說話年齡，來代表幼兒往後的語言發展，智力高的孩子，約在出生11個月就能開始說話，智力較差的約需34個月，智力更差的幼兒甚至需51個月。當然，我們不能以說話慢的其智力發展也較差，或以語言來推斷幼兒的智力，如此將容易產生錯誤，只是不難發現智力高的幼兒有以下三點特徵：

1. 智力高的幼兒開始學說話的時間會比較早，反之則會比較晚。
2. 智力高的幼兒使用語句會比較長，反之則會比較短。
3. 智力高的幼兒，在語言使用的品質會比較好，反之則會比較差。

二、社會環境的影響

(一)家庭社經地位

過去有許多研究學者認為低社經階級者所使用的語言，多屬情緒性的表達，兒童每每聽到粗俗不雅的語言，久而久之不僅語彙較少，語氣態度、發音均受影響，所以在字彙和語法結構上並不豐富。相對的，中高社經階級的人，能表達更詳細與更抽象的語言；兒童聽成人講話時，言語多有修飾有禮。由於模仿因此說話有系統、禮貌且語彙也較多，學者研究不同社經地位的幼兒在語言行為上，中高社經地位幼兒的表現皆較低社經地位幼兒好。

(二)父母教育程度

徐道昌和鍾玉梅（1990）以188名3至6歲體能與智力發展均正常的臺北市幼稚園兒童，進行「學齡前兒童語言發展相關因素」的研究，發現父母的教育程度對子女的語言能力有重大的影響，教育程度愈高者，子女語言能力愈佳，反之則較差。

(三)親子互動

過去有許多學者以正常學齡前兒童為研究對象，觀察兒童在家中的語言環境，發現家庭中適當的親子之間語言交流對兒童語言能力的影響十分重要。有研究結果亦提出高語文能力的兒童，其雙親常主動與兒童交談，且提供各種閱讀書報，刺激兒童的語文認知，並鼓勵兒童多從事語言活動。

(四)友伴的陪同

日常生活中，弟妹及年齡較小的友伴較多時，缺乏學習語言的機會，故語言發展較差，甚至有退化性語言出現。相對的，若家中或日常生活中有年齡相仿或較大的孩子，那麼在語言發展上有可學習及模仿的對象，所以語言能力之發展會較好。

三、性別影響

(一)時間

一般來說，女孩比男孩早說話，男童平均15.76個月開始說話，女孩則為14.88個月，女孩較早使用句子，字彙的量也較多於男孩。

(二)品質

女孩的語言品質優於男孩，研究發現在各種構音和語言流暢上的評量，女孩較男孩為佳，認為男女孩在早期有發展上的差異，但到了後期女孩的優勢會消失，只有在拼音、書寫或學習外國語言的能力上，女孩仍然比男孩好。

(三)障礙

女孩語言障礙的比率比男孩低，研究幼兒語言障礙之出現率時指出：4、5、6歲男孩語言障礙率分別為7.74%、4.72%、4.31%，而女孩分別為4.96%、3.22%、2.83%，由此可知女孩語言障礙率較男童低。

(四)排行

在排行因素中，若家中有兩位孩子，那麼第二位出生的孩子其語言學習及表現會較早也較為快速，因為在其成長環境中有年齡相仿的學習對象可以與其互動，並且較能接收更多語言刺激，所以排行順序所造成的語言能力差異，其真正的主因在於幼兒學習語言的機會及環境的影響。

四、他人示範的影響

有些智力中等，甚至智力優秀的幼兒，其說話表現很晚，而字彙也較應有的少，其原因多半由於缺乏仿效，模範或示範不當，語言是由模仿而來的，當幼兒正在模仿的時期，接觸的人少或接觸的人說話過快、不清楚，往往使幼兒失去了仿效的機會，又或者仿效出不慎清楚的構音，因而影響其語言的發展。

五、情緒與人格的影響

幼兒的情緒態度與人格特質，也會影響到語言的發展，以下例舉因為情緒表現而影響語言發展的類型：

1. 嬰兒時期常拒絕吃飯，反抗型的幼兒，他們學說話的時間較慢。
2. 被過度保護的幼兒，他們多繼續使用嬰兒式的語言。
3. 失去情緒依靠的幼兒，他們常常表現語言功能上的偏差。
4. 以不適當的方法，壓抑情緒表現的幼兒，較容易患有口吃現象。

六、年齡影響

(一)字彙與語彙的使用

根據日本文部省（相當於我國的教育部）所公布的5歲前幼兒的語言發展鑑定標準指出，1歲的幼兒有1至2個語彙數，1歲半有10至20個語彙，2歲有50至250個語彙，2歲半有400至500個語彙，3歲時增加到500至1,000個語彙，呈現一個向上延伸的正比曲線，王佩玲（2001）。

(二)使用語句的長短

過去有學者研究發現，年齡愈大的幼兒說的話較多，語言變化較大，句子較長，且每句中之名詞、動詞、副詞、形容詞、介詞及連接詞較多。

(三)語句的完整和複雜的程度

3至5歲間的幼兒語言間有複合句與複句的產生,到5歲即有複雜結構的句子,句型也有各種變化,句子長度亦顯著地增加。自我中心語言愈少,社會語言漸多,幼兒大約在6歲時能瞭解與產生禮節性的詞彙,6歲以後能作禮貌性的請求,到了9歲才完全精熟禮節性的詞彙,5歲以前幾乎難以使用禮貌性的用語。由此可知,社會化語言會隨著年齡的增長而愈發展。

七、語言評量工具

過去十幾年來,臺灣也已陸續發展出一些標準化的語言評量工具,以下將臺灣目前可用來評量學童口語能力的標準化工具,彙整如下表5-6所示:

表5-6　評量幼兒口語能力標準化工具

測驗工具名稱	編者	功能與目的
修訂畢保德圖畫詞彙測驗	陸莉 (1988)	主要目的為評量3至12歲學童的詞彙理解能力。
西北語句構成測驗	楊坤堂等 (1992)	主要目的為評量國小1、2年級學童的語法能力。
兒童口語表達能力測驗	陳東陞 (1993)	主要目的為評量幼稚園5歲至國小四年級兒童的口語或語句表達能力。
魏氏智力測驗語文量表	陳榮華 (1997)	主要目的為評量6到16歲學生的語文智商,但也可用來決定語意能力。
兒童口語理解測驗	林寶貴、錡寶香(2002)	主要目的為評量國小一至六年級學生的口語理解能力。

（續）

測驗工具名稱	編者	功能與目的
學前幼兒與國小低年級兒童口語語法診斷測驗	楊坤堂、張世彗、李水源（2005）	主要目的為評量學前中班至國小二年級兒童的語法能力。
圖畫式聽覺理解測驗	陳美芳、吳怡潔（2006）	主要目的為評量國小一年級至國小二年級之一般學生的生活口語理解能力。
聽覺理解測驗	陳美芳、吳怡潔（2006）	主要目的為評量國小一年級至國中三年級學生的生活口語理解能力。
修訂學前兒童語言障礙評量表	林寶貴、黃玉枝、黃桂君、宣崇慧（2008）	主要目的乃在評量3至6歲學前兒童之口語理解能力、表達能力及聲音、構音、語暢情形。
修訂學齡兒童語言障礙評量表	林寶貴、黃玉枝、黃桂君、宣崇慧（2009）	主要目的為評量6至12歲11個月國小學齡階段學童的口語理解能力、口語表達能力、構音、聲音、語暢情形。

第五節　語言發展的輔導

一、保護聽和說的器官

(一)保護聽力

　　定期進行聽力檢查，如有發現異狀，應及早就醫治療，以免長期下來影響生活作息，嚴重者亦可能因為聽力問題導致構音及口語表達之能力。

(二)保護嗓音

1. 儘量避免上呼吸道感染，發音器官發炎容易傷害嗓子。
2. 有的幼兒在家裡任性、愛哭喊，特別是在要求不能獲得滿足時，更是拼命喊叫，此情況應當防止。
3. 唱歌的時間不宜過長。
4. 不宜唱成人歌曲，因為成人的歌曲對幼兒來說音域過寬。
5. 在幼兒園時，特別是室內幼兒較密集的地方，幼兒容易興奮喧嘩，此時幼兒與人交談經常會用吼叫的方式用力的加大聲音，長期下來將會傷害發音器官。

二、創造語言溝通的條件

(一)親子間的語言溝通

1. 在照顧幼兒過程中，應及早與幼兒說話。
2. 父母養成幼兒語言的敏感性，當幼兒能自動自發說出一些語音時，成人可模仿其聲音加以強化，幼兒因此也能較容易學到新的語音。當幼兒嘗試用新詞或新的表達方式來傳述一件事情時，應及時給予正確的指導與示範。
3. 父母要善於傾聽幼兒的談話。
4. 父母應有良好的語言示範。

(二)遊戲及同儕間的溝通

1. 角色遊戲是發展語言的良好方法，幼兒在進行角色扮演時，自然產生掌握語言的需要，沒有強迫的、自願學習模仿人物角色的要求對話。

2. 同儕之間的溝通有利於幼兒語言的發展。

(三)師生間的語言交談

1. 教師在教學活動中應鼓勵幼兒多使用語言。
2. 教師在和幼兒的相處中，應有意識的與幼兒交談。

【近年教師檢定考題解析】

語言發展考題類型中，將分類為發展階段、發展理論及發展現象做考題類型分類。

考題來源：教育部高級中等以下學校及幼兒園教師資格檢定考試網站。

一、語言發展階段之相關考題

1. 幼兒在拼圖時會自言自語說：「這塊要放這邊。」下列何者最能詮釋這種幼兒自我引導式的喃喃自語現象？　（105年教檢）

   (A)皮亞傑的私語（private speech）

   (B)維高斯基的私語（private speech）

   (C)皮亞傑的自我中心語言（egocentric speech）

   (D)維高斯基的自我中心語言（egocentric speech）

二、語言發展理論相關考題

2. 陳老師認為：幼兒要把「球」這個符號與「球」可以滾、拍、丟、彈等概念進行連結，才算是學會了「球」這個詞彙。試問陳老師抱持著何種詞彙發展的觀點？　（104年教檢）

   (A)連結理論　　　　　　　(B)典範理論

   (C)功能中心理論　　　　　(D)語意特徵理論

三、語言發展現象判別相關考題

3. 下列有關幼兒語言發展的敘述，何者正確？　（105年教檢）

(A)六歲以後是幼兒語言發展的關鍵期

(B)嬰兒在咕咕期即開始發出聲母和韻母的語音

(C)在語音獲得過程中，幼兒會被動地模仿成人

(D)聽損的嬰兒也會像正常嬰兒一樣發出呀呀語

4. 妞妞常常把「王老師（ㄕ）」叫成「汪老師（ㄕㄨ）」，妞妞說話有何問題？ （101年教檢）

(A)出現了添加音＋聲調錯誤　　(B)出現了替代音＋含糊不清

(C)出現了省略音＋聲調錯誤　　(D)出現了歪曲音＋含糊不清

5. 莎莎四歲時從美國回到臺灣來居住，她學中文學了很久還是說不好，會說出「我今天和同學們一起吃了蘋果們和餅乾們」之類的句子。試問莎莎的句子犯了哪一種錯誤？ （103年教檢）

(A)過度規則化　　　　　　(B)語意過度延伸

(C)語意窄化使用　　　　　(D)語詞對比限制

6 下列有關幼兒語言能力的敘述，何者正確？ （103年教檢）

(A)幼兒把小雞稱為知更鳥，這是語言發展「延伸不足」的例子

(B)幼兒因腦傷造成失語的現象，經治療後其恢復效果會比成人差

(C)當說話生理機制尚未成熟時，幼兒會使用發得出的語音來替代發不出的語音

(D)當幼兒說「老師講故事，講大象的故事，講飛機的故事」，表示他對連接詞的運用沒有困難

7. 媽媽帶著奇奇和小恩到公園散步，小恩看到旁邊很多小朋友一起在玩小皮球，他一手用力拉著媽媽的袖口，另一手指著小皮球說：「球！球！」媽媽知道小恩想要玩那顆球，就跟他說：「我們下次帶家裡的球來玩。」這時鄰居陳伯伯牽著小黃狗走過來打招呼，奇奇看到小黃狗立刻躲到媽媽後面，並說：「汪

汪怕！」試問下列有關奇奇和小恩在語言能力發展的敘述何者
較爲正確？　　　　　　　　　　　　　　　　（104年教檢）

(A)從小恩的語言表達來推斷年齡，他應該是小班的幼兒

(B)奇奇的意思應該是「我怕狗狗」，這是一種電報式語言

(C)小恩想玩球，卻只能用單字表達，他應該有語言發展遲緩現
　　象

(D)奇奇使用重複音「汪汪」來形容小黃狗，他應該正處於牙牙
　　學語期（babbles）

8. 四歲的安安把桌上的花生一顆顆丟到地上，媽媽發現後，大聲
　急促的說：「你再丟！你再丟！」於是，安安就繼續將花生丟
　在地上。從語言發展的角度來看，安安的何種能力較爲不足？

　　　　　　　　　　　　　　　　　　　　　　　（104年教檢）

(A)語用　　　　　　　　　(B)語法
(C)語意　　　　　　　　　(D)語音

9. 剛滿五歲的梁小青喜歡把兒歌顛倒來念，覺得很好笑，自顧自
　笑個不停；他也曾很興奮的跟媽媽說：「梁小青的『梁』唸起
　來和楊老師的『楊』很像耶！」此兩例顯示小青什麼能力的發
　展？　　　　　　　　　　　　　　　　　　（104年教檢）

(A)後設語言覺察　　　　　(B)語意理解能力
(C)語法知識覺察　　　　　(D)語用前設能力

閱讀下文後，回答10-11題。

20個月大的小皮看到開門、解開鞋帶、脫衣服、削水果都會說
「開」。

162

10.依據上述小皮的語言表現，下列敘述何者正確？

　　　　　　　　　　　　　　　　　　　　　　　（105年教檢）

(A)語言的延伸不足所致　　　(B)語言的過度延伸所致

(C)語言的形狀偏誤所致　　　(D)語言的發展遲緩現象

11. 有關上述語言現象發生的敘述，下列何者錯誤？

（105年教檢）

(A)當幼兒偏好電報式語言時出現

(B)當幼兒很難想起合適的語詞時出現

(C)當幼兒尚未學到合適的語詞時出現

(D)隨著詞彙及發音能力的改善，此情況會跟著消失

【解答】··

1.D　2.C　3.B　4.A　5.A　6.C　7.B　8.A　9.A　10.B

11.A

參 考 文 獻

Shaffer, D. R., & Katherine, K.（2010）。發展心理學（張欣戊、林淑玲、李明芝譯）。臺北：新加坡商聖智學習。

王佩玲（2001）。你知道孩子的氣質嗎？臺北市：遠流。

王震武等（2001）。心理學。臺北：學富

徐道昌、鍾玉梅、吳香梅（1990）。語言治療學。臺北：大學。

教育部高級中等以下學校及幼兒園教師資格檢定考試網站。網址：https://tqa.ntue.edu.tw/

賴保禎等（1993）。發展心理學。臺北：國立空中大學印行。

蘇建文（1991）。家庭與個體發展——發展心理學。臺北市：心理。

葉郁菁

幼兒情緒發展與輔導

CHAPTER 6

第一節 情緒的概念與意義

一、情緒的意義

情緒（emotion）指的是：因某種事件（刺激）引起的身心激動狀態；當此狀態存在時，個體不僅會有主觀感受和外顯表情，而且也會伴隨身心反應（張春興，2007）。情緒與氣質、人格、感受、和動機有關。Wollheim （1999）將情緒定義為：對令人沮喪或滿足的事件產生的一種延伸的心理表達。情緒經驗可以使個體產生對於未來經驗的態度，並影響他們對於事件或事物的觀感。情緒包含以下四個要點：

1. 情緒由刺激引起：引發情緒的刺激可能是外在的，也可能是內在心境引起。
2. 情緒狀態時伴隨生理反應。例如：恐懼時心跳會加快。
3. 情緒狀態伴隨心理反應，且個人可以覺察自己當下的心情。例如：小嬰兒看到媽媽會有高興的心理反應。
4. 情緒促發行為的內在動力：當幼兒恐懼情緒出現時，可能伴隨著躲在照顧者身後。

幼兒的情緒發展和社會發展息息相關，情緒發展較傾向是天生氣質、是個人取向的，社會發展則與幼兒和人群互動有關。因此本章的情緒發展偏向幼兒氣質和心理特質的表現。

二、情緒的基本概念

情緒表達（emotional express）指的是個人情感回應的風格，情緒表達是一種複雜的個人情感溝通方式，且會受到文化和社會影響（魏惠貞譯，2002）。

　　情緒反應（emotional response）是指對某一個特殊的內心感覺採取的回應方式。金瑞芝（2002）探討幼兒的負向情緒，指出幼兒對負向情緒的強度和向度有所區別，當幼兒受到外在干擾並且對此干擾感到不悅，就會有厭煩的情緒反應；當幼兒慾望受阻無法達成時，就會有難過的情緒表現。

　　事件本質可能會影響幼兒的情緒（金瑞芝，2002），幼兒對於事件的感受會依事件結果是否可以修復而有所不同。例如：幼兒園中幼兒不小心踢到另一位幼兒的積木，幼兒可能表現出傷心，但情緒的強度較弱；但是當幼兒心愛的寵物死亡時，因寵物死亡無法回復，傷心的程度可能很高，也較容易有強烈的情緒表現。

第二節　情緒的相關理論

一、詹姆斯—蘭吉情緒論

　　James-Lange 的情緒理論指出，個體面臨外在的刺激時，先產生對刺激的生理反應，再導向心理（或情緒）的反應，情緒反應端賴個體的身體反應。例如：當幼兒走在平衡木上，開始發抖並且心跳加速，依據生理反應可以推知幼兒正處於「害怕」的情境。同時，個體對於事件發生的理解，導致感覺的產生，產生因應情境的行為，這也是「情緒」的一種。例如：當有人拿著玩具蟑螂靠近時，幼兒看到刺激（玩具蟑螂）、覺察這是恐怖的東西、立即做出的情緒反應是害怕而趕快逃離。

二、坎農—巴德情緒生理論

　　1920年代由Walter Cannon和Philip Bard提出的情緒生理論（Cannon, 1927），則是採取生理學的觀點解釋情緒。Cannon與Bard認為，個體感受情緒並經驗哭泣、顫抖、或者肌肉緊張等生理反應。心跳與呼吸加快等與情緒有關的生理反應，是由交感神經與腎上腺的作用，至於情緒的感受則是經由腦皮層對於刺激事件的作用。兩種情緒反應均由刺激事件引起，由中樞神經系統加以整合，但彼此並不互為因果（王淑俐，詹昭能，2000）。Cannon和Bard認為個體同時對刺激產生反應和情緒的連結。Cannon與Bard認為，個體並非先有生理反應之後才產生情緒回饋。

三、Schachter-Singer二因子情緒論

Schachter-Singer的二因子情緒論（two-factor theory of emotion），以情緒的認知理論為基礎，闡述當個體面對刺激時，首先產生生理激發（physiological arousal），然後個體會立即判斷造成激發的原因，並歸納情緒的回應。生理激發產生時，個體對產生原因的理解屬於認知的一部分。Schacter-Singer的二因子理論與Cannon-Bard的情緒生理論都認為，類似的生理反應引起的情緒反應可能不同（Myers, 2004）。例如：考學測時，心跳加速、手心流汗，我們對情緒的詮釋是「焦慮」，但是當「站在暗戀對象面前時」，同樣的心跳加速、手心流汗的詮釋就是「愛戀、仰慕」。

🙂 第三節　情緒分化與情緒能力

一、情緒的分化

小嬰兒表達情緒的方式很簡單，當他們有苦惱行為時，會以哭的方式表達他們不舒服、肚子餓、尿布濕了等（葉郁菁，2001）；但

是當他們高興的時候，會以笑表達愉悅的情緒。哭和笑是最原始的情緒表徵。嬰兒的哭大致可以分為四種：飢餓的哭、憤怒的哭、疼痛的哭、以及挫折的哭。當嬰兒哭泣時，照顧者可以給予溫柔的擁抱，對於日後情緒的穩定有較大的幫助。嬰兒出生後不久會出現自發性的微笑，這些微笑沒有意義，主要是因為中樞神經系統作用的結果，自發性微笑經常在嬰兒熟睡時出現，所以臺灣俗諺有此一說：「鳥（床）母在（逗）弄（小孩）」。第二週之後，小嬰兒對於照顧者的聲音出現反應，一個月之後，社交性的微笑更為明顯，嬰兒的微笑有選擇性，當他看見熟悉的照顧者時，會報以微笑。四個月左右的嬰兒看到父母滑稽的表情或聲音、父母給小嬰兒呵癢，都會讓他們咯咯大笑（黃慧真譯，1996）。

　　華生（J. B. Watson）依據對嬰兒的觀察，指出人類至少有三種基本情緒：恐懼、憤怒和愛。哈洛（H. F. Harlow）發現除了四種基本感覺：愉快、不愉快、興奮、抑鬱之外，其他的情緒，均依社會情境的制約而定，如恐懼及憤怒即由威脅性之社會情境而生（王淑俐，詹昭能，2000）。

　　Shaffer彙整了嬰幼兒情緒分化的發展歷程表（表6-1）（林淑玲、李明芝譯，2014，頁604）：基本情緒的發展比複雜情緒更早。基本情緒包含：滿足、厭惡、哀傷、感興趣、生氣、害怕、高興、難過、驚訝等。

表6-1　各年齡階段嬰幼兒情緒發展

年齡	情緒	情緒類別	舉例
出生	滿足	基本情緒	嬰兒喝完奶後的愉悅神情
	厭惡		聞到奇怪的臭味，出現嫌惡的表情
	哀傷		看到照顧者離開表現哀傷的表情

（續）

年齡	情緒	情緒類別	舉例
二到七個月	感興趣		看到新奇的玩具時的好奇
	生氣		照顧者拿走嬰兒手上的玩具而表現不高興
	害怕		看到在地板跑的老鼠玩具感到害怕
	高興		看到爸爸回家的興奮神情
	難過		翻身時撞到頭，傷心的表情
	驚訝		看到哥哥玩躲貓貓，從床底下冒出來
十二到二十四個月	困窘	複雜情緒 自我意識 自我評價	跟爺爺玩丟球遊戲，卻每次都接不到
	忌妒		看到媽媽抱小妹妹
	內疚		不小心打翻牛奶而自責
	驕傲		成功地把積木疊成一座高塔
	羞愧		因為尿濕褲子感到丟臉

　　幼兒的寂寞情緒（loneliness）：寂寞是一種主觀的情緒經驗，但是與社會孤立（social isolation）和同儕拒絕（peer rejection）並不相同。寂寞是因為對社會經驗不滿足而產生的悲傷的主觀狀態（Youngblade, Berlin, & Beslky, 1999）。寂寞的兒童比社交滿意度高的同儕更常獨處。有些兒童即使自己獨自遊戲，但未必感到寂寞；有許多幼兒在戶外遊戲場追跑，但有可能寂寞的兒童卻感到失落。因為寂寞是一種心理感受，幼教老師很難從外表偵測幼兒是否感到「寂寞」，因此這樣的幼兒也較容易被忽視。孤獨感有沒有可能隨著年齡而消失？許多研究指出，幼年時期的孤獨感與後期的心理調適困難存在相關性，尤其幼年時期容易寂寞的兒童，常常伴隨著焦慮與負向的自我概念，成年期之後衍生為社會焦慮與憂鬱症。Sadava與Thompson（1986）的研究也指出，寂寞感與酗酒行為存在相關性。Coplan、Closson與Arbeau（2007）以139位學齡前幼兒為研究對象，

透過家長問卷、觀察，兒童訪談、教師評估等方式，結果指出，幼兒的孤獨感與焦慮、攻擊、同儕拒絕有正相關。

二、幼兒的情緒能力

幼兒情緒能力分為四種：情緒覺察與辨識（或稱情緒認知，emotional cognition）、情緒理解、情緒表達、與情緒調節。

1. **情緒覺察**：指的是個體對於自己情緒的認知和覺察，例如：理解自己的情緒感受、情緒狀態，理解在哪些情境下自己可能的情緒反應。例如：在幼兒園中幼教老師常常讓幼兒畫日記心情畫，透過圖畫表達今天的情緒變化，這就是一種協助幼兒情緒覺察的方式。情緒又可以分為正向情緒與負向情緒，正向情緒如：開心、生氣、喜歡、欣賞、幸福等；負向情緒如：生氣、難過、憤怒、恐懼等。情緒覺察是幼兒最早發展的情緒能力，嬰兒看到其他小嬰兒哭的時候也會表現出苦惱行為，此即情緒覺察。

2. **情緒理解**：指的是個體瞭解情緒產生的原因，以及可能產生的結果的理解（郭李宗文、簡淑真，2015）。但是個體對於情緒產生的原因可能會有主觀的詮釋，例如：幼兒覺得爸爸媽媽只抱弟弟而沒有抱他，因此覺得難過傷心。從皮亞傑的理論觀點，因為幼兒具有自我中心的思考，所以不容易從他人觀點理解事件的原因，而只是從表象（看到爸爸、媽媽抱弟弟）解釋事件。當幼兒在大賣場吵著要買玩具時，觀察到父母親不悅的表情，幼兒可以理解這是因為剛剛自己的行為導致父母情緒的不愉快，幼兒即已具備情緒理解的能力。幼兒對於正向情緒的辨識和理解較負向情緒早。例如：4歲幼

171

童對傷心的辨識與理解顯著低於5歲及6歲幼童（何洁與徐琴美，2009），Hughes與Dunn（2002）發現7歲幼童較能辨識與理解「玩具不見」的傷心情境。

幼兒情緒理解的發展大致可以分為三個特徵，依序為：對情緒訊號的辨識、依據外在情境推測他人情緒、根據對他人心智狀態的理解推測他人的情緒（周育如、黃迺毓，2011，頁4）：

(1) 對情緒訊號的辨識：3歲左右的幼兒可以根據他人外顯的情緒表情或動作判讀他人的基本情緒，並使用情緒詞彙來標示其情緒狀態。幼兒可以辨識照片或情緒臉譜上的表情，當研究者說出情緒詞彙時，多數幼兒可以正確指認出高興、難過、害怕和生氣的表情。但幼兒尚無法自己精準說出情緒詞彙，例如3-4歲的幼兒會將所有的正向表情說成高興，以「難過」或「生氣」概括負向表情。4-5歲幼兒多了「害怕」一詞描述負向表情。

(2) 依據外在情境推測他人情緒：3-4歲幼兒可以依據當下的情境判斷他人的情緒。例如，3歲的幼兒在看到生日禮物的圖卡時會去指認高興的情緒臉譜，4歲左右的幼兒則可以成功指認圖卡中小孩的狗狗走丟了，主角為難過的情緒，但幼兒對引發驚訝、焦慮、厭惡或嫉妒等複雜情緒的情境則表現較不理想。

(3) 根據對他人心智狀態的理解推測他人的情緒：5歲幼兒對情緒的判斷不再只是依賴他人的臉部表情或肢體動作，或情緒發生時的情境等外在訊息，幼兒開始瞭解到情緒是一種個人內在的主觀狀態，決定情緒的是個體內在的想法、和對情境的評價，而非外在的情境條件。

3. **情緒表達**（emotional expressions）：指的是個體在生理、心理、與外顯行為所表現的一切變化或活動（張春興，2007）。幼兒學習運用所處的文化的規則，合宜地表達情緒（郭李宗文、簡淑真，2015）。情緒表達的方式包含：快樂、生氣、悲傷、感興趣等，都是情緒表達的方法（謝美慧，2011）。情緒表達包含口語和非口語的方式，例如：幼兒對老師說：「老師，我好喜歡你喔！」幼兒也可能透過行為表現出難過、傷心。適度的情緒表達有利於幼兒情緒的紓解，同時從與他人互動中，學習文化中期待幼兒在不同社會情境中表達適宜的情緒。

4. **情緒調節**：情緒調節指的是個體運用各種策略改變負向情緒或過度激動的情緒（郭李宗文、簡淑真，2015）。情緒調節的能力是四種情緒能力中發展最晚的。幼兒必須先覺察自己的情緒反應、理解自己情緒產生的反應，才能對自己的情緒做適宜的反應和處理，因此情緒調解必須有策略的學習。例如：幼兒在大賣場吵著要買玩具而大哭大鬧，父母親告訴幼兒：「如果你繼續哭，爸爸媽媽不會買給你。你看！大家都在看你！」幼兒可能因為在眾人面前大哭覺得不好意思，因此停止哭鬧。

Thompson（1991）認為，照顧者與幼兒的互動，照顧者增強、懲罰、或者示範情緒調節的方式，建立幼兒內在運作的模式，並影響幼兒習得的情緒調節技巧。Eisenberg等人進行連續的幼兒情緒調節研究，結果發現父母對幼兒負向情緒的反應和幼兒的社會能力發展並不一致，母親較常使用鼓勵性的表達、情緒導向，父親則較常使用非支持性的反應，如：懲罰（Eisenberg, 1996）。葉郁菁、陳芙敏、與何祥如探討新住民與本籍家庭母親與子女的語言互動，發現新住民母

親較常使用規定、命令的語句，而本籍母親則較常以鼓勵方式、積極溫暖的回應方式與子女互動（Yeh, Chen, & Ho, 2016）。Eisenberg等人（1999）更進一步指出，情緒調節的反應結果，與其社交能力、利社會行為、同理心、或問題行為有關。

幼兒園中的扮演遊戲可以培養幼兒對於情緒的調適能力，從假扮遊戲中，理解他人的情緒感受，並且練習表達自己的情緒，尤其當幼兒與情緒較為成熟者一起遊戲時，更能透過觀察模仿他人的情緒表達進而調整自己的情緒感受（魏惠貞譯，2006）。

三、氣質向度

氣質（temperament）指的是：個人在情緒、動作（motor）、反應（reactivity）和自律（self-regulation）的不同表現，氣質的表現具有一致性，不會因為不同情境、不同時間而有差異。氣質具有生物學的基礎，也就是遺傳、神經學、賀爾蒙因素都會影響個體對環境的反應。不過，氣質也會受到環境因素影響，例如：父母親的回應（Thomas, Chess, & Birch, 1970）。

Thomas、Chess與Birch（1970）提出九個氣質向度（temperament dimension），並依照不同年齡的發展呈現該年齡階段的氣質特徵（表6-2）。

1. **活動程度**（activity level）：個人動的方式與動的多寡。
2. **節奏性、規律性**（rhythmicity）：飢餓、睡眠、和排泄等生物循環的可預測性。
3. **被分心的程度**（distractability）：個人行為是否容易被不相關的刺激改變或干擾。
4. **接近或退縮**（approach/withdrawal）：對新刺激的反應。

5. **適應程度**（adaptability）：修正對刺激的反應，往期待的方向的難易程度。

6. **注意廣度和堅持度**（attention span and persistence）：進行某活動時，或面臨困難時會持續的程度。

7. **反應強度**（intensity of reaction）：個人對事物反應的強烈程度。

8. **反應閾**（threshold of responsiveness）：引以反應所需要的刺激量。

9. **情緒品質**（quality of mood）：個人情緒內容主要是快樂、歡喜、友善，或負向情緒。

表6-2　Thomas & Chess的九個氣質向度

氣質表現	評估	2個月	2歲	10歲
活動程度	高	通常睡眠狀態，換尿布時會有扭動	爬家具、探索，爬上床、下床	玩球、對球類運動充滿活力，做功課時無法持續專注太久
	低	更衣或睡眠時都不會有動作	喜歡安靜的玩拼圖，聽音樂或有聲書可以持續好幾小時	喜歡下棋和閱讀等靜態活動，吃飯很慢
節奏性、規律性	有規律的	從出生後就固定四個小時喝一次奶	每天吃飯時間固定，睡覺前一定要喝牛奶	每天晚上固定時間上床睡覺，只有吃飯時間才吃東西，不會偶爾吃零食
	無規律的	每天睡覺醒來的時間都不固定，食量也不固定	每天午休時間都不固定，不容易做大小便訓練	喜歡吃的東西很不一樣，睡覺作息很不固定

（續）

氣質表現	評估	2個月	2歲	10歲
被分心的程度	容易分心	如果被搖晃時立即停止喝奶	如果有其他好玩的活動會立即停止哭鬧	寫功課時需要完全的安靜。在店裡挑衣服時很難做決定，因為這些衣服看起來都很不錯
	不容易分心	換尿布時會一直哭泣，直到換完為止	如果其他人要拿走他喜愛的玩具會大叫	即使電視聲音很大還是可以專心看自己的書。喜歡依照自己規劃的行事曆照表操課
接近或退縮	積極的	看到小毛巾會笑、還會舔它	在別人家過夜時可以安穩睡覺	去旅行時很高興，對第一次嘗試的新活動很興奮
	消極的	對新的食物拒絕，陌生人接近時哭得特別大聲	看到公園有陌生小孩時會害怕跑走，第一次到海邊玩水時會很害怕	去旅行時會很想家，不喜歡新的活動
適應程度	適應的	第一次洗澡很不喜歡，但是習慣之後會喜歡洗澡而且對人笑	很快就順從，如果到不熟悉的阿公家可以待上一個禮拜	雖然會想家，但是如果要離開家幾天去露營還是會蠻喜歡的，對學習充滿熱忱
	難適應的	很容易被驚嚇，不喜歡換尿布	每次剪頭髮都會大哭大叫，不願意遵從大人的命令	對新學校或新老師的適應很差
注意廣度和堅持度	長	弄髒時會一直哭到照顧者整理乾淨為止。如果想要喝牛奶，但照顧者給水，他會堅持一直不喝	會一直拼拼圖，中間不休息直到全部完成。觀察別人做某件事情會持續一直看到結束	睡覺前閱讀兩小時也不會累。做功課非常仔細

（續）

氣質表現	評估	2個月	2歲	10歲
	短	醒的時候會哭，但是一下子就停	玩具不好玩很快就會放棄，衣服無法順利脫下會很快要求大人幫忙	做功課沒一下子就要休息，一本書從來沒讀完過
反應強度	強烈	尿布濕的時候大哭，吃飽的時候拒絕餵食的動作非常激烈	當他興奮的時候會大叫，如果玩具被拿走會放聲大哭	如果作業寫錯時，會激烈地把整頁功課撕掉。當被其他人嘲笑時，會生氣的用力關門
	溫和	尿布濕的時候不會哭，肚子餓的時候只會啜泣	當其他小孩打他時，他會驚訝地望著那個孩子而不會反擊	做飛機模型時做錯了，會安靜的修理。被斥責時也不會回嘴
反應閾	低	當有人接近時會停止吸吮奶瓶	爸爸回來時會衝到門口，睡覺時習慣緊緊包裹在床上	不喜歡易肥胖的食物，堅持把蓮蓬頭的水溫調到剛剛好
	高	容易被大聲響驚嚇，不論用奶瓶或母親親餵都沒有太大差異	可以讓其他人抱沒問題，不論躺睡或趴睡都很容易入睡	生病時不會唉唉叫，什麼食物都吃
情緒品質	正向	第一次嘗試新食物時抿嘴，經常對父母微笑	和兄弟姊妹玩，開心笑、咯咯地笑。當幼兒順利穿上鞋時會很開心的笑	因獲得新的技能而有成就感，讀到笑話時會放聲大笑
	負向	照顧時嬰兒常出現混亂慌張行為，如果嬰兒車震盪時會大哭	剪頭髮時會哭泣或侷促不安，母親離開時會哭	無法解決功課問題時會大哭，如果沒睡飽會容易情緒困擾

資料來源：Thomas, Chess, & Birch (1970).

四、氣質型態

Thomas & Chess（1977）依據141個受試樣本氣質表現的結果，其中65%可以被歸類爲三種不同氣質型態，但35%的兒童則是混和不同氣質型態。Thomas & Chess將兒童分爲三種不同的氣質型態（temperament types）（表6-3）：

1. **易養型幼兒**（easy babies）：40%的嬰兒屬於此類，很容易適應新的情境，很快可以建立習慣的模式，通常愉悅而且容易安撫。

2. **難養型幼兒**（difficult babies）：10%的嬰兒屬於此類，很難適應新的經驗，通常對於情境的反應是負向的和高強度的。

3. **慢吞吞型幼兒**（slow-to-warm-up babies）：15%的嬰兒屬於此類。第一次接觸新情境時很難適應，比一般幼兒要花更多時間適應。

表6-3　九種氣質向度與三種氣質型態

	說明	易養型	難養型	慢吞吞型
活動程度	活動期間與不活動期間的比例	不固定	不固定	低於平均
節奏性、規律性	飢餓、睡眠、醒著時間的規律性	非常規律	不規律	不固定
被分心的程度	外來刺激影響行為的程度	不固定	不固定	不固定
接近或退縮	對新物品或陌生人回應的程度	正向接近	退縮	剛開始退縮
適應程度	兒童適應環境變化的安逸程度	非常容易適應	適應得很慢	適應得很慢

（續）

	說明	易養型	難養型	慢吞吞型
注意廣度和堅持度	對活動投入的時間長度和參與活動時被分心的狀況	高或低	高或低	高或低
反應強度	回應的能量	低或溫和	強度很大	溫和
反應閾	產生反應需要的刺激強度	高或低	高或低	高或低
情緒品質	友善的、愉悅的行為，對比不高興、不友善的行為	正向	負向	有點負向

　　對難養型幼兒的輔導策略，建議家長或教師應該先調適兒童的非規律性和慢吞吞。如果家長或教師對行為管教不一致、缺乏耐性、或以懲罰方式對待難養型的兒童，難養兒會更可能採取負面的反應方式。引導難養兒遵守規則需要一段很長的時間，用在其他兒童有效的方法，不見得對難養兒有用（Thomas, Chess, & Birch, 1970）。

　　幼兒園老師對慢吞吞兒童的輔導方式，可允許慢吞吞兒依照自己緩慢的步調適應環境，立即要慢吞吞兒在團討時馬上回答問題很難，他們可能思索很久，沒有耐心的老師無法給予太多等候時間。慢吞吞兒在適應新的食物或新的環境（例如：轉換班級或幼兒園）都比一般幼兒還要慢，經常轉換新環境將使慢吞吞兒感到生活失控的壓力。如果教師或家長給予慢吞吞兒壓力，並且要他很快適應新情境，將使得慢吞吞兒因為壓力而退縮。此外，慢吞吞兒需要成人鼓勵並且提供機會嘗試新的經驗，而非把慢吞吞兒不喜歡的事物全部去除。新的食物也是如此，例如，慢吞吞兒可能因為未曾嘗試過新食物而感到害怕，教師可以先給一小部分，並且給予鼓勵，不要因為慢吞吞兒「不喜歡」就「不要吃」。

　　幼兒不同的氣質類型與照顧者的教養相互關聯：易養型幼兒容易

179

照顧，相對也給照顧者較多的成就感和滿足感；難養型幼兒則可能因為其氣質造成家長挫折、憤怒的情緒反應；慢吞吞型幼兒若碰到急郎中或者高壓力狀態的照顧者，也常因為氣質和照顧模式的不同而引起衝突。幼年期的氣質型態通常可能會持續到青少年時期，且可以預測青少年時期的可能問題：易養型幼兒在青少年時期面臨風險時，較容易產生調適作用，但是難養型幼兒，則可能因為退縮、適應慢、對反應的強度大，造成青少年期的偏差行為（羅湘敏譯，2013）。

當要求和衝突超越氣質特質可以接受的程度時，對幼兒是一種莫大的壓力。教師與家長必須瞭解孩子的氣質向度，他們可以接受的程度為何，例如：活動程度強的幼兒，很難持續坐在椅子上專注，因此一段時間之後讓他有機會到戶外空間跑跑跳跳，學習效果比較好。又如，一位專注力和堅持度很強的孩子，在操作的時候並不喜歡被干擾，教師要求他停下手邊工作先去做其他的事情對他而言是一種不舒服的感覺，除非教師事先告知完成工作（或到學習區操作）的時間有多久。當教師留意班上幼兒的氣質向度時，教師可以依據每個幼兒的特質給予適切的工作安排，並且理解許多同儕之間的衝突可能受幼兒的氣質向度影響（Thomas, Chess, & Birch, 1970）。

幼兒能夠理解他人的情緒，並且運用策略解決與同伴之間的衝突情境。例如：幼兒使用頻率最高的是「建構性策略」，幼兒直接問同伴，「你為什麼不讓我玩？」「迴避策略」則是當衝突產生時，選擇離開或者站在一旁。「情緒釋放策略」則是用哭泣或告訴老師的方式。最後則是「破壞性策略」，例如：故意把積木推倒，讓大家都不能玩。姚端雄、陳英和與趙延芹（2004）的研究結果發現，3歲組的幼兒傾向使用情緒釋放策略，4歲幼兒則傾向使用建構性策略，5歲幼兒較常使用迴避策略。

王珮玲（2003）以國內490位5-6歲幼兒，施予「幼兒氣質量

表」，分別以量表涵蓋的六個向度：活動量、適應度、趨近性、情緒強度、注意力分散度、堅持度，歸納六種幼兒的氣質類型（頁182-205）：

1. **普遍型**：普遍型幼兒在各種氣質表現屬於中等，沒有特殊的反應強度。普遍型幼兒與同儕互動的特質包含：不會和他人有肢體語言的衝突，會主動澄清和解釋其他人對他的誤會、願意與他人分享他的物品。例如：其他小朋友問普遍型的幼兒：「你可以借我紅色的彩色筆嗎？」普遍型幼兒會回答：「可以啊！我先借你！可是等一下我也要用，你要還我喔！」

2. **社交型**：社交型幼兒喜歡接近他人，適應力也很強，樂於主動提供協助，邀約其他小朋友一起玩耍，社交型幼兒與同儕互動具有以下特質：主動邀約或協助他人、同理他人內在感受、適時站出來排解其他幼兒的爭執、迎合其他幼兒意見、喜愛給其他人建議。由於社交型幼兒的高敏感度，因此常能覺察其他幼兒的需求，並適時提供建議，在班上人緣好、也深得其他幼兒喜愛。

3. **專注型**：專注型幼兒對於工作非常專心，不會輕易放棄。依據幼兒觀察內容，專注型的孩子會主動詢問、邀約、或協助其他幼兒，但是當他發現其他幼兒不按照規定的方法做事時，會比其他幼兒更焦慮，希望按照原來的方式做。當這些期待落空時，專注型幼兒甚至會提出「要跟老師說」做為導回正軌的手段。

4. **自如型**：自如型的幼兒趨近性和適應性都很好，工作能力也很強，自如型幼兒的堅持度也很高。自如型幼兒與同儕互動具有以下特質：會主動詢問其他小朋友可不可以一起玩並加

入活動，當其他小朋友遇到困難求助時，自如型幼兒會請他先試試看，再提供協助，同時自如型小朋友也會糾正小朋友不正確的觀念。

5. **好動型**：好動型幼兒的氣質特徵為活動量高、活力充沛，喜歡跑跑跳跳，但也因此容易因為肢體碰觸而引發衝突。好動型幼兒與同儕互動有下列特質：以肢體語言觸發或回應別人、主動協助他人、催促他人做事。活動量高的幼兒具有社交能力，但也喜歡追求刺激，這類幼兒通常得到老師和同儕的喜愛，但是因為頻繁的肢體接觸也較容易產生衝突。

6. **文靜型**：文靜型的幼兒趨近性很低，看到陌生人、從未嘗試過的食物、從未接觸過的經驗，就會產生焦慮和拒絕嘗試。文靜型的幼兒通常也比較退縮內向。文靜型幼兒與同儕互動具有以下特質：不敢主動參與陌生情境；因為可能只跟班上一兩個好朋友比較熟悉，遭遇困難時也只會尋求熟悉孩子的協助；情緒反應弱，所以文靜型孩子的喜、怒、哀、樂並不明顯。文靜型幼兒的敏感度高，因此對於其他小朋友抱怨他時，會立刻有情緒反應。例如：其他幼兒抱怨「你都叫小青幫你貼那些水果，明明老師說要自己做的！」這時候文靜型的幼兒就會敏覺他人的抱怨，紅著眼眶默默的躲在一旁。

第四節　影響情緒發展的因素

一、身心成熟的因素

　　身體疾病造成特殊學生在情緒表達經常造成他人誤解，特殊生可能表現出友善、熱心、活潑，但是特殊生的情緒反應也可能造成他人

的困擾。例如：有些唐氏症兒童因為好玩無法分清對錯，行為上可能
觸犯別人；無法用言語溝通的聽障兒童，可能因為他的需求無法被理
解而生氣懊惱；過動兒的衝動、情緒起伏，使他無法覺察衝動反應過
程可能造成的衝突。自閉症兒童無眼神表情、無法與人視覺接觸，因
為他們的面無表情、無法同理他人、以及無法理解他人情緒表達，常
常招致誤解。當他們生活作息的既定步驟（如：執著走固定路線到幼
兒園、自己的座位不可移動）產生變化時，自閉症兒童的不安轉變為
憤怒甚至是攻擊人（咬人、咬手）或攻擊自己（撞頭）、尖叫跳躍等
行為。

二、家庭與環境因素

　　家庭是幼兒情緒學習與教導的重要社會化場所，尤其是照顧者傳
遞給幼兒的情緒知識與處理技巧，反映了不同文化中對於情緒回應的
期待。如果母親認為負向情緒的回應可能導致人際關係緊張，可能會
迴避負向情緒甚至壓抑，但也有母親認為應該直接面對負向情緒的存
在並接納幼兒對於負向情緒的表達（Thompson & Meyer, 2007）。王
珮玲、邱貞瑜、胡中凡、黃于庭（2015）探討照顧者對幼兒情緒經
驗的回應，結果發現母親對於男幼兒的快樂情緒會想瞭解原因，並用
提問的方式持續話題，但是對於害怕情緒，母親則採取較多指導和澄
清的對話。母親對於女幼兒的難過情緒，採取指導方式與幼兒討論。
顯示臺灣母親會因為幼兒情緒的類別選擇不同的引導方式。

　　幼兒與照顧者的互動關係，也會影響幼兒的氣質表現。例如，
不安全依附的母子關係，嬰兒的氣質傾向不易安撫和哭鬧（Belsky &
Rovine, 1988），另一項在韓國的研究同樣也指出，安全依附的嬰幼
兒，較能引發探索行為，他們喜歡肢體接觸擁抱的感覺，也較少哭鬧

（Park, 2001）。涂妙如、黃迺毓（2009）以幼兒氣質的趨近性、注意力分散度、活動量、適應性、與堅持度，與母子依附關係進行多元迴歸分析，結果發現，活動量可以預測母子依附關係，幼兒氣質的活動量與母子依附為負向線性關係，當幼兒活動量越高時，母子安全依附越低。子女的活動量對傾向靜態照顧的母親而言具有挑戰性。當幼兒活動量大時，反而成為母子間親密依附的威脅。

　　情感剝奪（emotional deprivation）指的是伴侶或者重要的照顧者缺乏適當的溫暖、情感，剝奪幼兒分享好奇、喜悅等愉快情緒的經驗，而讓幼兒感受到生氣、害怕、猜忌等不愉快情緒。情感剝奪的現象最常出現在至親死亡、父母或照顧者無法滿足幼兒的情緒和安全感需求、親子關係緊張、父母缺少教育責任、孩子缺少父母關愛、以及在學校中常被霸凌和孤立的兒童。情感被剝奪的兒童，身體發展和心智發展可能受到影響，兒童的運動和神經系統發展遲緩、語言發展遲緩，伴隨口吃或語言失調、記憶力和專注力缺損，間接影響記憶和學習，甚至因為人際關係的障礙，妨礙了與他人的正向社會互動的建立。當幼兒情緒被嚴重疏忽時，有時會產生非官能性發展失敗（non-organic failure to thrive），嬰幼兒雖然獲得充足的營養，但是身高體重卻無法持續增加，此現象尤其在被虐待的兒童身上可以看到（黃慧真譯，1996）。Bakwin（1949）即提出，嬰兒期的情感剝奪導致發展失敗，對於需要住院治療的嬰幼兒來說，母親的陪伴可以滿足嬰幼兒的注意力和情感依附。

第五節　幼兒的情緒困擾與輔導

一、情緒障礙的定義

根據「身心障礙及資賦優異學生鑑定辦法」（2013）第九條之定義：「情緒行為障礙」指的是長期情緒或行為表現顯著異常，嚴重影響學校適應者；其障礙非因智能、感官或健康等因素直接造成之結果。情緒行為障礙之症狀，包括精神性疾患、情感性疾患、畏懼性疾患、焦慮性疾患、注意力缺陷過動症、或有其他持續性之情緒或行為問題者。

情緒行為障礙的鑑定基準如下：

1. 情緒或行為表現顯著異於其同年齡或社會文化之常態者，可參考精神科醫師之診斷認定。
2. 除學校外，在家庭、社區、社會或任一情境中顯現適應困難。
3. 在學業、社會、人際、生活等適應有顯著困難，且經評估後確定一般教育提供的介入，仍難獲得有效改善。

若為嚴重情緒障礙，包括下列六項重要特徵：

1. 主要問題在行為或情緒反應顯著異常。
2. 問題的嚴重程度須是長期、明顯的，且經普通教育之一般輔導無顯著成效者。
3. 問題異常性之鑑定以年齡發展、文化的常態為標準。
4. 問題的結果需導致妨礙學習，或對學校教育成效有負面之影響者，且會出現在學校以外之情境。
5. 問題成因的需要排除適應困難，且非智力、感官或健康等因素直接影響者。

185

6. 問題的類型包括精神醫學診斷的五大項疾患（disorder）範圍。

二、幼兒常見的情緒困擾

依據美國國家心理健康研究院（National Institute of Mental Health, NIMH）的統計指出，兒童情緒和行為困擾的比例約有10-15%，其中約有3-5%兒童為過動症患者（attention-deficit hyperactivity disorder, ADHD）。兒童心理健康協會（Kids Mental Health）提出的幼兒常見的情緒和行為困擾類型包含下列四種（Kids Mental Health, 2016）：

1. **過動症**（Attention-Deficit Hyperactivity Disorder, ADHD）：過動症是兒童最常見的情緒和行為困擾，臨床表現為兒童無法安靜坐在位置上、完成工作、無法理解周遭發生的事情。他們通常會比一般兒童更有集中和維持注意力的困難，通常老師觀察到的過動兒童容易不專心、注意力易分散。他們對於感覺訊息的接收較敏感，傾向逃避或抵抗外來刺激，因此過動兒通常有學習障礙、說話和語言發展、記憶和執行的表現不足、情緒障礙、感官動作、社會關係衝突等問題（張明慧，2011）。洪儷瑜（1998）指出，台灣ADHD兒童的發生率約為6.4-9.9%。Rosenberg等人（1992）指出，注意力缺陷過動症兒童有下列特徵：

   (1) 不專心（inattention）：專注的時間很短，包含持續注意力低、容易分心等問題。

   (2) 行為抑制力不足（behavioral disinhibition）：兒童無法控制自己的反應，會有衝動的表現。

   (3) 過動（hyperactivity）：煩躁、無法安靜、過度的大肢體

　　動作。

(4) 自制行為缺陷（deficient rule-governed behavior）：不易遵從規範和教導。

(5) 工作表現的高度變異性（greater variability of task performance）：學習表現不穩定。

2. **自閉症**（Autism）：自閉症兒童似乎只存在自己的世界之中，無法與他人有情感的連結。男孩得到自閉症的比例高於女孩，發生率約在1-2‰。自閉症兒童可能表現出心理遲緩、語言障礙，但也有一部分高功能的自閉症兒童在智商和口語表達有特殊表現。

3. **躁鬱症（又稱為雙極性情感疾患）**（Bi-polar Disorder）：躁鬱症出現的時間大約在童年期早期，且進入成年期之前。通常患者表現出兩種極端的情緒反應：例如：兒童可能表現出很「嗨」或極度興奮的感覺，突然間又轉變為悲傷和沮喪。通常兒童在12歲之前可以被診斷，但非常容易被誤認為過動症。

4. **焦慮症**（Anxiety）：兒童通常感受沮喪、不自在、甚至無緣由的感到恐慌害怕。焦慮的反應包含對痛苦感到紊亂，對於無法預警或預防的事情感到強度的恐懼。強迫症（obsessive-compulsive disorder）則是出現重複性或強迫性的行為或思維，無法停止。

三、掌握正確輔導原則

　　依據世界衛生組織（World Health Organization, WHO, 2005）提出兒童情緒輔導的方式有下列幾種（Kids Mental Health, 2016）：

1. **遊戲治療**（play therapy）：通常遊戲治療使用於3-12歲兒童過動症、焦慮症、和沮喪的治療。遊戲治療是以非威脅性的溝通形式，透過玩具爲媒介，以取代語言溝通。在遊戲治療過程中，治療師嘗試兒童將其感覺從一個物件轉移到其他物件，以及將自己的想法或感覺投射於其他事物。有時候透過說故事的方式，辨識故事中主角的感受，或者透過玩偶的角色扮演形成情感的投射，有時還會透過吹泡泡以改善和控制兒童的呼吸。

2. **藝術治療**（art therapy）：藝術治療的方式同樣也經常使用於過動症、焦慮、和沮喪的兒童，以及家庭關係緊張。治療者會引導兒童描畫他們生命事件的故事，治療師透過色彩瞭解兒童的心理焦慮狀況，例如：紅色可能反應的是他們的憤怒。治療師分析繪畫的主題並且透過與兒童討論瞭解他們的感覺。

3. **寵物治療**（animal therapy）：寵物治療是一個新的治療取向，通常使用於沮喪、焦慮、以及自閉症。美國使用騎馬，透過馬節奏性的前進治療兒童的自閉症。餵馬吃草和幫馬洗澡鼓勵兒童的社會互動和責任感。以狗爲寵物治療通常用來降低焦慮和壓力。治療師可以提出寵物的話題與兒童溝通互動。

國內治療情緒障礙兒童的作法分爲下列四種：

1. **藥物治療**

許多「嚴重情緒障礙」的問題可使用藥物控制，如精神性疾患、憂鬱症、焦慮症、注意力缺陷過動症等，但每個人於藥物的代謝不同、可能的副作用反應也不盡相同，故決定適當的劑量是藥物治療的關鍵因素。國內用於過動兒的治療藥物主要爲利他能（**Ritalin**）和

專思達（Concerta）。兩者均為中樞神經興奮劑，利他能為短效型藥劑，藥效持續4小時，而專思達則可持續12小時。上述藥物只能緩解但無法治癒過動症，它僅能用於減緩過動兒不專心、衝動的情況，八成兒童服用上述藥物之後，可以比較專注、減少人際互動的衝動，但副作用可能會有頭暈、頭痛、心臟不舒服或胃痛等現象。學齡前幼兒應以行為治療處理，不建議使用藥物治療（陳建良，2016）。

2. 心理治療

心理治療包含個別或團體諮商，以及運用其他媒材融入心理治療的模式，如：音樂治療、舞蹈治療、表達性藝術治療、沙遊治療、遊戲治療等，其中又以遊戲治療的方式運用於幼兒的情緒輔導最為普遍。遊戲治療（play therapy）採用心理分析學派的理論發展而成，協助3-11歲兒童，透過遊戲的方式，將內在的焦慮外顯化，並透過與治療師的互動，表達他們的感受（如：恐懼、孤獨、憤怒等），增加對自我行為和興趣的認識，進而達到治療的效果（Axline, 1969）。遊戲就是幼兒生活的一部分，遊戲如同是幼兒的象徵語言，透過遊戲，幼兒可以揭露自己本身的經驗，幼兒對那些經驗的反應和感覺，幼兒的願望和需求，以及他們對自我的概念。目前臨床證實，除了極為重度的自閉症和脫離現實的精神分裂症以外，遊戲治療都有極好的效果，尤其在改善兒童因為焦慮而拔毛、選擇性失語、突發性的攻擊與爆發行為、目睹暴力與受虐兒的情緒調適、住院病童的壓力和焦慮、學習障礙兒童的課業表現等（臺灣遊戲治療協會，2016）。

3. 提升親職能力

若家長可以配合運用有效的策略，情緒障礙兒童的行為可以獲得不錯的治療效果。因此兒童的情緒治療多半會邀請父母擔任治療代理人，透過親職教育的介入，讓家長了解孩子的行為狀況，協助父母先從接納自己的孩子開始，學習如何配合並採取適當的處理方式。

4. 特殊教育

重度情緒障礙的兒童可能因為學習和社會適應的困難，無法在一般教育環境學習，因此選擇特殊教育，反而可以使他們獲得正向的學習效果。家長可能對於孩子經過評估必須接受特殊教育，而有難過、羞愧甚或生氣的心理反應，但是進入特殊教育系統並不代表孩子或家長做錯什麼，而是提供給孩子一個更適當的教育情境，也讓家長能夠獲得更多的專業協助。

四、幼教師如何因應孩子氣質因材施教

瞭解每一個孩子都有獨特的氣質，並不是讓老師藉以區分不同群體的幼兒，而是希望透過瞭解氣質，選擇讓孩子最安心的引導方式（王珮玲，2002）。

1. **活動量高的幼兒**：孩子的特質是喜歡活動、精力旺盛，所以對這類的幼兒需要注意活動量高的幼兒的安全，同時多利用大肌肉活動時間讓他跑跳，發洩精力；請活動量高的幼兒跑腿，到其他班幫忙老師傳遞訊息等；協助幼兒安排規律的生活，同時必須在教室陪伴他一同進行一些靜態活動（如：拼圖、排積木等），藉由慢慢拉長時間，培養幼兒的專注力。

2. **活動量低的幼兒**：他們不喜歡戶外活動或體能課程，可以鼓勵他們從簡單的肢體動作開始，或者因應他們喜歡的主題課程融入體能活動的設計。

3. **規律性高的幼兒**：他們喜歡照表操課，對於可預期的行程感到安心，幼教老師可以給予清楚的時間規範，或者在一天課程開始前先與幼兒討論今天的活動規劃。當臨時的活動需要更改時，最好先讓幼兒理解並且知道這些變動後續的行程是

如何，避免幼兒因不確定性而產生焦慮。

4. **規律性低的幼兒**：生活作息不固定、也常常不按牌理出牌。幼教老師可以提供任務給予時間規劃，要求幼兒依照規劃的時間和進度完成工作。

5. **害羞內向與適應低的幼兒**：幼兒對於接觸新的人、事、物比較退縮，幼教老師應該給予充裕的緩衝時間，當幼兒一直拒絕時，先不要貿然強迫孩子接受新的挑戰。容許幼兒可以循序漸進，例如：當幼兒拒絕進入教室時，幼教師可以帶幼兒到校園走走看看，然後跟園長媽咪打招呼、到廚房找廚房阿姨等，先建立幼兒對幼兒園的熟悉感。

6. **情緒反應強的幼兒**：很容易因為一些小事反應激烈，拳頭就準備要伸出來；對於這樣的幼兒，老師不應隨意妥協，當幼兒情緒激動時，老師應該試著穩定自己的情緒，不要隨著幼兒也拉高嗓音大罵。幼兒情緒反應過度時，可能造成自己或其他幼兒的傷害，老師也應隨時留意保護班上小朋友。對於反應激烈的幼兒，應該教導他們如何表達自己的感受，避免用肢體暴力的攻擊。

7. **容易分心的幼兒**：常常眼睛無神、看起來沒有認真聽老師說話。幼教老師可以留意安排他的座位，儘量不要讓他孤立於角落，同時，睡午覺的地點也避免選擇在玩具或教具旁邊，否則幼兒會容易被這些玩具吸引。同時，每次學習或操作的時間不宜太長；先從他有興趣的事物開始，通常可以有較長的專注力。

8. **堅持度高的幼兒**：學習上能夠持續不斷是好的特質，不過，這樣的孩子也容易太過執著。例如：老師提醒他們，再過五分鐘就要收拾工作，但是堅持度高的幼兒非得把這項作品完

191

成，否則不願意休息。幼教老師可以在時間結束前提醒幼兒，同時告訴他尚未完成的工作可以在下午繼續做；堅持度高的幼兒通常也有追求完美的取向，教導幼兒學習面對不完美的挫敗，對堅持度高的幼兒更顯重要。

9. **堅持度低的幼兒**：一件事情只要碰到挫折很容易就打退堂鼓，對學習的專注力不夠，同時也常常處於情緒浮躁的狀況。這可能與他一日的作息有關，例如：每件工作可以做的時間都很短，在幼兒園都是匆匆忙忙的狀態：趕快吃飯、趕快鋪棉被準備睡覺等，都會讓堅持度低的幼兒處於更為浮躁的狀況。幼教師可以針對堅持度低的幼兒，將一件工作讓他分段完成，但是必須規劃每日應該完成的工作，同時引導幼兒：「你很快就畫完了！我們一起來看看，這裡還可不可以再加一點東西？」從快速粗略的工作中學習如何專注和投入。

　　幼兒的模仿力極強，對幼兒園老師也非常崇拜，且幼兒在園內與老師相處的時間最久，幼教老師尤其要注意自己的情緒表達方式，作為幼兒的楷模。當教師失控、在教室怒吼咆哮時，幼兒可能會以此為學習的典範。幼教老師引導幼兒採取適當的策略處理同儕之間的人際衝突和自己的情緒問題，幼兒較能培養出適當的情緒表達方式。幼教師可以培養幼兒關懷和諧的班級氣氛，透過繪本教學引導幼兒反思理想的情緒表達方式，教導並讓幼兒練習表達情緒的策略，使用適當的方式解決情緒問題（鄭麗雪，2009）。

五、災難事件後的情緒輔導

　　地震、颱風等災難事件可能造成財物損失甚至親人死亡，不論是親身經歷或者聽聞災難事件的兒童，可能都會面臨創傷症候群。幼

兒年齡較小，自己缺乏保護自己的能力，當幼兒面對天災帶來的重大創傷事件，往往不知道如何用語言表達，因此幼兒受災難事件的影響更甚於成人。幼兒時期的創傷經驗若未能即時處理其情緒問題，可能引發後續青春期之後的情緒相關疾病或藥物濫用等問題。幼教老師可以透過戲劇扮演、繪畫、音樂、肢體律動等方式，協助幼兒創傷復原（李之光、葉詩婷，2011）。兒童的父母、家人、老師，可以協助兒童克服災難事件的心理創傷。以下為輔導的方式：

1. 同理孩子的情緒：耐心傾聽並且讓兒童抒發心中的不安和焦慮。大人可以專注多聽，並且告訴孩子真相、給予肯定和積極的答案：「只要我們努力就可以重建家園。」

2. 對災難事件中喪親的兒童給予安全感：過度悲傷的成人或者死亡的恐懼會讓兒童更為焦慮，成人應該讓倖存的兒童感受還有很多人會愛他、照顧他。

3. 對於黑暗和搖晃的恐懼：歷經過地震的兒童對於黑暗和搖晃的恐懼感特別深，建議成人可以讓幼兒知道原來大人面對黑暗和搖晃也會很害怕的：「我嚇到差點尿褲子。」讓兒童學習大人用開玩笑的方式面對恐懼。

4. 讓孩子知道我們可以事先做好災難的預防，包含讓孩子參與防災的工作，平時就讓孩子瞭解防災的準備，從中建立孩子對於控制災難的「我能感」。

【近年教師檢定考題解析】 ⋯⋯⋯⋯⋯⋯⋯⋯⋯

　　幼兒發展與輔導教師檢定考科，除了102年情緒相關題目高達5題，其他每年大約都有2題左右。考試準備重點在情緒的分類（化）、以及氣質的類型，趨避性因容易混淆，命題的機會較高。因為題組型題目成為命題重點，因此以情境題分別考情緒的基本概念加輔導方式成為命題方式。教師檢定考題來源：國家教育研究院教師檢定歷屆試題及參考答案，網址：https://tqa.ntue.edu.tw/

1. 下列幼兒的情緒表現，何者較晚出現？ 　　（100年教檢）
   (A)害羞　　　　　　　　　(B)苦惱
   (C)高興　　　　　　　　　(D)生氣

2. 嬰幼兒的下列情緒中，何者出現在週歲以後？ 　（102年教檢）
   (A)滿足　　　　　　　　　(B)厭惡
   (C)驕傲　　　　　　　　　(D)生氣

3. 第一天上學，小雄與阿福都不想離開媽媽，在媽媽離開教室後就開始哭，不過，一週以後，小雄已經不哭了，也不會想媽媽，可以很高興地與其他小朋友一起玩；但是阿福仍持續在哭，想找媽媽，這種現象持續3個月了仍沒改善。與小雄相較，阿福的哪一種氣質特性較低？ 　（102年教檢）
   (A)趨近性　　　　　　　　(B)活動量
   (C)反應閾　　　　　　　　(D)適應性

4. 小強第一天上幼兒園，一直躲在媽媽的背後不敢進教室。小強的表現最符合下列哪一項特徵？ 　　（101年教檢）
   (A)反應閾低　　　　　　　(B)堅持度低

(C)反應強度小　　　　　　　　(D)趨避性退縮

5. 下列有關嬰幼兒氣質（temperament）研究的敘述，何者正確？

　　　　　　　　　　　　　　　　　　　　　　（102年教檢）

(A)引發嬰幼兒行為改變所需的刺激強度，稱為反應強度

(B)對於新刺激所引發嬰幼兒正面或負面回應程度，稱為趨避性

(C)慢吞吞型嬰幼兒的飲食和睡眠比難養型不規律，但比易養型規律

(D)最廣泛被採用歸類嬰幼兒氣質的系統，是心理學家肯根（J. Kagan）所發展

6. 下列哪一個選項最適合說明小馨表現的是衍生情緒（secondary emotions）？　　　　　　　　　　　　　　　　（100年教檢）

(A)小馨聽到爸爸回家開門的聲音，很高興的衝到門口迎接

(B)看到魔術師從空帽裡拿出一隻白兔子，小馨覺得很驚訝

(C)媽媽和隔壁阿姨說小馨鬧出的笑話，小馨低著頭很尷尬

(D)喜歡的玩具被姐姐搶去了，姐姐不讓她玩，小馨很生氣

7. 小廣被醫生診斷有亞斯伯格症，他總是不照規矩排隊，看到自己喜歡的東西也不問一聲就自己拿走，高興起來還會突然高歌幾聲。白老師對於小廣突如其來的行為總是覺得無法招架，說了很多次要小廣遵守秩序之類的話，小廣還是我行我素。白老師將小廣的行為畫出來，並以小廣作為圖片主角畫出正確的行為來教導小廣。白老師這樣的輔導方法稱為什麼？

　　　　　　　　　　　　　　　　　　　　　　（101年教檢）

(A)情境建構法　　　　　　　　(B)社會故事法

(C)故事建構法　　　　　　　　(D)行為契約法

8. 下列何者無法提供照顧者瞭解幼兒的情緒發展是否正常？

　　　　　　　　　　　　　　　　　　　　　　（102年教檢）

(A)幼兒是否能表達自己感受　　(B)幼兒是否能樂於投入遊戲

(C)幼兒是否有不尋常的行為　　(D)幼兒是否來自新移民家庭

9. 陳老師每週固定帶領幼兒在團體中學習如何表達自己的感受。陳老師這麼做主要是要讓幼兒獲得下列哪一種輔導成效？

（102年教檢）

(A)宣洩（catharsis）

(B)合理化（rationalization）

(C)自我瞭解（self understanding）

(D)團體凝聚力（group cohesiveness）

10. 出生即失去雙親的小明，在沙箱治療中，用迷你玩具擺設了一個和父母親一起旅行的場景。試問小明用哪一種方式來表徵他的內心世界？

（103年教檢）

(A)夢境（dream）　　　　　(B)否定（denial）

(C)投射（projection）　　　(D)昇華（sublimation）

三歲的小英初入幼兒園，媽媽每天送到學校後，小英總要哭鬧30分鐘以上，才願意進入教室，而且因為無法適應團體生活，常會做出一些破壞性或干擾性的行為。

（103年教檢）

11. 依照湯瑪士（A. Thomas）和切斯（S. Chess）的氣質向度，小英的先天氣質可能屬於下列哪一種類型？

(A)低適應性，高反應強度　　(B)高規律性，低反應強度

(C)高反應閾，高規律性　　　(D)低反應閾，低規律性

12. 若要以行為改變技術改善小英的行為，老師宜先做哪一件事？

(A)採用兒童行為問卷（CBQ）來測量小英的氣質

(B)約談小英父母，瞭解他的居家行為表現情形

(C)給予小英較多關注，以防不當行為一再出現

(D)觀察並記錄小英不當行為發生的頻率及時間

13. 下列有關嬰幼兒情緒的敘述，何者正確？　　　（104年教檢）

(A)8個月大的嬰兒開始出現一些忌妒情緒

(B)父母應教導幼兒不要有負向的情緒出現

(C)幼兒情緒的表現，也是與外界溝通的一種方式

(D)學步兒為了要表現出乖小孩的樣子，常會隱藏負向的情緒

14. 小明今年四歲，小華二歲，他們都很不喜歡打針。對於打針所引發的不愉快情緒，下列哪一項處理方法是小明做得到而小華可能做不到的？　　　（105年教檢）

(A)離開讓他不高興的人事物

(B)搖晃身體，試圖安撫自己

(C)想快樂的事克服不快樂的情緒

(D)吸引照顧者的注意，讓照顧者安撫他

【解答】‥‥‥‥‥‥‥‥‥‥‥‥‥‥‥‥‥‥‥‥‥‥‥‥‥‥‥‥

1.A　2.C　3.D　4.D　5.B　6.C　7.B　8.D　9.A　10.C

11.A　12.D　13.C　14.C

參 考 文 獻

王珮玲（2002）。你知道孩子的氣質嗎？探索、認識、因應兒童發展特性。臺北：遠流。

王珮玲（2003）。兒童氣質：基本特性與社會構成。臺北：心理。

王珮玲、邱貞瑜、胡中凡、黃于庭（2015）。母親與子女對過去情緒經驗談話的性別差異。教育心理學報，46(3)，377-400。

王淑俐，詹昭能（2000）。情緒心理學。收錄於，教育大辭書。臺北：國家教育研究院。網址：http://terms.naer.edu.tw/detail/1309693/

何洁、徐琴美（2009）。幼兒生氣與傷心情緒情景理解。心理學報，41(1)，62-68。

李之光、葉詩婷（2011）。繪本對災區幼兒情緒反省之影響研究—以莫拉克風災之受創幼兒為例。民生論叢，6，頁1-32。

周育如、黃迺毓（2011）。文化下的建構：幼兒對情緒內涵的理解。人類發展與家庭學報，13，頁1-26。

林淑玲、李明芝譯（2014）。發展心理學。臺北：學富。

金瑞芝（2002）。從情緒對話看幼兒的情緒發展。行政院國家科學委員會91年度專題計畫成果報告（NSC89-2413-H-133-019）。

姚端雄、陳英和、趙延芹（2004）。3～5歲兒童情緒能力的年齡特徵、發展趨勢和性別差異的研究。心理發展與教育，2，頁12-16。

洪儷瑜（1998）。ADHD學生的教育與輔導。臺北市：心理。

涂妙如、黃迺毓（2009）。幼兒托育經驗、氣質與母子依戀之相關研究。人類發展與家庭學報，11，頁49-74。

張明慧（2011）。馬術治療應用於兒童情緒及行為障礙輔導—以注意力缺陷過動症為例。臺北市終身學習網通訊，54，頁32-39。

張春興（2007）。張氏心理學辭典。臺北：東華。

郭李宗文、簡淑真（2015）。情緒領域（第六章，頁295-368）。輯於幸

曼玲等著，新課綱想說的事：幼兒園教保活動課程大綱的理念。臺北：心理。

陳建良（2016）。過動症與治療過動症的新藥介紹——Concerta（專思達）。網址：http://pchome.uho.com.tw/sicmk.asp?aid=4500

黃慧眞譯、Papalia, D. E., & Olds, S. W. 原著（1996）。發展心理學。臺北：桂冠。

葉郁菁（2001）。嬰幼兒期。載於黃琴雅、葉郁菁、李宜賢、毛萬宜、羅皓誠編著，人類發展學。（頁4-1～4-60）。

臺灣遊戲治療協會（2016）。遊戲治療觀點—哪些孩子需要接受遊戲治療？網址：http://www.atpt.org.tw/treat-id-7

鄭麗雪（2009）。社會情緒發展與幼兒情緒教育。特教通訊，41，頁25-30。

謝美慧（2011）。辨識兒童的情緒表達風格（第五章，頁5-5～5-27）。輯於齊隆鯤等著，兒童情緒教育。臺北：華格納。

羅湘敏譯（2013）。生理（第五章，頁5-2～5-16）。輯於洪儷瑜總校閱，兒童與青少年情緒及行爲障礙。臺北：華騰。

Axline, V. M. (1969). Play therapy. New York: Ballantine Books.

Bakwin, H. (1949). Emotional deprivation in infants. *Journal of Pediatrics*, 35 (4), 512-521.

Belsky, J., & Rovine, M. J. (1988). Nonmaternal care in the first year of life and the security of infant-parent attachment. Child Development, 59, 157-167.

Cannon, W. B. (1927) The James-Lange theory of emotion: A critical examination and an alternative theory. *American Journal of Psychology*, 39, 10-124.

Coplan, R. J., Closson, L. M., & Arbear, K. A. (2007). Gender differences in the behavioral associates of loneliness and social dissatisfaction in kindergarten. *Journal of Child Psychology and Psychiatry*, 48 (10), 988-995.

emotional response. (n.d.) *Mosby's Medical Dictionary, 8th edition.* (2009). Retrieved March 6 2016 from http://medical-dictionary.the-freedictionary.com/emotional+response

Eisenberg, N., Fabes, R. A., & Murphy, B. C. (1996). Parents' reactions to children's negative emotions: Relations to children's social competence and comforting behavior. Child Development, 67, 227-247.

Eisenberg, N., Fabes, R. A., Shepard, S. A., Guthrie, I. K., Murphy, B. C., & Reiser, M. (1999). Parental reactions to children's negative emotions: Longitudinal relations to quality of children's social functioning. Child Development, 70, 513-534.

Hughes, C., & Dunn, J. (2002). "When I say a naughty word" : A longitudinal study of young children's accounts of angry and sadness in themselves and close others. British Journal of Development Psychology, 20, 515-535.

Kids Mental Health (2016). Children's Behavioral and Emotional Disorders. Retrieved from: http://www.kidsmentalhealth.org/childrens-behavioral-and-emotional-disorders/

Myers, D. G. (2004). Theories of Emotion. Psychology: Seventh Edition. New York, NY: Worth Publishers.

Park, K. J. (2001）. Attachment security of 12 month old Korean infant: Relations with maternal sensitivity and infants' temperament. Early Child Development & Care, 167, 27-38.

Rosenberg, M., Wilson, R., Maheady, L., & Sindelar, P. T. (1992). Educating students with behavior disorders. Boston: Allyn and Bacon.

Sadava, S.W. & Thompson, M.M. (1986). Loneliness, social drinking, and vulnerability to alcohol problems. *Canadian Journal of Behavioural Science*, 18, 133-139.

Thomas, A., & Chess, S. (1977). Temperamental individuality from childhood to adolescence. *Journal of American Academy of Child*

Psychiatry, 16 (2), 218-226.

Thomas, A., Chess, S., & Birch, H. G. (1970). *The origin of personality.* WH Freeman and Company.

Thompson, R. A. (1991). Emotional regulation and emotional development. Educational Psychology Review, 3(4), 269-307.

Thompson, R. A. & Meyer, S. (2007). Socialization of emotion regulation in the family. In J. J. Gross (ed.), *Handbook of Emotion Regulation* (pp. 249-268). New York, NY: Guilford Press.

Wollheim, R. (1999). *On the Emotions.* New Haven, Conn: Yale University Press.

World Health Organization (2005). *Atlas: Child and Adolescent Mental Health Resources.* Geneva: World Health Organization.

Yeh, Y.C., Chen, F. M., & Ho, H. J. (2016）. Immigrant mother's oral expressions to her son: Discourse content and quality. Paper presented in 'Society for Research in Child Development, 2016 Special Topic Meeting: Babies, Boys and Men of Color'. October 6-8, Florida: Tampa.

Youngblade, L.M., Berlin, L.J. & Beslky, J. (1999). Connections among loneliness, the ability to be alone, and peer relationships in young children. In K.J. Rotenberg & S. Hymel (Eds.), *Loneliness in childhood and adolescence* (pp. 135-152). New York: Cambridge University Press.

葉郁菁

自我概念與性別發展

CHAPTER 7

☺ 第一節　自我概念的形成

一、自我概念的定義與內涵

　　幼兒從什麼時候開始認識自己？皮亞傑認為，自我概念（self-concept）的發展必須心智發展達到一定的成熟，才能理解與區分「我」與「他人」的不同。McLeor（2008）對「自我概念」的定義為：個體對自己的思考、評價、和理解。Baumeister（1999）認為，「自我概念」指的是：個體對於自己的信念（belief），包含個人的特質。若依據Rogers（1959）對自我概念的描述，自我概念由自我意象、自尊、理想我三者組成。自我意象（self image）指的是自己對自己的觀點，如：我長得很高，自尊（self esteem）則是自己認為自己的重要性和價值性，如：我會幫忙整理玩具，理想我（ideal self）則是自己希望自己成為的人，如：我想當警察抓壞人。Damon & Hart（1982）將自尊定義為：自我概念的評價，也就是在某一情境中，幼兒覺察自己好或不好，幼兒對自我概念評價的結果，將會影響自尊的發展。

　　自我（self）的組成面向是多元的，可以從發展的、心理社會的、以及社會生態學的架構定義自我。例如，個體的外表和身體意象、行為表現、社會接受度、學業成就的表現、以及對於自我價值或者覺察的個人幸福感的整體評價（Bosacki, 2015）。自我概念的形成是一種動態的（dynamic）、流動（fluid）的歷程，同時自我概念的形塑歷程也會與社會情境不斷交互作用（Carpendale & Lewis, 2004）。兒童覺知自己是人類，同時也隸屬某一性別（男生或女生），透過社會化機構（如：家庭、同儕、大眾傳播媒體），不斷強化自我類屬的概念。例如，教師和父母影響兒童道德行為、外表、同

僑關係的自我概念和態度（Spilt, van Lier, Leflot, Onghena & Coplin, 2014）。Bosacki（2015）的研究指出，6歲理解他人情緒與之後兒童期的社交行為有直接相關。例如：兒童擁有發展的情緒理解能力，他們可以運用這些能力協助他人，當他們看到其他兒童哀傷時，可以即時提供協助。因此，自我或自我理解不僅是一種內在的心理狀態，同時也是一種社交能力的延伸。

自我概念可以包含兩個層面：存在的自我（the existential self）和類別化的自我（the categorical self）（Lewis, 1990）。

1. **存在的自我**：指的是自我的基模（self-scheme）或自我概念（self-concept），一種區隔自己與他人的理解，並瞭解自我存在的一致性（Bee, 1992）。兒童理解他們是獨立於他人而存在的個體，並且「自我」不會因為時間或空間而改變。Lewis（1990）指出，嬰兒2到3個月大的時候就已經可以辨識自我的存在。例如：當嬰兒微笑時，他看到照顧者給予微笑的回應，或者嬰兒觸動電燈開關使房間的燈亮起來，嬰幼兒不斷累積他們與生活環境和周遭的人的互動經驗，形成個人主動感（personal agency），一種因我的行為（微笑或按開關）而產生作用（照顧者的微笑回應或房間的燈亮了）的感受。

2. **類別化的自我**：當嬰兒開始理解他獨立於他人存在時，他也開始理解他也是一個特質化的個體。例如：這個玩具小汽車是黑色的、小的；這朵花是紅色的、香香的，這些都是屬於該物體的特質。幼兒開始覺察屬於自己的類別化特質：我是男生（女生）、我今年3歲、我很會跑步等。自我概念的分類大致上會以年齡、性別、大小、和技能等幾個項目區別。尤其是年齡和性別最常被幼兒用以標示自我的類別。幼兒經

常固定使用某些分類的類別描述自己，例如：頭髮顏色、身高、喜歡的事物。較大的兒童才會運用心理特質（如：善良、積極等）描述與評價自己。

二、自我概念的發展

嬰兒可以辨識自己嗎？答案應該是肯定的。大人抱著嬰兒，呼喚「妞～妞」，嬰兒最早能夠辨識大人口中不斷出現的「妞妞」是一個有意義的名稱，嬰兒將「妞妞」和自己連結。下次當大人呼喊「妞妞」時，這位妞妞的眼睛會特別留意朝向呼叫者，這就是自我覺察的產生，嬰兒理解了原來「妞妞」代表的就是他自己。

幼兒隨著年齡逐漸發展，他開始觀察與理解自己身體的一部分。例如：試著揮動手臂、把手指放到嘴巴裡面，甚至當他們五個月大時，開始學著翻身。透過不斷的反覆練習，理解因為自己的動作，可以造成某些愉悅的結果，例如：看到媽媽雀躍和高興的表情：「哇！妞妞會翻身了！」因此嬰幼兒會持續做出相同的動作，以再次引發媽媽愉悅的表情。Bretherton 與 Munholland（1999）即指出，個體對自我的感覺往往受到和照顧者互動的影響，個體的行為可以引發照顧者愉悅的感覺，個體對自己產生正向的看法，反之，照顧者的拒絕可能導致個體對自己的貶抑，自我概念的形成與他人的互動密不可分。Sunal（1990）認為，兩歲以前是幼兒形成自我概念的重要時期，敏感的、且富回應的（responsive）照顧者，有助於與幼兒建立正向的社會互動，影響日後兒童成為一個有效能、有能力、且對自己有自尊的個體，同時他們也會對他人抱持信賴感和價值感。

Lewis與Brooks-Gunn（1979）以9-24個月大的嬰兒為實驗對象，讓媽媽偷偷在嬰兒的鼻子上塗上紅點，然後讓嬰兒看看鏡中的

自己。結果多數18-24個月大的嬰兒才會對鏡中自己鼻子上不應存在的紅點覺得好奇，想要伸手擦去它（引自林淑玲、李明芝譯，2014），由此說明1歲半到2歲的幼兒已經具備自我認識的基本概念。

自我概念的發展大致可以分為三個階段（賴麗敏、黃文三，2012）：

1. **自我中心階段**（egocentric stage）：約從嬰兒出生後第8個月至3歲，是生物我和軀體我顯現的時期，是個人對自己身體概念的知覺狀態。

2. **客體化階段**（objectified stage）：從3歲到青春期，此時個體最深，也是社會我發展最關鍵的時期，兒童受社會文化影響透過一連串的角色認定的 歷程，使自我心理漸趨客觀化，行為表現漸與社會規範趨於一致，且遊戲及學校生活是影響自我概念發展的重要因素。

3. **主觀化階段**（subjectified stage）：從青春期初期到成年約十年 的時間，是個體發展、整合自我概念最重要的階段。此時，是心理我發展的時期，個體自我會 漸趨成熟、穩定。

三、自我概念發展與幼兒氣質、親職教養的關聯性

幼兒正向的自我概念發展與其社會和情緒發展有重要關聯（Harter, 2006）。自我概念引導幼兒覺察自己行為的行為發展並建構與他人的社會關係。幼兒自我概念受到人際互動和社會影響，例如：Thompson（1998）即指出親子互動影響幼兒的情緒特質表現。除此之外，包含幼兒性別、友誼、文化、同儕團體等，都會影響幼兒對自我的認知。

幼兒氣質（temperament）與自我概念發展的相關：幼兒的氣質於情緒表達和控制具有相當的穩定性（Rothbart & Bates, 1998）。Eder與Mangelsdorf（1997）認為3-4歲幼兒發展自我概念，可以協助幼兒調節自己的情緒，4歲幼兒在氣質表現與人格特質即有相當大的差異性，例如：有些幼兒對於沮喪的忍受度較低，有些則傾向刺激冒險的活動，這些都會影響幼兒對於外在世界的認知。例如：挫折忍受度較低的幼兒，當其他幼兒不小心踢倒他的積木時反應較大，當幼兒覺察自己的氣質時，調整自己的反應，從「我不喜歡他踢我的積木」，到「他不是故意的，我要原諒他」，情緒反應改變時，可以引導幼兒成為一個對自己持有正向概念的個體。

自我概念與親職的相關：相關研究已經提出，早期的自我概念發展受照顧者的親密關係影響。研究依附關係的Bowlby（1969）指出：自我概念的建構是透過嬰兒期與照顧者之間的互動而形成。透過互動，幼兒發展內在的運作模式，引導自我理解（self-understanding）的發展，並且據以與親密他人產生互動。Cassidy（1988）的研究指出，5-6歲具有安全依附的幼兒，對於自我的正面評價也比較高。同時這些依附關係和自尊的影響，也會延續到學齡階段。

Brown等人探討50位幼兒的自我概念發展與氣質、親職教養的關係，研究者在受試幼兒3歲時，透過錄影觀察紀錄家庭中的親子互動，分析幼兒的氣質、家長的教養行為、以及家庭互動。幼兒4歲時，透過錄影方式完成自我概念的問卷評估。研究結果發現被評估容易沮喪挫折的3歲幼兒，4歲時比其他一般幼兒更容易知覺自己是害羞和難搞的（Brown, Mangelsdorf, Neff, Schoppe-Sullivan, & Frosch, 2009）。相關研究也指出，愈容易感受沮喪挫折的幼兒，日後在同儕關係的適應度較差，同時也較容易社會退縮（Rubin & Stewart, 1996）。Brown等人的研究也指出，正向的氣質與正向的自我評價未

必存在必然相關，但是，負面的氣質表現（容易挫折沮喪）卻常常與負向的自我概念有正相關。上述研究結果也顯示，和諧的家庭關係會讓幼兒自覺自己是愛冒險的、積極的；但是衝突的家庭關係，則使幼兒認為自己容易怕事的、很難搞。

第二節　社會認知發展理論

社會認知發展理論（social-cognitive developmental theory）將社會基模（social schemas）視為個體在社會生活中發展的基礎（Sunal, 1990）。社會基模是個體對於外在社會經驗的一種內在展現。基模協助幼兒組織並瞭解發生在生活環境中的事件。基模可以是簡化的也可能是複雜的，例如：媽媽的臉孔就是一種簡化的基模。當嬰兒看到一個女子的臉孔時，就會與自己既存的媽媽臉孔基模對照，以辨識此女子是陌生人或者媽媽。未曾有團體生活經驗的幼兒，進入幼兒園之後，學習「排隊」這件事，形成社會基模的一部分，日後參照其他活動，幼兒可以理解到戶外遊戲場玩、取用午餐等，都需要「排隊」。

一、皮亞傑認知發展理論

皮亞傑認為，感覺動作期（sensorimotor stage）結束時（約2歲），幼兒已經具備下列自我認知的能力（Sunal, 1990）：

1. 運用符號表徵相似的社會物件以及簡易的行為結果。例如：用手在胸前拍拍表示「怕怕」。

2. 他們具備自己是一個獨立個體的認知基模，並且可以理解這是「我」、其他人不是「我」。例如：媽媽說：「瑋瑋，來！抱抱！」瑋瑋知道媽媽呼喊的「瑋瑋」代表的是他自

己。

3. 形成對熟悉者的意象。例如：可以辨識爸爸的長相、爺爺的
   聲音。

4. 具備物體（人）恆存概念，即使媽媽不在視線內，媽媽並沒
   有消失。

若依據皮亞傑的認知發展理論，3-6歲的幼兒處於運思前期，皮
亞傑以三山實驗的結果說明此階段幼兒的發展特質為「自我中心」
（egocentrism），通常以自己的觀點思考，較難從他人的觀點思
考，因此也無法從他人的動機、意圖思考。例如：電話那端的奶奶
問3歲的小瑜：「你今天早餐吃什麼呀？」小瑜指著桌上的三明治回
答：「吃這個啊！」這是因為小瑜仍處於自我中心的狀態，無法想像
電話那端的奶奶無法看到眼前桌上的三明治。

二、Selman的角色取替理論

Selman（1971）以4-6歲60個幼兒作為角色取替者（role taker）
解釋並預測同儕反應的結果，歸納角色取替發展理論（role-taking
development theory），強調幼兒角色取替的概念與能力發展，是一
種與年齡相關的社會認知技巧。他指出：幼兒的想法和思考不應只是
個體發展的單純結果，而是受到社會層次的影響。Selman（1971）
定義「角色取替」（role taking）為：一種從他人的視角觀看世界
（包含自己）的能力。角色取替是一種社會人際（social-interperson-
al）的互動，獲取推論或猜想他人的能力、特質、期待、感受、和
可能反應的一種能力。探取他人觀點隱含將他人觀點作區隔與差異化
的一種能力，並且將感知的（perceptual）與認知的（cognitive）訊
息加以轉換、平衡、評估的結果。

　　何謂感知（perception）？與認知（cognition）的差異為何？我們處在一個充滿訊息的環境中，隨時都在選擇訊息與處理訊息。感知是訊息處理的過程，使個體可以運用感官理解訊息，並且將訊息組織、辨識、詮釋。運用訊息的結果，則可以使個體回應外在環境。例如：當幼兒完成大肌肉活動時，感覺口渴（訊息進入），幼兒對訊息的理解是「口渴」，因此採取回應行動「喝水」。而認知則是與感知不同，認知包含心理運作的過程，如：注意力（attention）、記憶、合理化、問題解決等。認知的定義為：協助個體記憶、思考、理解、判斷與解決問題的心理歷程，認知的結果可以促使個體獲得知識。認知可以從非常簡單到複雜、有意識和無意識的過程，例如：專注、記憶、視覺與空間的辨識、移動等。而感知的定義則是我們依據感官刺激結果推論的過程，感官的刺激包含光線、聲音、味覺、嗅覺、觸覺等。個體對於感官的刺激不僅只有接收，還會對這些刺激做出反應，例如：當光線刺眼時，我們自然會瞇眼睛。

　　角色取替與皮亞傑認為2-7歲幼兒處於自我中心（egocentrism）階段的理論觀點截然不同，自我中心顯示幼兒尚無法運作他人觀點，皮亞傑認為運思前期的幼兒主要透過感知，組織與發展成為其主要的智能工具，皮亞傑的智能觀點（包含「集中化」）是靜態而非動態的。Selman將4-6歲幼兒的角色取替能力分為四個不同的階段：

　　Level A：幼兒對其他人有所感覺但無法區辨他人和自己想法和感知的差異。

　　Level B：兒童覺察自己與他人不同，但無法辨識自己與他人想法上的共同性。但在此階段，幼兒「感知的角色取替」（perceptual role taking）已經形成，也就是理解他人視覺觀點的能力，幼兒從他人視覺觀點看到的物體與自己不同的能力。例如：幼兒可以理解當他坐在推車上，與照顧者看到的物體行進方向是一樣的，但是當幼兒被

抱著的時候，他的視覺方向和照顧者剛好相反。

Level C：幼兒可以對自己的想法和別人的想法做歸因，並且從他人觀點設身處地思考，不過幼兒會認為別人的想法和他一樣。雖然Level C的幼兒理解上比前面兩個階段呈現更為統整和複雜，不過基本上這個階段的幼兒仍處於自我中心階段，他們可能可以做歸因，但是無法理解特定對象的不同觀點。Selman認為在第三階段，部分幼兒較高層次的角色取替可能存在但並不明顯，必須到下一階段才能達到完全的角色取替。

Level D：6歲的幼兒理解他人有自己的觀點與解釋的方式，這些未必與自己相同。Flavell（1968）以國小低年級學童進行研究，結果同樣顯示6-7歲幼兒已經可以達成角色取替。

第三節　幼兒性別認同

一、性與性別（sex and gender）

性（sex）指的是生物上的男女有別，從基本的生殖系統分別男性與女性，例如：男性染色體為XY、女性染色體為XX；男性的生殖器官為陰莖、女性的生殖器官為子宮；男性的荷爾蒙為雄性激素、女性的荷爾蒙為雌性激素。性別（gender）則是心理上的男女有別，指的是個體表現出他們認同的男性或女性，應擁有的氣質和行為表現（黃惠真譯，1994）。個體的性（除非經過變性手術）不會改變，但是性別則可能會有認同的差異。過去將性別一分為二，但現代社會我們更能接受性別是一條數線上的不同端點：有些女性極度陰柔、但有些女性則是中間偏男性化特質，男性亦同。

二、性別角色：工具性角色、情感性角色

父權體制認爲男性要表現出陽剛，所謂陽剛的特質包含攻擊性、勇敢、理性、強壯、冷靜、獨立、積極、客觀，而陰柔特質則是擅於表達情感、柔弱、反覆無常、依賴、被動、順從等。但是女性主義者也批評，這樣兩極化的分法並不正確，人的行爲表現經常受到社會情境影響，例如：女人面對丈夫可能表現儒弱順從，但是面對孩子時，卻又是積極主動（成令方等譯，2008）。同樣，女孩在喜歡的男孩子面前可能表現溫柔的特質，但是在學校的課業學習卻表現獨立堅毅。所以，與性別相關的氣質表現可能因社會情境而有不同。

三、性別認同

性別認同（gender identity）指的是兒童認知理解自己是男生或女生，並採取社會上鼓勵適合男性或女性的價值觀和行爲。依據社會學辭典的定義（Jary & Jary, 1991），性別認同是個體依據文化對於男性特質和女性特質的定義，產生對自己的理解。性別認同是一種心理學的內化特質，而非外顯的主觀經驗。性別認同是一個複雜的過程，透過個體與他人互動的結果，產生對某一個性別的觀點。

幼兒從什麼時候開始認知性別？Kohlberg 認爲幼兒性別認同的發展經歷三個階段（林淑玲、李明芝譯，2014）：

1. **基本性別認同** （basic gender identity）：時間約在3歲左右。幼兒認知「我是男生」、或「我是女生」。
2. **性別穩定階段**（gender stability）：3歲到5歲左右。幼兒知道性別不會隨著時間而改變，小男生長大會變成像爸爸一樣的男人，小女生長大會變成像媽媽一樣的女人。
3. **性別恆常階段**（gender consistency）：5到7歲左右。此時的

213

幼兒已經可以理解不管在什麼時間或情境下，性別不會因為穿著或從事的活動而改變。例如：幼兒園教室來了一位新的實習老師～婷婷，但是婷婷老師留著短髮，穿著牛仔長褲，聲音又有點低沉，3歲的幼兒會因為婷婷老師的穿著打扮而認為「她」是男生，這是因為幼兒尚未達到「性別恆常」階段的緣故。當幼兒理解，即使浩浩在娃娃家穿著高跟鞋、拿著女性的手提包、擦口紅，浩浩也不會因此「變成」女生，幼兒開玩笑說：「浩浩是假裝的。」這樣的情境通常較會出現在大班。Kohlberg的性別發展理論的提出，幼兒必須達到認知發展成熟才能達到對性別產生理解。

四、性別刻板印象

依據Cardwell（1996）的定義，刻板印象（stereotype）指的是對某一個團體或階層的人們持有的普遍的信念。性別刻板印象（gender stereotype）為文化價值與社會期待對於男性與女性的固定看法和印象。5-7歲幼兒對於性別團體有最刻板化和嚴格的看法，他們認為性別疆界（gender boundary）無法跨越，並堅持男孩應該做什麼、女孩應該做什麼（Lloyd & Duveen, 1992）。通常男性被賦予工具性角色（instrumental role），強調果斷、進取、獨立、目標導向；女性角色則為情感性（expressive role），重視協調、合作、仁慈、養育性（劉秀娟，1998）。陳瑩娟（2004）的研究指出，4-6歲男童期待的未來職業包含警察、消防員、軍人；女童則為媽媽、老師、護士、明星及花店老闆，性別刻板化的現象依舊存在。

五、性別區隔

性別區隔（gender separation / segregation）指的是：兒童傾向與同一性別的同儕互動，並且刻意與不同性別的兒童對立或區分。性別區隔從嬰幼兒期開始到8-11歲達到最高峰。性別區隔具有跨文化的共同性。

Huston（1983）以知識、態度、和信念三者，分析性別適配（sex-typing）的發展。3-5歲幼兒選擇與自己性別適配的活動和興趣的幼兒，但男性化或女性化的心理特質的描述則在9歲之後逐漸成熟（Liversley & Bromley, 1973）。國內研究也指出，兒童對玩具的性別刻板印象的辨認最清楚，3-5歲幼兒即已具備成熟概念，但對男性與女性特質的辨認則需等到11歲時才發展成熟（李然堯，1984）。性別適配指的是個體依據自己歸屬某一個性別團體而產生的行為差異化。例如：幼兒認同自己是小男生，因此選擇適合小男生的行為表現（活潑、冒險），避免表現出女性特質的行為（關愛、怯懦），以做為自己與不同性別的區隔。Huston（1983）認為4-5歲幼兒可以從活動或行為中，清楚辨識性別適配的部分。例如：小男生看到芭比娃娃，他們知道「這是女生玩的玩具」；老師要幼兒做積木建構，小男生會做槍、大砲，然後追逐玩耍，但小女生建構的物品，可能是溜滑梯、房子等，或依據她的描述：「這是一張床，可以給小baby睡。」即使是積木（中性物體）的建構，女孩也會表現出社會期待的女性特質。幼兒對於性別的認知反映了社會普遍價值觀。不過，Lloyd & Duveen（1992）也指出，5-6歲幼兒對於不同性別適合的玩具認知相當一致性，但是他們對於男生玩女生玩具或女生玩男生玩具，則男幼兒對於「不可以跨性別玩」的堅持比女幼兒強烈。Archer（1992）認為男孩與女孩在他們隔離的性別團體中逐漸發展不同的次文化，或

許如同Paley（1984）所說，不論幼兒園老師如何宣導，如何刻意營造去性別化的情境，都無法抵擋5歲幼兒對於性別區隔的堅持。

幼兒園老師講完繪本「威廉的洋娃娃」，與班上幼兒團討。小可舉手說：「洋娃娃是女生玩的，威廉不應該玩女生的玩具。」幼教老師應該怎樣的回應方式最適當呢？老師可以反問幼兒：爸爸可不可以照顧小孩子？如果可以的話，威廉可不可以照顧他的洋娃娃？老師反諷式的回應：「威廉玩的不是普通的洋娃娃，一定是金剛芭比!」或者強迫反性別的做法，規定男生只能在扮演區操作，都無益於幼兒的性別概念發展。

第四節　性別發展的理論

一、佛洛伊德心理分析論

佛洛伊德（Sigmund Freud）心理分析論的觀點指出，嬰幼兒性別認同的過程是因為閹割焦慮（castration anxiety）與陰莖忌羨（penis envy）。擁有陰莖，所以認同自己是男性，而表現出男性特質；沒有陰莖，因此認同自己是女性，表現出女性特質。佛洛伊德提出「性心理發展」（psychosexual development）的五階段，分別為：0-2歲的口腔期（oral stage），2-3歲的肛門期（anal stage），3-6歲的性蕾期（phallic stage），6歲到青春期的潛伏期（latancy stage），以及青春期之後的生殖期（gential stage）。其中，性蕾期的幼兒會表現「伊底帕斯情緒」（oedipus complex）或「戀母情結」（國家教育研究院，2000）。男幼兒感受到父親對自己的規訓和自主性的要求，想像父親要閹割他的陰莖，因此產生對父親的恐懼；潛意識下，兒子因為將母親視為情感依賴的對象，反而將父親視為敵

人。佛洛伊德認爲，爲了降低自己對母親的焦慮與戀母情結，兒子接受父親是一個強而有力的個體，認同父親並且接受與父親角色連結的男性特質，男孩將對母親的愛戀轉向爲認同父親，避免被閹割；女孩則是因爲沒有男性的陰莖而產生「陰莖忌羨」，在小女孩的眼中，因爲母親同樣也沒有令人羨慕的陰莖而貶低母親，因此她承襲了認同女性是服從者的角色。佛洛伊德認爲幼兒從6歲到青春期之前的潛伏期（latency period），對性壓抑，直到青春期因爲生理的變化才重新對異性產生興趣，因此從5歲之後到青春期來臨前，兒童多半是與同性的同儕活動（Giddens, 1989）。

　　Chodorow（1978）則對佛洛伊德的心理分析論提出不同見解：大多數幼兒都與母親（而非父親）建立親密的依附關係，幼兒對於母親的情感依戀更甚於父親，母親對於嬰幼兒的影響也更爲重要。幼兒減少對母親的依賴和親密感，逐步形成自我獨立感。但是，佛洛伊德所說的潛伏期對男幼兒與女幼兒仍有不同。首先，女幼兒對於母親的依戀時間比男幼兒更長更久，她們比男孩更常對母親擁抱、親吻。女孩對自我概念的建構，似乎與母親更爲一致，女孩的自我概念先是受到母親影響，然後才是異性。女性親密、敏感、依賴等情緒特質，透過代間不斷產生與複製。男孩自我的建構則需要透過更爲強烈的斷絕與母親的依戀關係，解放他們對於男性特質的理解。他們害怕被認爲娘娘腔或「媽寶」，因此他們學習用理性和分析的觀點看世界，採取更爲主動的視角、強調追求成就，並且壓抑反思自己內在情緒的部分。

二、社會學習論

　　Bandura（1989）指出，兒童透過直接指導與觀察學習，習得性

別認同和性別角色偏好（林淑玲、李明芝譯，2014）。前者為透過成人教導兒童什麼是適合男性／女性的行為，幼兒被鼓勵與性別角色相符的行為表現，與性別角色不符的行為則是會被懲罰。例如：當女孩幫忙做家事或照顧弟弟妹妹時，可以得到成人的讚美或獎勵；幼兒被鼓勵從事符合性別角色的活動，但被禁止跨性別的遊戲行為。父親比母親更無法接受跨性別的遊戲或行為，例如：小誠的爸爸看到小誠拿著奶瓶在餵洋娃娃喝奶，可能會激動地說：「那是女生才會做的事情！」相對上媽媽對小誠的行為反應反而比較不會如此激烈。除了家庭以外，幼兒園教師也可能傳遞性別適配行為的價值觀，例如：母親節相關的活動中，告訴幼兒「媽媽在家煮飯、幫你們洗衣服很辛苦，所以母親節要好好孝順媽媽。」當中暗示幼兒，女性在家中必須承擔家務工作。

其次，社會學習論者認為，幼兒透過角色楷模的觀察和模仿，同樣可以達到習得性別適配行為的結果。例如，小惠觀察媽媽塗口紅的樣子，有天在幼兒園裝扮區，小惠拿起一支彩色筆，假裝在嘴唇上抹來抹去，她說：「我現在在擦口紅。」幼兒接受成人指導或學習模仿的結果，可以使幼兒適應生活環境與外在社會的主流價值觀。因為社會多元價值，幼兒有更多機會觀察到性別平等，例如：媽媽在忙的時候，爸爸可以下廚煮飯；幼兒園中也有男性教師、醫院中有女醫師；小時候喜歡玩洋娃娃的小男生將來可以是美國傑出的服裝設計師。因為性別角色認同並非單一，即使是認同另一個性別的個體，不影響他們在專業領域的傑出表現。從社會學習論的觀點，這些提供了幼兒建構性別平等的要件。

三、柯柏格（Kohlberg）的認知發展理論

　　柯柏格的發展認知理論（cognitive development theory）認為，性別角色的發展與兒童的認知發展有關。兒童認知發展成熟，才能發展出性別認同與性別保留概念，兒童才能採取他所認知的適合某個性別的行為模式（許雅惠，2006）。柯柏格將性別發展分為三層次（Kohlberg, 1966, 1969）：

1. **基本性別認同階段**（basic gender identity）：兒童瞭解他是男生或女生，但是他無法理解性別是穩定的、不會改變的。大多數三歲幼兒可以達到基本性別認同。

2. **性別穩定階段**（gender stability）：兒童理解他們的性別是穩定的，不會隨著時間改變。不管男生或女生都知道，將來他們長大之後，就會變成像爸爸（或媽媽）一樣的男人（或女人）。但是性別穩定階段的幼兒可能認為一個人改變髮型或穿著之後，他可能會變成另一種性別的人。

3. **性別恆常階段**（gender constancy）：兒童理解一個人不管外表是否改變都不會影響他的性別，例如：幼兒演戲的時候，小男生穿上裙子，但是他知道自己還是男生，並不會因為穿上裙子就變成女生。男性與女性的差異在於生殖器官的不同，大約6-7歲兒童可以達到性別恆常階段。

　　Damon（1977）採取柯柏格認知發展的觀點，探討4-9歲幼兒的性別適配，實驗是以一個名為喬治的男孩為故事主角，喬治想要玩洋娃娃，即使父母禁止他不可以玩，告訴他男孩必須玩其他的玩具，因為洋娃娃是女生玩的。研究者詢問4-9歲幼兒有關喬治的問題，結果4歲幼兒尚處於集中化階段，他們認為只要喬治想要做什麼都可以。但是6歲的幼兒卻無法接受喬治違反傳統男性特質的行為，他們堅持喬

治不應該玩洋娃娃。9歲的兒童對於性別角色和性別刻板化的活動則是較不像6歲幼兒如此堅持，他們採取抽象思考，並且提出社會中對於許多性別角色刻板印象的想法，他們對於性別角色有更為彈性的思考，而非認為社會價值觀是必須遵從的唯一規範。

四、性別基模理論

性別基模理論（gender schema theory）由Sandra Bem在1981年提出，她採取認知理論的觀點解釋個體如何習得社會中認同的性別價值，文化中與性別有關的特質，如何被保留、傳遞給其他社會成員。傳遞的主要方式為透過基模、或者訊息網絡（networks of information）可以使得某些訊息同化他人。文化中有關男性與女性期待的特質和行為早已存在，社會中的幼兒必須學習使其行為符合社會中的性別規範。Bem認為幼兒形成他們的性別認同，社會對於男性特質和女性特質的信念影響性別基模的發展。性別基模的影響不僅是社會訊息的接收，還包含個體的態度、信念、和行為。個體會表現出與文化和社會期待一致的性別適配行為。

既然文化對個體的影響如此之大，不同的文化如何看待性別？日本社會中仍然保留男性養家、女性照顧子女的傳統文化價值觀，因此男性下班後很少直接回家，而是去居酒屋飲酒狂歡（林麗珊，2014）；吃飯時男人優先，只管伸出手說：「飯！」妻子就必須尊敬地奉上。女性婚後辭去工作，專心照顧子女，即使是曾為外交官的雅子妃也是如此（希爾斯，2007）。男尊女卑的性別差異化如此鮮明，日本社會中女性物化（女優）、宅化的現象極為普遍，社會中的普世價值對於性別的差異化如此，似乎這些性別的框架不僅從幼兒階段開始透過性別基模烙印，複製於幼兒身上，性別刻板化的結果，也

將導致女性在工作薪資、教育機會，很難達到與男性平等的地位。

五、性別的生物理論（biological theories of gender）

　　生物學的觀點從懷孕、荷爾蒙分泌解釋男性與女性的差異。荷爾蒙是一種化學物質，透過荷爾蒙的分泌可以使不同性別表現的行為表徵有所差異。睪酮素（testosterone）是一種性荷爾蒙，胎兒大約七週大時，睪酮素的分泌使得男性胎兒呈現男性生殖器官，並影響胎兒的腦部發展，使之朝向男性化發展。睪酮素促使傳統的男性行為，例如：攻擊、競爭性、視覺空間能力、較高的性驅力等。同時睪酮素也會影響腦部的發展，例如：Shaywitz等人（1995）以核磁共振攝影觀察語言活動進行時，男性與女性在左右半腦的活動情形，研究結果發現：女性同時使用左腦與右腦，但是男性僅會使用左腦（語言區）。國內研究腦神經科學的專家洪蘭教授在TED Taipei的演講（2015）中指出，當男性說話（使用語言技巧）時，利用的是左腦前區的部分，但是女性說話時，卻同時使用左右腦，因此女性可以用言語精確的表達情緒，但是男性似乎在語言表達能力上，拙於言辭。男性的空間概念更展現在問路的男女不同：女性容易記憶路上某些特殊的商店、用以作為認路的標記；但是男性指路時，用東西南北的方位、和多少公里的距離，這些都是生物特質造成的性別差異。

　　若從生物學的觀點而論，似乎男性與女性的差異在出生時就已命定，荷爾蒙也會使男性與女性化的行為從此有著懸殊的發展，女性生來即具有照顧與哺育下一代的母性、男性本來就是具有攻擊性、喜歡冒險、和競爭性。然而，實際上生物決定論的觀點在講求性別平等發展的今日受到嚴厲的挑戰。Money & Ehrhardt（1972）提出生物社會學（the biosocial approach）的觀點，將社會環境因素融入生物理論

221

的觀點：男性與女性的行為表現是天生遺傳與後天環境交互作用的結果。社會生物學者認為，當嬰兒為男嬰或女嬰，乃由生物遺傳因素決定，但是出生之後父母親對待嬰兒的方式，則是後天社會環境的影響，不同性別被社會標籤（social labelling），導致我們依據性別產生對行為的不同詮釋與因應作為。例如：我們容易解釋當小女孩跌倒哭泣時，我們會馬上過去抱抱她、提醒小女孩「痛痛喔？」再給她安慰，但小男孩跌倒哭泣時，照顧者會告訴小男孩：「好啦！沒事！跌倒再站起來就好了！」而不會特別給予小男孩溫柔的抱抱。

第五節　影響幼兒性別發展的因素

性別社會化：透過家庭、學校、同儕團體、大眾傳播媒體等各類互動中，幼兒習得適合不同性別應表現的行為態度，此為性別社會化。例如：你是否可以從小嬰兒身上穿的藍或粉紅色的衣服判定他們是小男生或小女生？父母為新生兒命名時，也充滿對不同性別子女的期待，例如對於兒子，選擇：俊、偉、仁、豪等陽剛性的名字，期待兒子未來可以成為一個英俊挺拔、成就大事者；但對女兒，可能選擇：慧、惠、芬、萱、茹等名字，期待女兒未來成為溫柔婉約、秀外慧中的人。

一、家庭影響

父母親對於不同性別的子女也會因其性別而有不同待遇。例如：女兒較會表現溫柔擁抱，父母親不僅容許、甚至鼓勵女兒的撒嬌行為，但父母則完全無法接受兒子的撒嬌。父母傾向給予兒子較強烈的身體刺激，包含鼓勵他們玩球、較不會制止他們從事挑戰性的活動

（例如：爬高），對於男孩兒的哭泣，爸爸也會反諷：「男生哭什麼！」，但對女兒則常常告訴他們外面很危險，提供較多安靜的活動（如：畫圖、玩洋娃娃等）。父親對跨性別的遊戲，如：男孩玩扮家家酒、女孩玩機器人，比母親更不容易接受。

國內的研究結果也顯示，這種性別社會化到了青春期也會愈來愈明顯。葉郁菁（2014）探討嘉義縣國中與高中生的休閒活動，結果發現男性中學生較常參與的休閒活動包含球類運動（37.3%）與電腦遊戲活動（24.4%），而女性中學生則是喜歡多媒體的活動（34.3%）、視聽型的活動（14%），僅有12.5%的女生喜歡從事運動型的活動。

葉郁青、邱敏惠（2016）的嘉義市婦女生活狀況調查結果顯示，隨著性別平權時代來臨，有愈來愈多女性認為結婚之後女性也應該擁有自己的事業、同時也不會把生兒子當成一件女性必須完成的任務。社會價值觀更朝向接納多元性別的家庭。父親愈來愈能接受兒子玩扮家家酒，因為他自己偶爾也得下廚煮飯、父親在家也得參與幼兒照顧；女性可以發展自己的事業，也可以選擇單身而不結婚，甚至社會各行各業有更多傑出的女性成為楷模，例如：中國女藥學家屠呦呦在2015年獲得諾貝爾醫學獎、蔡英文成為臺灣第一位女性總統。性別議題、男女兩性之間的區隔，已經不像過去那麼明顯。

二、學校影響

Lloyd與Duveen（1992）以英國小學預備班（reception class）（5-7歲）幼兒為研究對象，並指出性別透過社會重現（social representation）不斷被學習與複製。性別概念的學習包含下列六個面向（頁61-62）：

1. **社會分類**（social categories）：採取分類方式（如性別或年齡）描述社會互動。例如：幼兒園老師結束主題課程並且要求小朋友上洗手間時，老師說：「現在請小女生先去上廁所；再請小男生去上廁所。」此即一種性別化的社會分類。而且排在最後面的小女生會刻意與排在正後方的男生「保持距離」，因為她們可能會認為「我才不想要當男生」。

2. **團體組成**（group composition）：幼教師利用性別或年齡的分類方式描述在團體中的主動參與程度。例如：兩個小男孩在益智區組裝滾珠臺，雖然這兩個男孩忙了一段時間，但是其他的孩子對參與他們的活動並沒有太大的興趣。小男孩跑過來跟老師說：「老師！你看！我們的滾珠溜滑梯做好了！」兩個小女生聽到聲音跑過來，幼教老師鼓勵小女孩參與他們，並且四個人輪流玩起了滾珠。因為老師的介入，影響原本的團體組成與性別團體成員。

3. **物質文化**（material culture）：物質的文化形成，例如：洋娃娃被視為具有女性特質的物品、交通工具或汽車被視為具有男性特質的物品。幼兒經常可以辨識具有性別特質的不同物品，例如：幫洋娃娃裝扮、玩扮演區裡的廚房玩具等，均被視為具有女性化的特質。在某些特殊情境下，某種物體的性別標示可能因為他們被融入到不同的學習活動而有新的定義。例如：扮演區的小男生將女人的圍巾披在肩上，雖然圍巾是女性的象徵，但是在此情境，小男生是因為將圍巾假裝是超人身上的披風。Yeh（1993）指出，做科學實驗時使用的本生燈，被視為是男性化的物品，上科學課的女生表現出害怕本生燈燃燒的樣子，但是同樣類似的器具，到了家政課開瓦斯爐時，女生卻一點也不害怕；同樣的情景，生物課解剖

青蛙，女生會刻意尖叫，表示她們多害怕這恐怖的解剖，同一個場景換到家政課切雞肉，女生卻很少表示害怕。這就是無性別區隔的物品一旦在某個場景就有可能被賦予（認定）性別意涵。

4. **學習活動**（activities）：學習活動賦有文化形成的意義，例如：有劇本的遊戲、教室中的儀式等，引導幼兒辨識男性化和女性化的特殊角色和規則。例如：幼兒在扮演區重現的家庭生活就具有強烈的男性化與女性化的特質，通常扮演母親的幼兒都在忙著煮飯、整理家裡、照顧小孩，而扮演父親的幼兒通常就是在一旁等待晚餐煮好。幼兒在這樣的扮演遊戲中通常不會混亂，要求女幼兒當爸爸或者要求男幼兒扮演女性。有趣的是，若幼教老師讓幼兒自由選擇學習區時，通常會發現在扮演區的男幼兒比較少，在益智區、科學角等可能會有較多男幼兒。因此，在教室中設置一個只有娃娃和廚房的扮演區並不妥適，因為這樣的性別標籤過於明顯。建議幼教老師應該依據主題課程的進行，選擇「去性別化」（de-gender）的學習區。例如：進行西拉雅文化的主題課程時，過去的「扮演區」可能就有獵人的服裝、弓箭，同時也有祭祀阿立祖的器具等。

5. **空間**（spaces）：幼兒園中的空間可能存在性別區隔。例如：教室中的某些區域、或者是戶外遊戲場。Yeh（1993）以一所英國York的小學進行田野觀察，研究指出，下課時間，戶外遊戲場幾乎被男學生給霸占，他們在那裡踢球、追逐，而多數女生則是在戶外遊戲場的外圍觀看男生玩球，或者她們躲在一旁聊天，玩頭髮等。男幼兒在戶外遊戲場時，玩攀爬架、溜滑梯的時間較長。有時候是因為當女幼兒穿著漂亮的

衣服到幼兒園時，在戶外遊戲場跑上跑下的玩耍可能會弄髒她們的衣服。為了破除空間的性別隔離，建議幼教老師可以設計鼓勵幼兒使用所有的空間，並且適時引導女幼兒融入戶外遊戲場的玩耍，同時為了讓幼兒不會因為弄髒衣服而過度焦慮，可以建議父母親幫幼兒穿著和攜帶方便活動的輕便衣服。

6. 行為風格（behavioural style）：某些行為風格，如專斷獨行、或具有強迫性的，被歸類為男性化特質，而被動、順從，則較常被歸類為女性化特質。當一群幼兒在益智區操作時，老師聽到幼兒爭吵的聲音，老師請教保員過去瞭解那一組的情形，教保員看完之後回來告訴老師：因為小豪和小慧兩個人都要拿同一塊積木而爭吵打架。老師很訝異地說：「小慧也和小豪打架？」這是因為老師認為打架應該是男幼兒才會發生的行為，因此無法理解像小慧這樣的小女生也會打架。

三、文化影響

文化中如何影響和形塑個體對於性別的認同？翻開動漫或偶像劇，男主角必須是文質彬彬、體型高挑，女主角則是溫柔貼心，氣質動人。社會文化中不斷傳達男性化特質（masculinity）與女性化特質（femininity），這些符號價值從小烙印在兒童的心中，並透過結果的「訓示」，讓兒童學會如何理解什麼是真正的男人／女人，這套認知基模深深植入個體心中，當新的訊息出現，且與既存的基模違背時，個體就會產生嚴重焦慮，例如：一個孔武有力的肌肉女、一個溫柔嗲聲的壯碩男，與我們既存的性別認知基模充滿違和感。黃淑玲

（2008）認為，男性化特質和女性化特質透過軀體的習性不斷被強化，如：穿著、打扮、坐姿、走路的樣子。韓劇與偶像劇的盛行，代表著當代對於男性與女性特質的主流價值。

四、給幼教老師與教保人員的建議

幼兒園中許多女幼兒幻想自己像公主一樣，所以蕾絲長裙、旋轉的舞姿，最能夠讓幼兒自覺自己是個優雅的公主，形成認同女性嬌柔的行為舉止，甚至幼兒園老師也會不經意提醒女幼兒：「你今天穿得好像公主喔！」因此公主的形象不斷被內化成女性特質的一部分。因為幼教現場許多老師以女性為主，因此幼兒園環境規劃的學習區都有娃娃家（或扮演區），這些空間場域的規劃很容易導致幼兒園中的性別區隔和刻板印象。

如果學前幼兒的性別區隔和性別適配是該階段幼兒的發展特色，幼教師的「宣導」或介入無法有效果，幼教師或許無法扭轉性別適配，但是卻可以避免性別歧視和偏見。教保服務人員可以採取下列鼓勵性別平等的作法：

1. 去性別化（de-gender）而非反性別（anti-gender）的做法：去性別化指的是非刻意強調性別隔離或性別特質，反性別化則是以相反性別的方式要求幼兒，例如：規定男幼兒只能玩扮演區、女幼兒只能玩益智區。

2. 學習區的安排與課程相關，扮演區應與主題相關而非提供性別化的教玩具（如：家家酒、嬰兒娃娃等）。大班幼兒尤其容易覺察這類具有性別意象的學習區，男幼兒也會拒絕到扮演區操作。

3. 儘量避免用性別化的方式分類：例如：幼教師請小女生（小

227

男生）先去喝水上廁所、拿碗排隊取餐；或者只注意小男
生在組裝積木或科學遊戲的表現、讚美小女生的圖畫很精細
等，這些都是以性別分化的作法。

4. 教師留意自己的語言表達，避免過度強化幼兒的性別刻板印
   象，例如：上述例子讚美女幼兒「像公主一樣」、或者當男
   幼兒哭泣時嘲弄「你是男生，要勇敢！」。教師進行美食
   主題課程時，提醒幼兒「媽媽在家裡有沒有煮過相同的食
   物？」似乎間接暗示只有媽媽才需要煮飯。或者談到工具的
   主題時，問幼兒「爸爸在家是不是都會修理電燈泡？」回覆
   親師聯絡本時，建議老師以「親愛的家長」代替「親愛的媽
   媽」，此可能暗示媽媽是幼兒的唯一照顧者。

5. 謹慎選用教玩具：許多幼兒的繪本仍有性別刻板印象，強調
   媽媽在家中的照顧角色或者對孩子的犧牲。傳統的白雪公
   主、睡美人等故事書，可能強化幼兒性別刻板印象。

6. 認同教保服務人員為中性的專業照顧者，尤其幼兒園中的男
   性教師經常被質疑無法適任教保人員照顧幼兒的角色。幼兒
   園中的男教師可以使教學有不同的風格，給予幼兒不同的刺
   激和思考模式，提供男性角色楷模，應該鼓勵更多男性投入
   幼兒教保服務工作。

【近年教師檢定考題解析】

　　幼兒性別發展近年較少有考題，不過應該留意幼兒性別發展過程中可能對於生殖器產生好奇，幼教老師的輔導策略，則是較可能出現的題組型考題。幼兒自我概念的發展要留意自我覺察（或自我覺知）的發展特質。

　　教師檢定考題來源：國家教育研究院教師檢定歷屆試題及參考答案，網址：https://tqa.ntue.edu.tw/

1. 下列有關幼兒自我概念（self-concept）發展的敘述，何者錯誤？　　　　　　　　　　　　　　　　　　　　　　（100年教檢）

    (A)一般幼兒一歲前能認出鏡中的影像是自己並微笑

    (B)幼兒常使用具體的、可觀察到的特徵來描述自己

    (C)18-24個月大的幼兒能從鏡中對應自己的身體部位做出反應

    (D)幼兒知道自己是獨特存在時，便會使用評價性語詞來形容自己

2. 在二歲的小明鼻尖偷偷點上口紅之後讓他照鏡子，他會以手碰觸自己的鼻尖。這最有可能是屬於下列何種表現？

    　　　　　　　　　　　　　　　　　　　　　　　　　（101年教檢）

    (A)自我覺察　　　　　　　　(B)自我評價

    (C)自我肯定　　　　　　　　(D)自我認同

3. 小美喜歡看著照片中的自己，會對著照片叫出自己的名字「張小美」，或者開心的說「這是我」，也會告訴其他人「我是女生」。可見小美已經發展出下列何種概念？　　（104年教檢）

    (A)自我覺知　　　　　　　　(B)自我分類

(C)自我推論　　　　　　　(D)自我角色

4. 王老師發現午睡時，大班的瑞瑞一直不斷地用手抓自己的大腿，最後索性伸進褲子內開始玩弄自己的生殖器官，過了2分鐘才停止。對於瑞瑞玩弄生殖器官的現象，下列敘述何者不正確？　　　　　　　　　　　　　　　　　　（101年教檢）

(A)老師要先瞭解原因，再引導瑞瑞正確對待身體的態度

(B)基於事態嚴重，老師應立即斥責瑞瑞，以收遏止之效

(C)幼兒玩弄性器官可能是無聊時表現的一種自我刺激的行為

(D)人類對身體的探索在嬰兒期開始，瑞瑞可能覺得這樣好玩

閱讀下文後，回答5-6題。　　　　　　　　　　　（105年教檢）

四歲多的莎莎會思考有關自己的事物，他喜歡跟班上小朋友談論自己，也開始會關心自己在班上的表現。

5. 王老師請莎莎談談他自己，下列何者較不會是莎莎介紹的重點？

(A)我很害羞、膽子很小　　　(B)這是我新買的紅外套

(C)我和朋友一起玩很開心　　(D)我有一組新的組合玩具

6. 莎莎開始覺察自己和班上小朋友間的不同。他會利用下列哪一種方式得知自己在跑步比賽的表現優劣？

(A)社會參照　　　　　　　　(B)知覺統合

(C)角色取替　　　　　　　　(D)社會比較

【解答】..

1.A　　2.A　　3.A　　4.B　　5.A　　6.D

參 考 文 獻

成令方、王秀雲、游美惠、邱大昕、吳嘉苓等譯（2008）。性別打結：拆除父權違建。臺北：群學。

希爾斯（Hills, B.原著）（2007）。雅子妃：菊花王朝的囚徒。臺北：三采。

李然堯（1984）。中國兒童性別角色發展之研究。未出版之碩士論文，臺北：國立臺灣師範大學教育研究所。

林淑玲、李明芝譯、D. Shaffer & K. Kipp 原著（2014）。發展心理學。臺北：學富。

林麗珊（2014）。女性主義與性別關係。臺北：五南。

洪蘭（2015）。腦科學揭露女人思考的秘密。TEDXTaipei。網址：https://www.youtube.com/watch?v=wWnUczsfGv0

國家教育研究院（2000）。伊底帕斯情緒。取自：雙語詞彙學術名詞暨辭書資訊網。網址：www.terms.haer.edu.tw

陳瑩娟（2004）。學齡前兒童性別認知發展之研究。未出版之碩士論文。高雄市：高雄師範大學性別教育研究所。

黃淑玲（2008）。男子性與男子氣概（第13章，頁268-292）。輯於黃淑玲、游美惠主編，性別向度與臺灣社會。臺北：巨流。

黃慧眞譯，S.A. Olds & D. E. Papalia原著（1994）。兒童發展。臺北：桂冠。

葉郁菁（2014）。102年嘉義縣兒童及少年生活狀況暨福利需求調查成果報告。嘉義縣：嘉義縣政府。

葉郁菁、邱敏惠（2016）。104年嘉義市婦女生活狀況暨福利需求調查成果報告。嘉義市：嘉義市政府社會處。

劉秀娟（1998）。兩性關係與教育。臺北：揚智。

賴麗敏、黃文三（2012）。多元文化的社會下幼兒自我概念的發展研

究。兒童照顧與教育，1，21-40。

Archer, J. (1992). Childhood gender roles: social context and organiza-
tion. In H. McGurk (Ed.), *Childhood Social Development* (pp. 31-
61). Hove: Erlbaum.

Baumeister, R. F. (Ed.) (1999). *The self in social psychology*. Philadel-
phia, PA: Psychology Press (Taylor & Francis).

Bee, H. L. (1992). *The developing child*. London: HarperCollins.

Bosacki, S. L. (2015). Children's theory of mind, self-perceptions, and
peer relations: A longitudinal study. Infant and Child Development,
24, 175-188.

Bowlby, J. (1969). *Attachment and loss. Vol. 1: Attachment*. New York:
Basic Books.

Bretherton, I., & Munholland, K. A. (1999). Internal working models in
attachment relationships: A construct revisited. In J. Cassidy & P. R.
Shaver (Eds.), Handbook of attachment: Theory, research, and clini-
cal application (pp. 89-111). New York: Guilford Press.

Brown, G. L., Mangelsdorf, S. C., Neff, C., Schoppe-Sullivan, S. J., &
Frosch, C. A. (2009). Young children's self-concepts: associations
with child temperament, mothers' and fathers' parenting, and triadic
family interaction. *Merrill-Palmer Quarterly*, 55 (2), 184-216.

Cardwell, M. (1996). *Dictionary of Psychology*. Chicago IL: Fitzroy
Dearborn.

Carpendale, J. M., & Lewis, C. (2004). Constructing an understanding
of mind: The development of children's social understanding within
social interaction. Behavioral and Brain Sciences, 27(1), 79-96.

Cassidy, J. (1998). Child-mother attachment and the self in 6-year-olds.
Child Development, 59, 121-134.

Chodorow, N. (1978). *The Reproduction of Mothering*. Berkeley: Univer-
sity of California Press.

Damon, W., & Hart, D. (1982). The development of self-understanding through infancy and adolescence. *Child Development*, 53, 841-864.

Damon, Willian (1977). *The social world of the child.* San Francisco: Jossey-Bass.

Eder, R. A., & Mangelsdorf, S. C. (1997). The emotional basis of early personality development: Implications for the emergent self-concepts. In R. Hogan, J. Johnson, & S. Briggs. (Eds.), *Handbook of personality psychology* (pp. 209-240). San Diego: Academic Press.

Flavell, J. (1968). The development of role-taking and communication skills in children. New York: Wiley.

Giddens, A. (1989). *Sociology.* Cambridge: Polity Press.

Harter, S. (2006). The self. In N. Eisenberg (Ed.), *Handbook of child psychology: vo. 3. Social, emotional, and personality development* (6th ed., pp. 505-570). Hoboken, NJ: Wiley.

Jary, D. & Jary, J. (1991). *Dictionary of Sociology.* Glasgow: Harper Collns.

Kohlberg, Lawrence (1966). A cognitive-developmental analysis of children's sex- role concepts and attitudes. In E. E. Maccody (Ed.). *The development of sex differences.* Stanford, CA: Stanford University Press.

Kohlberg, Lawrence (1969). Stage and sequence: The cognitive-developmental approach to socialization. In D. A. Goslin (Ed.), *Handbook of socialization theory and research.* Chicago: Rand McNally.

Lewis, M. (1990). Self-knowledge and social development in early life. In L. A. Pervin (Ed.), *Handbook of personality* (pp. 277-300). New York: Guilford.

Liversley, W. J. & Bromley, D., B. (1973). *Person Perception in Childhood and Adolescence.* London: Wiley.

Lloyd, B. and Duveen, G. (1992). *Gender Identities and Education: The*

Impact of Starting School. Hertfordshire: Harvester Wheatsheaf.

McLeod, S. (2008). Self Concept. Retrieved from: http://www.simply-psychology.org/self-concept.html

Paley, V. G. (1984). *Boys and Girls Superheroes in the Doll Corner*. Chicago, IL: University of Chicago Press.

Rogers, C. (1959). A theory of therapy, personality and interpersonal relationships as developed in the client-centered framework. In   S. Koch (Ed.),*Psychology: A study of a science. Vol. 3: Formulations of the person and the social context*. New York: McGraw Hill.

Rothbart, M. K., & Bates, J. E. (1998). Temperament. In W. Damon & N. Eisenberg (Eds.), *Handbook of child psychology: Vol. 3. Social, emotional, and personality development* (5th ed., pp. 105-107). New York: Wiley.

Rubin, K. H., & Stewart, S. L. (1996). Social withdrawal. In E. J. Mash & R. A. Barkley (Eds.), *Child psychopathology* (pp.277-307). New York: Guilford.

Selman, R. L. (1971). Taking another's perspective: role-taking development in early childhood. *Child Development*, 42, 1721-1734.

Shaywitz, B. A., Shaywltz, S. E., Pugh, K. R., Constable, R. T., Skudlarski, P., Fulbright, R. K., Bronen, R. A., Fletcher, J. M., Shankweiler, D. P., Katz, L., & Gore, J. C. (1995). *Sex differences in the functional organization of the brain for language. Nature*, 373, 607-609.

Spilt, J., van Lier, P., Leflot, G., Onghena, P., & Coplin, H. (2014). Children's social self-concept and internalizing problems: The influence of teachers and peers. Child Development, 85, 1248-1256.

Sunal, C. S. (1990). Early Childhood Social Studies. Columbus: Merrill.

Thompson, R. A. (1998). Early sociopersonality development. In N. Eisenberg (Ed.), *Handbook of child psychology: Vol. 3. Social, emotional, and personality development* (5th ed., pp. 311-388). New

York: Wiley.

Yeh, Y. C. (1993). *Gender* Differences in A Junior School: A Case Study. Unpublished MA thesis. Department of Educational Studies, York: University of York.

施嘉慧

幼兒社會發展與輔導

CHAPTER 8

　　個體自出生後即開始接觸他人，每個人的生命過程中，都無法完全離群索居，因此人與人在相處及互動過程中即產生社會行為。然而嬰幼兒階段的社會行為又是如何發展與形成的呢？這些社會行為對個體的發展又有何重要性呢？本章將介紹幼兒的社會行為與發展，並且介紹幼兒如何透過社會遊戲建立與他人間的社會互動。

第一節　社會行為的意義與重要性

　　人類受到個體與環境間的交互作用而逐漸形塑出社會行為，幼兒社會行為的發展亦是如此。在日常生活中，良好的社會行為發展，不僅能讓幼兒適應家庭生活及幼兒園生活，並且有助於幼兒在社會認知、情緒發展方面之發展（顏士程等，2015）。本節將分別介紹幼兒社會行為的意義、功能及其內涵。

一、幼兒社會行為的意義

　　所謂社會行為是指個體從出生開始，不斷的與外界社會環境接觸，不僅受到他人影響，同時也影響他人（張春興，2007）。簡單來說就是與他人相處時所表現的行為即為社會行為。

　　赫洛克（Hurlock）提出社會行為的發展是指獲得社會期望而做出行為表現的能力。社會心理學家將其稱之為社會化（socialization），就是個體發展成社會成員所需的態度、信仰與行為的歷程。社會化的行為特徵是指個體的行為是社會所能接納的，能扮演適當的社會角色與性別角色（Shaffer, 1995）。

　　個體從出生後最早接觸的環境就是家庭，在社會化的過程中，父母是個體最早接觸的成人，隨著年齡的增長，生活範圍逐漸擴大，開

始接觸幼兒園等家庭以外的世界，並接觸更多同年齡的同儕，個體的社會行為也逐漸受同齡朋友的影響（顏士程等，2015）。

　　綜合上述，幼兒社會行為指的是在幼兒的成長歷程中，不斷與社會環境進行交互作用，所產生的社會行為必須符合社會的規範，或是他人能接受的行為模式，也就是說他們必須表現出符合社會所能接受的行為，才能適應社會生活，進而發展出符合社會標準的良好人格特質，如果幼兒的社會行為不被他人所接受，例如：任性、自私、具攻擊性行為等，往往不易受同儕歡迎，缺乏良好的社會適應能力，可能會逐漸出現情緒或行為上的困擾。

二、幼兒社會行為發展的功能

　　幼兒社會行為發展對個體的發展具有重要的影響性，幼兒良好的人際關係發展具有以下之功能：

(一)促進個體身心健康

　　幼兒與同儕或他人間若有良好的互動關係，就能增進彼此間的身心健康；相反的，如果與他人建立不良的互動關係，這將為彼此帶來苦惱或不悅的情緒，並且影響身心靈。所以與他人保持良好的互動關係，就能保有愉悅的心情，進而較能展現出利社會之行為表現。良好的人際關係，除了促進幼兒的身心健康，更有助幼兒建立良好的互動行為（謝義勇等人，2015）。

(二)自我中心認知調整

　　幼兒通常會以自我中心的方式去描述周遭的人事物，因為該階段他們還無法理解自己與他人社會化觀點的差異。謝義勇等人

（2015）提到幼兒透過與同儕間的互動，可以彼此意識到個體以外的外在世界，良好的互動關係，可以使幼兒與同儕間建立較好的互動模式，從中改變原有的自我中心認知。

(三)早期社會經驗影響未來社會參與及接納程度

幼兒早期社會經驗如果能產生快樂與滿足的感受，那麼幼兒未來將有較好的社會適應能力，有信心參與各項社會活動；反之，如果幼兒早期有不愉快的社會經驗，那麼在未來將容易對社會參與感到氣餒，甚至逃避退縮。

(四)提高學習成效

良好的人際互動，可以激勵幼兒發揮更大的學習成效，尤其幼兒的學習常常需要他人的引導與合作，並且也需要在快樂的氣氛中學習良好的人際關係，更能達成學習的目標與成效。

三、幼兒社會行為發展的內涵

幼兒的社會行為隨著個體逐漸成長而發展，一般來說個體在出生約12至18個月之間社會依附行為會特別明顯，依附關係或品質若發展良好，則影響日後行為有較好的適應能力（施嘉慧，2014）。所以幼兒的社會行為從嬰兒期出現社會依附時便開始逐漸發展。王珮玲（2013）指出3至6歲幼兒社會行為有以下發展內涵：

(一)3歲幼兒

3歲幼兒能夠和兩個以上的幼兒一起玩，然而因為此時期的幼兒大多仍處於自我中心階段，對於人我的關係還無法分辨清楚，所以經

常出現與同儕爭吵或搶奪物品的情形。然而此時期的幼兒會想要自己獨力完成一些事情，但又會有力不從心的感覺，所以可能導致情緒不穩定、內心矛盾的現象。

(二)4歲幼兒

4歲幼兒開始不喜歡遭受束縛，喜歡按照自己的方式做事情，也因此較容易出現打人或破壞東西的行為。喜歡向別人挑戰，會自覺去做自己認為應該要做的事。例如：小女孩會模仿媽媽做家事的模樣、小男孩模仿爸爸開車的模樣等。

(三)5歲幼兒

5歲幼兒有比較愉快和平穩的情緒，適應力也較佳，開始具有友愛的精神，但此時期還不太善於交際，所以在陌生環境中通常較沉靜，或許會跟熟悉的他人互動，但對於陌生的人則不太主動接觸。

(四)6歲幼兒

6歲幼兒較具有獨立性與自主性，但自尊心強，不喜歡受人批評或責罰，情緒反應相對較強烈，也比較容易出現反抗性以及和別人發生糾紛。

綜合上述，不同年齡的幼兒有不同的發展內涵，並且循序漸進，幼兒社會行為發展的良好與否，不僅對其社會生活的適應非常重要，同時對其未來的社會生活也有極大的影響，對此，以下提出針對不同發展內涵可提供的社會行為輔導方式，如表8-1：

表8-1 幼兒各階段社會行為發展內涵與輔導方式

	3歲	4歲	5歲	6歲
內涵	處於自我中心階段，所以易出現與同儕爭吵或搶奪物品的情形。	不喜歡遭受束縛，喜歡按照自己的方式做事情，也因此較容易出現打人或破壞東西的行為。	還不太善於交際，所以通常會跟熟悉的他人互動，但對於陌生的人則不太主動接觸。	具有獨立性與自主性，但自尊心強，不喜歡受人批評或責罰，情緒反應相對較強烈。
輔導方式	增加幼兒與他人接觸的機會，讓幼兒能多與其他同齡夥伴一起遊戲，從中學習如何建立良好社會互動行為。	提供幼兒主動嘗試的機會，若幼兒嘗試錯誤時，成人可從旁引導或示範正確方式，供幼兒模仿或學習。	在進行團體活動或有新成員加入時，可以先進行一些認識夥伴的暖身活動，增進幼兒間彼此的熟悉度。	在教導幼兒正確社會行為或生活規範時，可以改變教導方式，以輕鬆有趣的方式教導，避免以責罰或指責方式說教。

🙂 第二節　幼兒的依附關係

　　依附關係的發展是嬰兒期社會與情緒發展的重點，主要是由於安全的依附關係有助於嬰兒情感與各方面的發展，基於對母親的依附，嬰兒才能承受與母親分離，探索環境，才能發展對自己的信任與自我價值（施嘉慧，2014）。

　　依附關係也是社會發展中一項很重要的因素，個體從嬰兒時期與主要照顧者或母親產生親密的依附關係，在這段關係產生的過程中，嬰兒所感受到的經驗，也將影響其日後的社會發展。本節將介紹鮑比（Bowlby）的依附關係理論以及安沃斯（Ainsworth）與依附關係相關之實驗研究。

一、John Bowlby的依附關係四階段

依附理論由鮑比Bowlby（1969）提出，他認為最初建立依附關係是嬰兒與主要照顧者，主要照顧者能敏銳的回應嬰兒發出的訊息會使其嬰兒感受安全感，對未來離開主要照顧者時能更具信心的去探索外在世界（施嘉慧，2014）。依據依附理論的觀點，幼兒時期的依附經驗，將影響日後其與人互動的社會發展關係，以及對人際關係的期望。鮑比（Bowlby）將親子依附的發展分為無特定對象的社會反應、對特定對象的社會反應、依附的建立及相似目標的建立四個階段：

(一)無區別性的社會反應階段（phase of undiscriminating social responsiveness）前依附期

嬰兒出生至2到3個月大左右，嬰兒的各項能力尚未發展成熟，無法區辨人的不同，任何人離他而去或將他放下時，會表現出抗議的行為。嬰兒這時只能以眼睛去注視及追蹤外在的世界，從此時開始，嬰兒會對周遭他人的舉動有所反應，特別是人的臉孔會引起嬰兒強烈的興趣。

(二)具區別性的社會反應階段（phase of discriminating social responsiveness）依附形成期

在嬰兒3個月至6個月大的時候，嬰兒已經具備區辨能力，他能區辨出熟悉和陌生的人，對那些熟悉的對象，嬰兒會主動的表達出訊號和親近的依附行為，依附的對象通常會因此與嬰兒進行雙向的互動。於是彼此之間將逐漸的發展出雙向回饋和穩定的狀態，依附關係因此而逐漸建立。

(三)主動尋求親近接觸的階段（phase of active initiation in seeking proximity and contact）明確依附期

7個月至1歲左右。嬰兒動作技巧逐漸成熟，於是親近的依附行為將會變得更頻繁而有效。在7個月大時，嬰兒開始出現陌生人焦慮，害怕陌生人親近，並會抗議與依附對象的分離。這種分離焦慮的現象將在14-20個月大時，達到最高峰，隨後再逐漸減退。此時，幼兒的認知能力達到物體恆存的表徵，代表情緒依附的開始，因此Bowlby和Ainsworth均認為依附關係的建立就是在這個階段（Shaffer, 1988）。

(四)目標調整的合夥關係階段（phase of goal-corrected partnership）互惠關係形成期

2歲以後，幼兒已經能了解依附對象的想法和自己的需要，使其越來越能推論出依附對象的目標與計畫，幼兒會嘗試讓依附對象改變目標與計畫以符合自己想要親近、互動的需求，同時，由於語言能力也逐漸成熟，使得依附雙方能透過語言進行溝通協調，因此幼兒更容易建立自己與依附對象之關係的內在運作模式，一方面有助於彼此產生連結，另一方面幼兒能將依附對象當作是一個安全堡壘，並放心地去探索外在的世界。

由上述可知，嬰兒開始產生依附對象並建立依附關係的發展時期為3到6個月，而幼兒產生依附需求時，若能得到照顧者的反應，則他們在活動過程中更能發揮情感的自我調適，也更能自主與控制。

表8-2　Bowlby發展階段一覽表

發展階段	無區別性的社會反應階段	具區別性的社會反應階段	主動尋求親近接觸的階段	目標調整的合夥關係階段
依附類型	前依附期	依附形成期	明確依附期	互惠關係形成期
年齡	2-3個月	3-6個月	7-24個月	2歲以後
特徵	1. 發展尚未成熟，無法區辨人的不同，任何人離他而去或將他放下時，會表現出抗議的行為。 2. 對周遭他人的舉動有所反應，特別是人的臉孔會引起嬰兒強烈的興趣。	1. 已具備區辨能力，能區辨出熟悉和陌生的人，對熟悉的對象會主動表現親近的依附行為。	1. 開始出現陌生人焦慮，害怕陌生人親近，並會抗議與依附對象的分離。 2. 在14-20個月大時，分離焦慮的現象達到最高峰，隨後再逐漸減退。 3. 幼兒認知能力達到物體恆存的表徵，代表情緒依附的開始。	1. 幼兒會嘗試讓依附對象改變目標與計畫以符合自己想要親近、互動的需求。 2. 語言能力逐漸成熟，能透過語言進行溝通協調。

二、安沃斯（Ainsworth）的依附類型

安沃斯針對一群12-18個月的嬰兒進行一項陌生情境（strange situation）實驗，觀察在母子獨處的情形下，嬰兒的依附行為是否會因為陌生人的介入而改變，陌生情境實驗八步驟介紹如下表8-3：

表8-3　安沃斯陌生情境實驗八步驟

步驟	出現人物	情境描述	實驗意義
1	媽媽、嬰兒、觀察員	觀察員先向媽媽介紹實驗室環境後，隨即離開實驗室進入觀察室。	觀察母親是否為安全堡壘
2	媽媽、嬰兒	當嬰兒開始在探索環境時，除非情況必要，否則媽媽不主動參與嬰兒的遊戲，除非像是嬰兒靜坐在地超過兩分鐘都不願意做任何嘗試，此時母親才需主動參與嬰兒遊戲。	
3	媽媽、嬰兒、陌生人	陌生人進入實驗室情境後，在第一分鐘陌生人保持沉默，第二分鐘的時候開始與媽媽交談，第三分鐘則開始接近嬰兒，接著於第三分鐘後媽媽準備離開實驗室。	測陌生人焦慮
4	嬰兒、陌生人	此階段為母子第一次分離，嬰兒獨自適應陌生人待在實驗室的情形。	測分離焦慮
5	媽媽、嬰兒	媽媽第一次返回到實驗室，媽媽迎接嬰兒並且安慰他，並試著讓嬰兒可以繼續玩，然後和嬰兒說再見後準備再次離開。	測重聚行為
6	嬰兒	這是母子的二次分離，這次僅剩嬰兒獨自一人留在實驗室情境裡。	再次測量分離焦慮
7	嬰兒、陌生人	陌生人再次進到實驗室情境與嬰兒互動。	幼兒被陌生人安撫之能力
8	媽媽、嬰兒	媽媽第二次返回實驗室，迎接嬰兒並且擁抱嬰兒後，陌生人隨即離開實驗室情境。	再次測量重聚行為

（資料來源：修改自 Ainsworth, Blehar, Waters 及 Wall, 1978）

依據上述安沃斯（Ainsworth）的實驗結果發現，依附行為分為以下幾種類型：

(一)安全依附型（security attachment）

幼兒在陌生情境中，與母親維持親密熱絡的關係，但當母親離去時，會顯得焦慮不安，而與母親重聚之後，其緊張情緒會緩和下來並主動歡迎母親，尋求母親的安慰。安全依附型的嬰兒，信任其主要照顧者或母親，不會擔心自己被拋棄，並且認為自己是被他人所喜愛的、有價值的。

此類型嬰兒的照顧者具有高度的反應性、敏感性，尊重嬰兒的自主性而不過分干涉，並配合嬰兒的步調互動，願意與嬰兒有身體上的接觸（Ainsworth, Blehar, Waters, & Walls, 1978）。

12至18個月的幼兒，對母親屬於安全依附者，較容易得到教師的疼愛，他們較順從，具有同理心，對同學較少敵意及疏遠，且較少出現問題行為（Suess, Grossmann, & Sroufe, 1992）。

(二)不安全依附─逃避型（avoidant attachment）

嬰兒與母親缺乏情感的聯繫，不親近母親，反而逃避與母親互動，母親離去時並不會表現出痛苦，當母親返回時，也不會有什麼特別的反應。當他們獨自在陌生情境中時，會顯示出不安的情緒，然後只要有其他人出現，不論為陌生人或母親，他們就會顯得安然無事。

逃避型嬰兒的照顧者常表現出生氣的情緒，拒絕回應嬰兒的生心理需求，具有敵意及拒絕的傾向，也缺乏耐性及反應性，讓孩子常感受到自己是被拒絕的，孩子因而學會忽略照顧者的存在，將自己視為是孤獨且不被需要的，視他人為拒絕與不可信任。

Kerns、Klepac和Cole（1996）的研究中發現逃避型依附的幼

兒，表現出較多負向、缺乏耐性、逃避和活動過度的行為，他們認為幼兒若伴隨著焦慮的逃避依附，發展出與他人保持距離或遠離的策略，包括與同儕間的關係。

(三)不安全依附－矛盾型（ambivalent attachment）

這一類型的嬰兒，在陌生情境中，顯得非常焦慮，會一直纏著母親，不願探索新的環境，一直哭鬧不休，母親離去時，他們會表現出非常不安與苦惱，但在與母親重聚時，卻又表現出矛盾的情感，一方面尋求與母親接近，但另一方面卻顯現出憤怒的情緒，拒絕與母親接觸。

矛盾型嬰兒的照顧者較常採用不一致的行為對待孩子，較無法配合嬰兒的步調，且對嬰兒的回饋敏感度低。因此他們所發展出來的自我模式是不確定的、害怕的，認為他人是不能信任的。

矛盾型的幼兒可能會認為別人的態度是無法預測的，與其同儕相處時，可能會發展出遲疑和衝動性的行為（Cohn, 1990），在依附關係中害怕失去安全感，因而常表現出憤怒及焦慮的情緒。此外，他們有時候跟陌生人的互動比跟母親的互動還要好，而有些嬰兒會不理陌生人。

(四)不安全依附－混亂型（disorganized）

除了上述三種依附類型外，Main和Solomon（1990）提出第四種依附類型稱之為混亂型（disorganized）。他們在和父母重聚時，會表現出不同範圍的混亂或毫無頭緒的行為，此類型也是屬於不安全依附。與母親重聚時，他們對挫折有極低的容忍度，非常焦慮，且注意力非常不集中。嬰兒可能在主要照顧者抱他的時候，眼睛卻朝向別處；另外，也有嬰兒可能會迎接主要照顧者，但是目光憂鬱。大部分

這類型的嬰兒在與主要照顧者接觸時，眼神露出茫然的目光。此類型是安全感最缺乏的一型。

第三節 幼兒社會發展的相關理論

當幼兒要學習社會發展的同時，必須具備基本的認知發展能力與語言表達能力，然而針對幼兒社會發展的相關理論中，過去艾瑞克森（Erickson）在其心理社會發展論裡頭有詳細將個體一生的社會發展作八階段的介紹；此外，在佛洛伊德（Freud）的精神分析論中，亦提到不同時期各種需求若無法順利滿足，將影響個體日後的社會發展。所以本節將分別介紹艾瑞克森心理社會發展論及佛洛伊德精神分析論。

一、艾瑞克森（Erickson）心理社會發展論

艾瑞克森認為母親餵奶的方式會影響嬰兒依附的強度或安全性，不過，他認為母親對子女需求的整體回應是比餵奶本身更重要。根據艾瑞克森的說法，照顧者對嬰兒的需求回應如果是一致的，那麼將促進嬰兒對他人的信任，然而如果沒有回應或是不一致的話，則幼兒容易產生不信任。並且艾瑞克森認為在嬰兒時期學習到不信任主要照顧者的嬰兒，可能未來一生中都會要避開親密的互相信任關係。

艾瑞克森的心理社會發展論共分為八大階段，分別為嬰兒期、幼兒期、學齡前兒童期、學齡兒童期、青少年期（青春期）、成年早期、成年中期以及成年晚期，各分期之介紹已於第一章理論詳談，詳參閱第一章。

(一)重要意義

艾瑞克森的心理社會發展論是依據一般心理健康的人格特徵為立論基礎，將人生全程視為連續不斷的人格發展歷程，並以發自於自我成長的內在因素作為人格發展的動力，而此內在因素具有社會性，因此，人格發展是個體以自我為基礎的心理社會發展的一個歷程。

(二)基本原則

1. 心理社會發展是連續而累積的，前一階段如何解決會影響下一階段解決的能力。
2. 心理社會發展包含一連串橫跨一生中的各種不同發展議題。
3. 心理社會發展是有次序性及階段性的。
4. 心理社會發展主要反應在發展任務上。
5. 心理社會發展各個階段主要關心的是發展任務的內涵。

(三)基本概念

在每一個階段中，先前階段所取得的成就將轉換為日後的運用資源，應用於征服未來在面臨發展任務、核心過程、心理社會危機及重要關係時所帶來的挑戰。這些因素的交互作用，為新的學習提供了經驗基礎，每一個階段都是獨特的，都導致獲得與新能力相關的新技能。

此外，艾瑞克森的心理社會學理論又以六個結構性概念為基礎：

(一)發展階段（stage of development）

艾瑞克森依照人生危機性質的不同，把人的一生劃分為八個階段，每個階段均有其衝突存在，而所謂的成長，便是克服這些衝突的

過程。在人格發展歷程中，個體在不同時期學習適應不同的困難，化解不同的危機，而後逐漸上升，最後完成其整體性的自我。

(二)發展任務（developmental task）

人生的發展任務包含友誼、自我評價、具體運算、技能學習、團隊遊戲，發展任務界定了在一個特定社會中每一個年齡階段上健康的、正常的發展。這些任務形成一個序列：成功地完成一個階段的任務，導致發展及成功地完成下一個階段任務的更大可能性。發展任務的完成受到前一階段中心理社會危機解決程度影響，一個階段任務的失敗，導致下個階段任務的重大困難，或使下個階段任務不可能完成。

(三)心理社會危機（psychosocial crisis）

個體出生後，便開始與環境接觸互動，在互動中，一方面由於自我成長的需求，希望從環境中獲得滿足，另一方面又受到社會的要求與限制，使個體在社會適應中產生心理上的困難，稱之為心理社會危機。艾瑞克森以一條線的兩極對立的觀念來表示不同時期的危機，危機的意義在於如果某一階段任務得以順利完成的話，將有助於以後階段的發展，反之，如果該階段的發展沒有順利完成，那麼對日後發展將可能有負向影響（Graham & Michael, 2014）。因此，發展危機也就是發展轉機；沒有發展危機，個體的自我就無從獲得充分的發展。

(四)解決心理社會危機的核心過程

教育是解決國小兒童勤奮與自卑危機的過程，學校是對兒童在各種學習任務上的成功或失敗給予不斷地注意的環境，學校經驗對兒童個人勤奮感的形成具有關鍵作用，因此，要培養國小學齡階段兒童有

251

健全人格的發展，最重要的措施是發展兒童的興趣及充實能力，儘量讓兒童能有學習成功的經驗，以減少自卑感，達到自我實現的人生目標。

(五)重要關係的範圍（radius of significant relationship）

艾瑞克森指出了每一個發展階段中重要關係的範圍，每一個人在每一個生活階段都有一個重要關係的網絡，這種關係的網絡因人而異，但每一個人都會有一個不斷增加的重要關係網路，以進入更廣闊的社會領域。

(六)因應行為（coping behavior）

主要適應自我品質和核心病症，包含解決壓力的積極努力和創設對每一個發展階段考驗的新解決方法。

二、佛洛伊德（Freud）精神分析論

佛洛伊德認為，個體從出生到發展成熟可分為口腔期（oral stage）、肛門期（anal stage）、性器期（phallic stage）、潛伏期（latency stage）及兩性期（genital stage）等五個階段，在發展過程中，幼兒時期是十分重要的一個發展階段。根據佛洛伊德所提出的性心理發展理論將性界定為任何可令人感覺愉快的身體刺激，並且不只會在青年期後才出現，所以佛洛伊德認為母親是嬰兒尋求安全及情感的主要對象。以下將透過表8-4分別介紹五階段的發展重要性：

表8-4　佛洛伊德性心理發展理論五階段

階段	年齡	特徵
口腔期 （The oral stage）	0-1歲	在這個階段，口腔的吸吮和啃咬是孩子所有快樂與舒適的泉源，因此孩子會將所有身邊抓得到的東西往嘴裡塞，刺激嘴、唇和舌以獲得快感。若慾望得不到滿足，寶寶會哭鬧或手腳亂踢，這時以奶嘴塞入寶寶口中，就會使他安靜下來。
肛門期 （The anal stage）	1-3歲	家長通常會在此一階段開始訓練孩子自己大小便，孩子一旦體會到解便快感，有時會出現不該解便時解便，或是該解便時不解便的反抗行為。
性器期 （The phallic stage）	3-6歲	這段期間是生殖器官概念與性別認同的重要奠基時期，幼兒身體滿足已從口腔、肛門轉到自己的生殖器官，並產生高度興趣。
潛伏期 （The latent stage）	7-12歲	7歲至青春期，就開始了所謂的兩性期的發展。男、女兒童大都是「楚河漢界」壁壘分明，來往的比較疏遠，對異性的興趣也較不明確。
兩性期 （The genital stage）	12歲之後	青春期就開始了所謂的兩性期發展。男、女童的性器官漸趨成熟，心理與生理也各自顯現出各自的性別特徵，兩性的各項差異日趨顯著。性需求轉向同年齡的異性，開始有了兩性生活與婚姻家庭的觀念，人的性心理發展漸趨成熟。

　　佛洛伊德亦強調嬰兒期與兒童期的重要性，他相信在幼時若父母親提供了不適當的性別角色模範，會影響兒童未來的性別角色發展，因此兒童早年的發展是極具重要性的。雖然該理論認為兒童的性別角色發展來自於認同同性的父母，然而對於生於父親或母親缺席的家庭的兒童其性別認同是否會有障礙，並未進一步的說明。此外，佛洛伊德曾提及男孩因恐懼而產生對於父親的認同，但許多研究者發現，男

孩對溫暖、參與教養的父親的認同多於過度懲罰及威脅性父親的認同
（蘇建文等譯，2002）。

第四節　幼兒社會遊戲的發展

　　遊戲是幼兒在發展過程中不可或缺的一項，透過遊戲，幼兒除了
能建立認知發展外，也能透過遊戲與他人進行互動，與他人一起進行
遊戲及為社會性遊戲。以下將分別介紹派頓（Parten）及史密蘭斯基
（Smilansky）針對幼兒遊戲所做的分類與意義說明。

一、派頓（Parten）社會性遊戲

　　派頓曾以42名2-4歲的幼兒為對象進行研究，研究中界定了社會
性遊戲的範圍：

1. 社會行為：平行遊戲（parallel play）、聯合遊戲（association
   play）、合作遊戲（cooperative play）。
2. 非社會行為：無所事事行為（unoccupied behavior）、旁觀者
   行為（onlooker behavior）以及單獨遊戲（solitary play）。

以下將以表格方式介紹派頓的社會化遊戲分類，如表8-5：

表8-5　派頓（Parten）社會化遊戲分類

遊戲分類	年齡	特徵與意義
無所事事的行為 （unoccupied behavior）	約2歲以前	東看西看，目光與四周環境，閒坐、原地跳動或到處閒逛，沒有做任何特定的事情。
旁觀者行為 （onlooker behavior）	約2歲以前	在一旁觀看別人玩，或是偶爾會和他們說話，但是沒有參與遊戲其中。

（續）

遊戲分類	年齡	特徵與意義
單獨遊戲 （solitary play）	2至2歲半	獨自一個人玩，玩的材料和鄰近幼兒玩的並不同，沒有和別人交談或是任何社會性互動。
平行遊戲 （parallel play）	2歲半至3歲半	玩的玩具和從事的活動和身旁的人相同或類似，但沒有意圖和身旁的幼兒一起玩或是進一步交談。
聯合遊戲 （associative play）	3歲半至4歲半	和其他幼兒一起玩，彼此間偶有簡單的交談，或是會相互借用玩具、工具，但彼此間沒有進行分工，也沒有共同的目標，遊戲內容仍然以個人的興趣為導向。
合作遊戲 （cooperative play）	4歲半之後	和其他幼兒一起玩，彼此之間有著共同的遊戲目標。

二、史密蘭斯基（Smilansky）認知性遊戲

史密蘭斯基從認知發展的觀點來看幼兒的遊戲行為，認為幼兒的遊戲會隨著年齡逐漸變得複雜且具有規則，他將幼兒的認知性遊戲分為四類：功能遊戲（functional play）、建構遊戲（constructive play）、戲劇性遊戲（dramatic play）及規則遊戲（games with rules），以下將此四類遊戲分別描述如下表8-6：

表8-6 史密蘭斯基（Smilansky）認知性遊戲四大類

遊戲分類	年齡	特徵	舉例
功能遊戲 （functional play）	0-2歲	是一種自發性的練習活動，強調練習是有其功能的，反覆操弄一件玩具，或以身體的反覆性動作，以滿足感官的刺激與愉悅。	大小肌肉的動作（跑、跳）。

255

（續）

遊戲分類	年齡	特徵	舉例
建構遊戲 （constructive play）	2歲以上	是透過組織物品或創造物品而獲得快樂的遊戲，在練習與符號遊戲之間形成，嬰兒會開始使用各種可塑性的物品，有目的的完成某些成品，甚至進一步發展出自己的創作。	積木、沙、黏土、畫圖等。
戲劇性遊戲 （dramatic play）	2-7歲	幼兒遊戲會加入符號的表徵而形成假裝的想像遊戲，可以參與各種角色的情境、對話或行動。幼兒會在遊戲中扮演不同的角色，也可能會因為模仿他人動作、語言而感到快樂。	角色扮演遊戲、扮家家酒。
規則遊戲 （games with rules）	7-11歲	遊戲有其規則，而規則可能是幼兒自訂的或原本就已經既定的，幼兒必須接受並遵守規則，而且必須相互合作才能完成此類遊戲。	玩跳棋、躲避球、躲貓貓等。

第五節　幼兒社會行為評量工具

　　家長或幼兒園教師如果想瞭解孩子的社會行為表現情況，可以透過各種多元管道進行評量，例如：標準化測驗工具、同儕互動表現、課室觀察等方式。本節將介紹幼兒行為評量方式與標準化評量工具介紹。

一、幼兒社會行為的評量方法

　　幼兒社會行為的評量方法沒有其一定的方式，若幼兒園教師欲針對班級幼兒進行幼兒社會行為評量時，須留意以下三點：

(一)蒐集足夠的行為樣本，以涵蓋或適切代表欲評量的行為，若
　　樣本蒐集僅只於單一樣本，那麼其評量結果會有失信效度。

(二)檢查以不同方式蒐集的資料是否趨於一致，運用各種不同管
　　道及方式同時進行資料蒐集，以確保資料結果的一致性。

(三)評量的內涵符合評量的目的。

二、幼兒社會行為的評量工具

以下介紹與幼兒社會行為相關之標準化測驗工具，如下表8-7：

表8-7　幼兒社會行為相關評量工具

名稱	編製者	適用對象	目的
行為與情緒評量表（BERS）（Behavioral and Emotional Rating Scale）	楊宗仁修訂	6至18歲	1. 評量、診斷和瞭解兒童與青少年行為和情緒的優勢能力及資源。 2. 鑑定與診斷情緒障礙學生。
幼稚園兒童活動量評量表	陳政見、劉英森編製	學前幼兒	1. 幫助學前教師瞭解學生之活動量。 2. 藉本評量表評量結果擬定輔導策略。 3. 可藉本評量表及早篩選可疑過動兒童，並適時進行轉介與鑑定。
社會適應表現檢核表	盧臺華、鄭雪珠、史習樂、林燕玲編製	5至15歲	主要是評量學生在日常生活中所需之各項能力表現，作為各階段智能障礙學生的鑑定與安置之依據。多重障礙者亦可採用本檢核表，作為其鑑定、安置與個別化教育計畫之參考。除了智能障礙者的鑑定之外，其他如嚴重情緒障礙、自閉症、發展遲緩者，亦可以此為重要之參考依據。

257

（續）

名稱	編製者	適用對象	目的
文蘭適應行為量表中文編譯版（教室版）（ＶＡＢＳ）（Vineland Adaptive Behavior Scale）	吳武典、張正芬、盧臺華、邱紹春編譯	3至12歲	可診斷、評量智能不足學生之適應行為，作為教育安置之重要參考。並提供個別間及個別內在差異之比較，協助有關人員瞭解學生在同齡團體上之相對地位及內在差異情形。更可配合其他領域的評量，如智力測驗、成就測驗、語言發展評量等，做一廣泛而周延的教育計畫擬定之參考。【註】醫院單位可請學校老師填寫後，由醫院人員計分、診斷與評估。

第六節　影響社會行為發展的因素

　　影響社會行為發展的因素有很多，絕不僅僅單一一個因素即產生影響，最常見的是多個影響因素交互作用下而產生。本節提出影響幼兒社會行為發展的各種因素，包含：幼兒個人因素、家庭因素、幼兒園以及社會環境等四大因素，以下將分別做影響因素之說明。

一、幼兒個人因素

(一)年齡

　　過去有許多研究發現幼兒年齡的大小對其社會行為的發展有顯著影響。鍾鳳嬌（1999）指出，年齡越大的幼兒在與別人相處的能力上顯著高於年齡較小的幼兒，幼兒在遊戲上與人互動的型態隨年齡而日漸多元化，隨著年齡增長，負向社會行為也會隨之減少，年齡較小的幼兒會有較多的肢體攻擊與物品爭奪的行為，年齡較大的幼兒則

重視使用語言溝通與說理，並表現出較多利社會行為（顏士程等，2015）。基本上年齡越大的幼兒其社會能力會顯著優於年齡較小之幼兒。

(二)性別

一般而言，男女幼兒社會行為的差別通常表現在於攻擊性、注意力持續性、利社會行為、同情心、遵守團體規範等等，但是其差異僅為普遍性的差異，無法以此預測個別幼兒的行為表現（顏士程等，2015）。大部分來說，男孩較女孩具有攻擊性、競爭性、較有分心行為；而女孩較男孩有更多的利社會行為、工具行為較佳、更能展現寬容、並希望維持親密團體和諧關係；女孩的自我規範優於男孩，而在創造性方面男孩則高於女孩，但以上特質僅就普遍一般性，無論任何特質皆有個別差異。

(三)心智能力

心理成熟度或心智能力也會影響幼兒的社會行為發展，心智能力較高的幼兒，對社會環境與團體生活有較高的知覺能力，社會反應能力與社會適應能力也較佳，能夠表現出較為適切的社會行為，並與同儕幼兒建立良好關係。此外，心智能力較高的幼兒，其語言表達能力與溝通能力通常較佳，幼兒在工作與遊戲中常常需要使用到語言及溝通的技巧，有良好語言表達能力與溝通能力的幼兒通常較受同儕歡迎。

(四)人際關係

人際關係較佳的幼兒具有較多正向、主動的人際互動，人際關係較差的幼兒可能較缺乏自信、退縮、或者可能有較多攻擊行為。廖信

達（2006）觀察幼兒園中班以上的幼兒，發現受歡迎的幼兒筆受排斥的幼兒表現出較多的協助、合作與順從等行為，顯示幼兒人際關係與社會行為有著密切的關係。

(五)健康狀況

幼兒生理健康的狀況會影響幼兒參與工作與遊戲的活力，也會影響幼兒與他人互動之表現，若生理健康狀況不佳亦可能減少其參與同儕活動的機會，如果因為情緒或精神方面的障礙也可能會影響人際互動。

二、家庭因素

(一)親子關係

黏而不膩的親密親子關係，幼兒較容易形成關懷、友善、分享、合作的社會行為；相反的，親子關係不和諧、冷漠，幼兒較容易形成反抗、攻擊、自卑、冷漠、敵意的不良社會行為。

(二)父母情感

父母感情融洽，家庭氣氛溫馨和諧，幼兒會模仿學習對人關愛、尊重，並願意與他人分享、合作……良好社會行為。

(三)父母管教態度

1. **民主式**：尊重接納的民主管教方式，較容易學會尊重別人、友善富有同理心，並有積極參與各種活動的社會態度。
2. **權威式**：較容易養成消極、沉默、攻擊、說謊、缺乏自信心的不良社會行為。

3. 放任式：易形成自我為中心，為所欲為、喜歡反抗、自私的社會行為。

(四)父母期望

正確、適性的期望，可激發幼兒學習扮演符合社會模式的行為，及被社會讚許的角色。

(五)出生序、子女數

長子（女）、獨生子女、老么，若得到家人較多的關愛，較容易形成依賴、自私的社會行為；子女數較多的家庭，較容易因為爭寵，產生嫉妒與競爭心理。

三、幼兒園

(一)園所環境

幼兒園的環境設計，對幼兒社會互動與社會行為的發展亦有重要影響，當幼兒的活動空間太小，幼兒處於較擁擠的環境，可能會造成攻擊行為增加，如果較熱門的玩具數量不足，也可能容易造成幼兒搶奪與爭吵的行為，幼兒的社會互動型態也會因為不同的工作或遊戲方式而有所不同，例如：幼兒一起玩扮演遊戲會比玩拼圖、美勞角創作等活動會引發更多的社會互動行為。

(二)幼兒園教師

幼兒園教師對幼兒學生具有較高的權威性，所以教師的工作態度與熱忱對幼兒有重要的影響。幼兒園教師若能具有良好的工作情緒及人格適應，能夠使幼兒感受到溫馨愉快的學習氣氛，是培養幼兒良

好社會行為的最佳環境，對於幼兒的社會行為與人格發展有良好的影響。教師若能對幼兒的社會互動給予適當的指導和協助，更有利幼兒習得適當社會的行為與技巧。

(三)幼兒同儕

幼兒同儕是幼兒社會化的重要影響因素，與同儕互動較為正向的幼兒較不會自我中心，較具有同理心和同情心，能使得同儕關係良好。較能和不同幼兒同儕有不同的社會互動，並能得到正向的回饋；而同儕互動較為負向的幼兒，較自我中心、較自私和缺乏同理與同情心，會表現較多負向、攻擊性以及不適宜的社會行為，也因而較不受幼兒同儕所接受，社會地位較低。

四、社會環境

(一)大眾傳播媒體

電視、電影、手機、故事書、大型看板……傳播媒體，會直接、間接地影響幼兒的社會行為，例如：電視上所播放的卡通影片，有些情節內涵暴力行為，幼兒觀看後可能會出現模仿學習，開始產生較多攻擊、反抗的負面社會行為。

(二)社會環境的示範

有秩序、有禮貌、互助合作的社會環境，能讓幼兒模仿照顧別人、幫助別人的正向社會行為。

(三)社會活動的經驗

早期愉快的合作經驗，有助於幼兒正向社會行為發展。

☺ 第七節　幼兒社會發展的輔導策略

　　幼兒在發展社會行為過程中，不免會出現一些較不被接受的行為表現，例如：攻擊性行為。然而身為幼教師或家長的我們，應該以正向且積極的方式改善幼兒不當之行為。以下將提供幼兒社會發展的五個輔導策略供幼兒園教師及家長參考。

一、建立安全感

　　建立良好的安全感是良好社會發展的一大重要因素，家長或幼兒園教師若發現幼兒的社會行為表現有待加強時，建議提供足夠安全感，以利改善幼兒不當之社會行為表現。例如：教師可於班級環境布置中營造溫馨舒適的感受，讓幼兒在學習環境中能感受到安全、安心。

二、減少幼兒攻擊行為

　　若幼教師發現班級中經常出現幼兒相互攻擊之行為，可先確認班級的空間規劃是否過於擁擠，例如：圖書區應有舒適寬敞的空間供幼兒閱讀繪本圖書，若書架過高、空間過於狹隘，那麼幼兒將容易產生碰撞。

　　此外，若班級中出現特例幼兒，該幼兒總是經常主動攻擊他人，此時幼教師一以同理心教導該幼兒，並且運用班級同儕的力量，一起改善該幼兒經常性攻擊他人之行為。

三、協助幼兒建立友伴關係

　　班級當中，教師可設計小組活動讓幼兒有機會與同儕分工合作，並且於學習活動中建立幼兒正確的友伴相處方式。

　　若幼兒為家中獨生子女，父母親則可以利用假日時間，帶孩子到公園或社區公共空間，讓孩子有機會接觸更多年齡相仿的幼兒，並且鼓勵孩子與他人共同遊戲，從遊戲中教導並協助幼兒與他人建立友伴關係。

四、父母以身作則

　　父母是幼兒主要學習的楷模，父母長輩的身教、言教都是幼兒學習與模仿的行為，因此父母應謹言慎行，主動示範良好的社會互動行為，與親朋好友建立並保持良好的人際關係，成為幼兒良好的學習對象。

五、鼓勵幼兒融入團體

　　在少子化的現代社會，幼兒較缺乏與同儕互動的機會，社會行為的發展也因而較缺少多元刺激，因此父母應鼓勵孩子與同儕幼兒建立良好互動，並融入團體生活，可多利用社區、公園、幼兒園等環境，引導幼兒接觸除家庭以外的世界，察覺別人的感受，學習發揮同理心與同情心，學習幫助別人，發揮利他精神，不特別強調同儕競爭，讓幼兒能學會與他人合作。

【近年教師檢定考題解析】 ·····························

　　近年教師檢定考試中，針對幼兒社會發展考出的考題類型大致會針對依附關係、社會行為以及社會性遊戲這兩部分，以下將針對近年有關的考題做分類供讀者練習。

　　考題來源：教育部高級中等以下學校及幼兒園教師資格檢定考試網站。

一、與依附關係相關

1. 一歲半的小英和媽媽、爸爸、哥哥、爺爺及奶奶都建立了「情感依附」（emotional attachment），這表示小英的依附發展在下列哪一個階段？　　　　　　　　　　　　　（101年教檢）

   (A)非社會期（the asocial phase）

   (B)特定依附期（the specific attachment phase）

   (C)多重依附期（the phase of multiple attachments）

   (D)無辨識依附期（the phase of indiscriminate attachments）

2. 媽媽帶8個月大的小美到鄰居家玩，當媽媽坐在沙發上和鄰居聊天時，小美會偶爾回頭看媽媽，然後爬來爬去。她的行為反映何種依附發展階段？　　　　　　　　　　　　（104年教檢）

   (A)非社會期（asocial phase）

   (B)特定依附期（phase of specific attachment）

   (C)多重依附期（phase of multiple attachment）

   (D)無辨識性依附期（phase of indiscriminate attachment）

二、與社會行為相關

3. 幼兒以強調某些優秀的特質來掩飾其弱點,或在遭受挫折後,轉向另一個領域積極地追求成就,此為何種防衛機轉?

(101年教檢)

(A)退縮(withdrawal)

(B)合理化(rationalization)

(C)補償作用(compensation)

(D)理性作用(intellectualization)

4. 教師協助幼兒透過角色扮演並強調關注他人的感受,下列何者是上述活動在培養幼兒社會能力的重點目標? (102年教檢)

(A)幫助幼兒發展同理心 (B)教導幼兒理解何謂隱私權

(C)協助幼兒發展自我認同能力 (D)幫助幼兒發展自我延伸概念

5. 使用角色扮演為幼兒進行諮商時,下列何者錯誤?

(101年教檢)

(A)幼兒可以參與角色互換的活動

(B)幼兒角色扮演不受任何理論的限制

(C)幼兒只能扮演正面角色,不可扮演負面角色

(D)角色扮演讓諮商員更瞭解幼兒與他人的衝突

6. 下列有關同儕接納度研究的敘述,何者錯誤? (102年教檢)

(A)瞭解幼兒受同儕喜歡程度的方法,稱為社交計量法(sociometric techniques)

(B)被忽略的幼兒(neglected children),不被大多數同儕喜歡,只被少數同儕喜歡

(C)具爭議性的幼兒(controversial children),受許多同儕喜歡,也有許多同儕不喜歡

(D)被拒絕的幼兒(rejected children)有具攻擊型(rejectedaggressive）與畏縮型（rejected-withdrawn）兩類

7. 當教師以「隔離」（time-out）來處理幼兒攻擊行為時，下列敘述何者錯誤？　　　　　　　　　　　　　　（102年教檢）

(A)隔離時間愈長效果愈好

(B)可以降低幼兒的攻擊行為

(C)應在行為發生時立即停止增強活動

(D)是一種對幼兒不當行為採取忽視的方法

8. 根據羅吉斯（C. Rogers）的理論，教師輔導幼兒時，首先要和幼兒建立良好的關係，藉由接納、積極傾聽、反映等方法改變幼兒。其最終目標主要為下列何者？　　　　　（102年教檢）

(A)改變不良行為　　　　　　(B)維持良好行為

(C)增進良好行為　　　　　　(D)培養自導能力

9. 幼幼班的小傑在大哭。王老師告訴坐在旁邊的瀚瀚，小傑因為上午去打針所以很難過。瀚瀚就將自己手邊的玩具給小傑玩，希望可以讓他高興些。像這樣為了讓幼兒能夠具有同情心，王老師表現了下列哪一種教育方式？　　　　　（104年教檢）

(A)情感解釋　　　　　　　　(B)物質增強

(C)言語安撫　　　　　　　　(D)負向增強

10. 下列有關幼兒攻擊行為的敘述，何者錯誤？　　　（104年教檢）

(A)演化論認為攻擊行為的發生源自於家庭因素

(B)心理分析論認為攻擊行為是人類的本能之一

(C)社會學習理論認為攻擊行為是受到社會與環境的影響

(D)認知理論認為回應攻擊的方式取決於對他人行為的解讀

11. 媽媽抱怨二歲大的小凱總是愛和他唱反調，從心理社會論（psychosocial theory）的觀點 來看，這是幼兒的哪一種表現？

（105年教檢）

(A)自我控制   (B)自主獨立

(C)自我效能   (D)自我認識

閱讀下文後，回答12-13題。

幼幼班的小玲自己一個人在美勞角玩黏土，他做了一朵小花，可是並沒有和同在美勞角玩黏土的其他幼兒互動，因為他不知道要如何加入其他幼兒的遊戲中。

12.根據派頓／皮亞傑（M. Parten / J. Piaget）的社會認知量表，小玲在美勞角的遊戲類型是什麼？   （105年教檢）

(A)平行建構遊戲   (B)單獨建構遊戲

(C)平行規則遊戲   (D)單獨規則遊戲

13.根據上述情況，下列何者是小玲最優先需要增進的能力？

（105年教檢）

(A)情緒控制   (B)社交技巧

(C)角色取替   (D)互助合作

閱讀下文後，回答14-15題。

三歲的瞳瞳最近在玩玩具時，常常不准妹妹碰他的玩具，當妹妹想拿某件玩具時，他便會搶過來，並把妹妹推開；媽媽問他為何要這樣做，他便回答：「妹妹也會打我耶！」

14.試問瞳瞳表現的是下列哪一種攻擊行為及心理防衛機制？

（105年教檢）

(A)語言攻擊及轉移   (B)關係攻擊及否認

(C)敵意性攻擊及補償   (D)工具性攻擊及合理化

15.依據高登（T. Gordon）的父母效能訓練（PET），下列何者為瞳瞳的媽媽接下來較適合的作法？   （105年教檢）

(A)引導瞳瞳說出他的想法，並主動傾聽

(B)用強烈的肢體表情，明白表達對瞳瞳的不悅

(C)把瞳瞳帶到其他房間冷卻情緒，並分析他的動機

(D)告訴瞳瞳：「你這樣很不好！」並指導他該如何對待妹妹

三、與社會性遊戲相關

16. 在益智區，阿明拿起積木：「我想做一隻長頸鹿。」阿忠湊近身：「我想做一輛很厲害的賽車。」過了一會兒，阿明：「你看，我的長頸鹿快好了耶！」阿忠：「可是，牠的脖子好像不夠長？」阿忠將長頸鹿的頭拿下來，又加上幾塊積木。試問阿明和阿忠的互動屬於下列何種遊戲？　　　　（103年教檢）

(A)建構性的聯合遊戲　　　　(B)建構性的合作遊戲

(C)功能性的聯合遊戲　　　　(D)功能性的合作遊戲

【解答】‧‧

1.C　2.B　3.C　4.A　5.C　6.B　7.A　8.D　9.A　10.A

11.B　12.A　13.B　14.D　15.A　16.A

參 考 文 獻

Ainsworth, M. D. S., Blehar, M. C., Waters, E. & Walls, S. (1978). *Patterns of attachment: A psychological Study of the Strange Situation*. Hillsdale, NJ: Erlbaum.

Bowlby, J. (1969). Attachment and loss, Vol. 1. Attachment. London: Hongarth Press.

Cohn, D. A. (1990). Child-Mother attachment of six-year-olds and social competence at school. *Child Development*, 61, 152-162.

D. Cicchetti & E.M. Cummings (Eds.), Attachment in the preschool years: Theory, research and intervention (pp. 121-160). Chicago: University of Chicago Press.

Graham M. Vaughan, Michael A. Hogg原著，張文哲等譯（2014）。社會心理學導論。臺北：學富。

Main, M., & Solomon, J. (1990). Procedures for identify infants as disorganized /disoriented during the Ainsworth Strange Situation. In M.T. Greenberg, D. Cicchetti and E.M. Cumming (Eds.), Attachment in the preschool years. Chicago: The University of Chicago Press.

Shaffer, D. R. (1988). *Social and Personality Development*. California: Brooks.

Suess, G. J., Grossmann, K. E., & Sroufe, L. A. (1992). Effects of infant attachment to mother and father on quality of adaptation to preschool: From Dyadic to individual organization of the self. *International Journal of Behavior Development, 15*(1), 43-65.

王珮玲（2013）。幼兒發展評量與輔導。臺北：心理。

施嘉慧（2014）。依附過渡性客體習慣對個體的意義及重要性之探討。未出版之碩士論文，國立嘉義大學幼兒教育學系研究所，嘉義。

教育部高級中等以下學校及幼兒園教師資格檢定考試網站。網址：
　　https://tqa.ntue.edu.tw/

張春興（2007）。張氏心理學辭典。臺北：東華。

廖信達（2006）。幼兒行為觀察與輔導。臺北：群英。

謝義勇、許雅惠、李鴻章、曾火城、許文宗、鄭瓊月（2015）。幼兒社
　　會學。臺北：五南。

顏士程、鄭孟忠、李政穎、張臺隆、林俊成、陳世穎、楊淙富
　　（2015）。幼兒發展。臺北：華騰。

蘇建文等譯（2002）。發展心理學。臺北：學富。

施嘉慧

幼兒道德發展與利他行為
CHAPTER 9

　　一個民主國家除了有一套既有的法律外，更重要的是人民的道德良知，如果人民百姓沒有培養良好的道德觀與道德行為，那麼社會秩序將面臨大亂，所以成熟的道德發展對社會來說有著無比的重要性，然而，良好道德行為的培養則必須從小做起。本章將介紹幼兒道德發展的歷程以及利他行為在道德發展中所代表的意涵。

第一節　道德發展介紹

　　要瞭解如何培養幼兒道德發展之前，必須先知道何謂道德發展，本節將分別介紹道德發展的定義以及其內涵與種類。

一、定義

　　道德（morality）指的是個體用以判斷行為是非對錯善惡的標準，並且符合社會規範的行為方式，稱之為道德行為（Papalia, 1994）。

二、內涵

(一)道德認知（moral knowledge）與道德推理（moral reasoning）

個體對情境之瞭解、分析、判斷的心智活動為價值觀的內化。

(二)道德行為（moral behavior）

指合於道德準則的行為，也就是指合情、合理、合法的行為。包含：

1. 攻擊行為的消失。

2. 利社會行為的出現。

3. 認同服從與社交能力。

(三)道德情感（moral sentiment）

指道德的情緒成分，個體的喜好厭惡之不同情緒的表現程度及層面。包含與道德行為有關的內疚、羞愧和驕傲等感覺以及同理心、同情心等。

三、種類

(一)道德行為

符合社會之標準規範，且可遵守。

(二)不道德行為意義

是指行為與團體的期望不符。

(三)非道德行為意義

是指個人無意或無知的做出社會不允許的行為，其中幼兒之不恰當的行為多為非道德而不是不道德行為。

第二節　道德發展理論

過去曾有許多學者提出與道德發展相關的理論觀點，本節將針對道德認知取向、道德行為取向以及道德情感取向這三個不同道德取向的發展理論做分類介紹。

一、以道德認知取向之發展理論

(一)皮亞傑（Piaget）的道德認知發展論

皮亞傑認為兒童的道德發展是從他律道德向自律道德轉化的過程，所謂他律道德是根據外在的規範做判斷，只注重言行的結果，而不考慮行為的動機，其是非標準取決於是否服從成人的命令；進入自律階段，兒童則開始認識一切道德規範，且自身以具有主觀的價值標準，已能用公平、不公平來判斷是非，不再是一切以權威為依歸（黃志成，2001）。

(二)皮亞傑（Piaget）道德認知發展各階段介紹

1. 無律階段（anomous satge）：出生至5歲

此時幼兒的認知處於準備運思期，自我中心強，對任何規範均似懂非懂，故無法從道德觀點來評價幼兒行為。物權觀念尚未發展，屬於非道德行為。

2. 他律階段（heteronomy stage）：5-8歲

幼兒認為規則是萬能的，不變的，無法理解規則是由人創造的（黃志成，2001）。幼兒總是以極端態度來評定行為的好壞，亦即不是好的，便是壞的。行為是非根據行為後果的大小來決定，而非取決於主觀動機，如幫忙洗碗而打破碗和偷吃糖而打破碗的行為是一樣壞。

3. 自律階段（autonomous stage）：8-12歲

兒童已經能夠意識到規則是人們所創造，可加以改變。對行為的判斷建立在行為的意圖和行為的後果上，如偷吃糖打破碗和幫忙洗碗而打破的行為是不一樣的。提出的懲罰意見與其所犯的錯誤更加貼切。

以下將繪製皮亞傑道德認知發展各階段表如9-1：

表9-1　皮亞傑道德認知發展各階段表

階段	年齡	行為特徵
無律階段	出生至5歲	1. 物權觀念尚未發展。 2. 屬於非道德行為，對行為的判斷並無道德或不道德的區別。
他律階段	5-8歲	1. 認為規則是萬能的、不變的。 2. 極端態度，行為非好即壞。 3. 以後果來判斷行為的是非對錯。 4. 除了認知之外，也會採取行動配合。
自律階段	8-12歲	1. 意識到規則是可以改變的。 2. 能以行為的動機與背後的理由來判斷行為的好壞。 3. 轉變到此階段的原因在於認知與抽象能力加強、考量到其他意外的因素、生活經驗豐富、運用語言的能力強、由模仿逐漸轉而注意控制自己的行為。

(二)柯爾柏格（Kohlberg）的道德發展理論

柯爾柏格的道德發展論之理論重點為：

1. 各階段的發展是循序漸進的，發展的速度可快可慢，但不會有跳過某一個階段的情形，也不應該有發展倒退的現象。

2. 六個階段是具有世界性的，即使是在不同文化背景中，這樣的發展階段理論仍然可以被支持。

3. 柯爾柏格的道德發展理論以皮亞傑的理論為基礎，他採道德兩難的情境做為評估道德發展的工具，研究發現不同年齡有不同的道德觀，依照年齡分為三個時期，依照發展層次則分為六個階段。

4. 柯爾柏格三期六段的發展理論內容如下：

(1) 道德成規前期（preconventional level）：學前幼兒園到小學中低年級。

第一階段：重懲罰與服從（避罰服從取向）。

此期幼兒尚缺乏是非善惡觀念，只爲避免懲罰而服從規範。如幼兒認爲故事中海因茲偷藥不對，是因會受到處罰。行爲好壞是依行爲結果來評定，而不考量其動機。

第二階段：重手段與互惠（相對功利取向）。

又稱相對功利取向，或稱個人主義傾向、互惠主義傾向。此期兒童已不再把規則視爲絕對的、固定不變的，意識到任何問題都是多方面的，均以滿足自我爲主。此時兒童的行爲均爲求得酬賞而服從規範。9歲以下兒童及犯罪者的道德認知都僅停留在此功利主義時期。

(2) 道德成規期（conventional level）：小學中年級以上至青年期。

第三階段：重和諧與順從（好孩子取向）。

此時幼兒爲獲取接納與讚賞而遵守規範。並能表現出善意，符合他人期望，故又稱好孩子取向。

第四階段：重制度與權威（法律與秩序取向）。

爲遵守規則，避免觸法犯罪而遵守規範。個人具有盡責、尊重權威和爲道德制度及秩序普遍維護的導向。

(3) 道德成規後期（post-conventional level）：青年期以後。

第五階段：重公約與法理（社會契約取向）。

爲維護社區利益，促進社會福祉而遵守規範。此時兒童認爲應以民主方式決定衆人之事，並重視法令規章制度過程的合理性。

第六階段：重公約與法理（宇宙倫理原則的取向）。

為追求正義公理，避免良心苛責而遵守規範。此時兒童認為只要是正當之事，均可附諸實踐，並對人類的生命、平等和尊敬具有至高評價。

以下將繪製柯爾柏格三期六段的發展理論各階段表如9-2：

表9-2　柯爾柏格三期六段的發展理論

層次	年齡	階段	道德行為
道德成規前期（preconven-tional level）	學前幼兒園到小學中低年級	階段一：避罰服從取向	為避免受罰痛苦而服從規範。
		階段二：相對功利取向	為求得酬賞而服從規範。
道德成規期（conventional level）	小學中年級以上至青年期	階段三：好孩子取向	為獲取接納與讚賞而遵守規範。
		階段四：法律與秩序取向	為遵守規則，避免觸法犯罪而遵守規範。
道德成規後期（post-conven-tional level）	青年期以後	階段五：社會契約取向	為維護社區利益，促進社會福祉而遵守規範。
		階段六：宇宙倫理原則的取向	為追求公理正義、避免良心苛責而遵守規範。

(三)比較皮亞傑與柯爾柏格的理論，彙整比較表格如下表9-3：

表9-3 皮亞傑與柯爾柏格理論比較表

學者	相同點	相異點
皮亞傑	1. 道德發展由服從他人到自我思維。 2. 道德推理的層次與個人認知能力相關。 3. 發展階段具有連續性，並且以年齡做劃分。 4. 道德中心議題是合作互動關係中，依據公平的原則，將人們的需求排列出優先順序以求得平衡。	1. 主張自律期在11-12歲成熟。
柯爾柏格		1. 認為成年之後才能達到自律階段。 2. 認為對道德發展而言，最關鍵的經驗是角色取替的機會。

(四)吉利根（Gilligan）道德發展理論

1. 吉利根的理論著重關懷與責任，在正義的道德中，認為這是對男性道德導向的說法，著重在透過法律所執行，社會所界定的正義（賴保禎等，1993）。

2. 認為男女道德判斷有差異的原因在於後天社會文化。

3. 吉利根建構女性道德發展的三階段：

(1)個人生存的道德（morality as individual survice）

兒童認為對的事情就是對自己有利，兒童順從規範以獲得酬賞，並且避免受到懲罰。

(2)自我犧牲的道德（morality as self-sacrifice）

道德推理在於瞭解他人需求，個體關心他人需求，但必要時會犧牲個體的需求，以滿足他人的需求，來獲得他人的讚賞。

(3)均等的道德（morality as equality）

個體與他人的需求同樣重要，個體盡可能地滿足大家的需求，但是要滿足所有人的需求是不可能的，他需要大家共同犧牲，在此階段

沒有任何人會受到傷害。

二、以道德行為取向之發展理論

(一)班度拉（Bandura）社會學習論

班度拉主張道德行為是經由觀察學習與模仿而來，增強作用有助道德行為的培養，因為增強作用有助於增加兒童道德行為表現的頻率，懲罰則能抑制不道德的行為，但是無法促進道德行為的出現（黃志成，2001）。

(二)道德行為的培養

1. 外制的方法：獎賞、懲罰可建立兒童的道德行為。

(1)體罰的缺點

阻礙兒童的內控能力且體罰的行為亦會被兒童模仿。

(2)懲罰的功用

具有教育性、約束性及增強性。

2. 內化的方法

(1)觀察學習

能提供正向的楷模，促進兒童模仿道德行為，使兒童能站在對方的立場思考自己不道德行為的影響。例如：團體討論、情境教學、角色扮演等。

(2)自我控制

能控制自我的行為，告訴自己什麼事情可以做，什麼事情不可以做。例如：即使非常喜歡別人的玩具，仍然知道不可以去搶別人的東西。

三、以道德情感取向之發展理論

(一)佛洛伊德（Freud）精神分析論

佛洛伊德將人格結構分成三個層次，在性心理發展中的性蕾期進行認同後，超我便慢慢形成，超我發展時出現的內疚及羞慚為道德情感發展的萌芽。

(二)佛洛伊德道德意識發展如下表9-4：

表9-4　佛洛伊德道德意識發展

人格結構	道德意識發展	特徵
本我 （id）	無道德意識	追求需求的滿足，以享樂為原則。
自我 （ego）		本我受限制於現實環境，屬於現實原則。並且具有自我中心思想。
超我 （super ego）	出現道德意識	當人格出現衝突時，會將父母的道德標準內化，以避免良心的譴責，所以道德源自於逃避罪惡感。

第三節　道德發展輔導

針對幼兒道德發展之輔導，首先必須先瞭解究竟影響幼兒道德發展之因素有哪些，接著再針對其可能出現的行為表現擬定輔導策略。本節將分別介紹影響道德發展的因素以及幼兒道德行為輔導的原則。

一、影響道德發展的因素

(一)認知因素

皮亞傑認爲兒童道德推理的發展與兒童認知能力的發展存在著相互對應、平行發展的關係。例如：智能不足的兒童，因爲認知發展遲緩，導致其道德行爲往往停留在無慮或他律階段，無法發展到自律階段（黃志成、王淑芬，1995）。所以說，兒童要表現道德行爲，必須能對此行爲有所認知，換句話說，就是兒童要學習道德觀念，必須具有判斷能力才能合理的表現出，上述種種條件都與認知有關。

(二)情緒因素

情緒對幼兒行爲的影響很大，有許多道德行爲均是一時衝動所引起的，若幼兒情緒穩定，在行爲前就可以仔細思考事情的對與錯，而擇優進行，若情緒不穩定，則很有可能會做出衝動行爲產生不道德之行爲。

(三)教育因素

不論是家庭教育或是學校教育，均對幼兒道德觀念的影響匪淺，幼兒所受的教育愈多，愈能培養道德觀念。反之，缺乏教養的幼兒，根本分不出是非善惡，而常做一些自以爲是的不道德行爲。但柯爾柏格強調幼兒的道德教育絕不是進行道德灌輸，而應是按照道德發展的規律刺激兒童自己思考，以促使幼兒發自內心的認知到行爲的好壞（李丹，1989）。

(四)家庭因素

單文經（1980）以所有家庭可能造成的影響因素，例如：父母

教養方式、家庭社經地位、家庭的大小及家庭排行次序等，對道德行為的影響進行研究，結果發現父母親的教養方式最為重要。一個道德高尚的家庭，父母言行、風範、道德行為，讓子女耳濡目染，子女在此家庭長期薰陶下，當然能促進其道德有良好的發展。

(五)社會因素

皮亞傑認為兒童要獲得道德認知的發展，必須先擺脫自我中心的性格，而且最重要的途徑是與同伴發生交互作用。因為在與同伴的交往中，可以從經驗中習得哪些行為是可行的，會被鼓勵的，哪些行為又是不可行的，可能會遭受責罰的（黃志成、王淑芬，1995）。同時，在與同伴交往過程中，兒童開始擺脫權威的束縛，學習互相尊重，共圖合作，發展了正義感，由此可以建立正確的道德行為。

二、幼兒道德行為的輔導

(一)幼兒道德行為輔導原則

1. 知行並重原則

應能安排適當的教育環境，讓青少年能從團體活動中學習，或提供可供學習的楷模，讓他們先從行的層面開始養成道德習慣。

2. 個別差異原則

除了智力因素之外，個人的習慣、家庭背景以及過往的父母管教方式等，都是在道德輔導時需要考慮的個別差異因素。

3. 社會現實原則

道德輔導應該要以個人能夠切身感受的問題為主，就是適合從日常生活中取材，才能發揮效果。

4. 循序漸進原則

道德發展是隨著年齡逐漸增長的，並且有一定的順序，不宜驟然的以太高層次的目標開始進行。

(二)幼兒道德行為教養方法

1. 教養方式

(1)撤回關愛法（love withdrawl）

採用此法的師長們，會以取消注意、情感或讚賞等方式，來修正或控制兒童的行為。

(2)權威法（power assertion）

採用此法的師長們，會仰賴其較高的權力，來修正或控制兒童的行為。

(3)誘導法（induction）

一種非懲罰性的管教法，採用此法的師長們，會向兒童說明為何他的行為是不對的，並藉著說明這種行為對他人的影響，而要求兒童改變。

2. 普遍模式

很少有父母在管教子女時，會全然使用上述三者之一，至少大部分都會各使用一些來做處理。

3. 誘導法有效的原因

(1) 提供兒童用以評量其行為的認知標準。

(2) 協助兒童同情別人，並讓父母談論道德情感。

(3) 父母比較會說明理由。

🙂 第四節　利他主義

利他主義爲孔德（Comte）所提出，認爲個體的存在是附屬於個體的變換，變換成因爲別人的存在而有個體的存在。在倫理學中經常會將利他行爲和善意視爲是好的道德行爲。從利他主義的觀點來看，道德的本身或道德規範的遵循不可能全然是人追求本身利益的結果；換句話說，道德的本身有關懷別人、不求一己之私的成分在內（Shaffer, 2010）。

孔德將利他行爲分爲三個層次：

一、把他人與自己的利益視爲同樣重要，所謂「己立立人，己達達人」者與「己所不欲，勿施於人」者均屬之。

二、把利人置於利己之上，所謂「先天下之憂而憂，後天下之樂而樂」者屬之。

三、犧牲自己以利他人，所謂「捨己爲群」與「殺身成仁」者均屬之。

2歲以前的幼兒沒有利他行爲，幼兒時期爲了取悅別人才有利他行爲，如贈予、幫助、對同儕表示喜愛等，也對自己曾有的痛苦經驗有同情心。兒童時期則由同儕間的互動中表現服從、誠實等利他行爲，其動機是爲了要被同儕認同與接納。青少年的利他行爲則表現在正義感及責任心，發之於自我的價值感。

【近年教師檢定考題解析】

近年教師檢定考試中，針對幼兒道德發展的理論考出的考題類型最主要還是以柯爾柏格的三期六段論為主，以下將針對近年有關道德發展所出的考題做分類供讀者練習。

考題來源：教育部高級中等以下學校及幼兒園教師資格檢定考試網站。

一、柯爾柏格道德發展理論相關概念

1. 小辰總是會欺侮其他小孩，他認為只要沒被老師發現就不算做錯事，根據柯柏格（L. Kohlberg）的理論，他處於下列哪一個道德發展階段？　　　　　　　　　　　　　　（102年教檢）
   (A)道德成規前期　　　　　(B)道德成規期
   (C)道德成規後期　　　　　(D)道德難分辨期

2. 小玲和小君是幼兒園中班同學，兩個人是好朋友。小玲邀小君一起去拿老師桌上的餅乾，小君不願意，她跟小玲說：「老師有說，不可以拿別人的東西。」小玲說：「可是我肚子餓了，我要吃餅乾！」
   根據柯柏格（L. Kohlberg）的道德認知發展理論，小玲的道德發展最有可能處於下列哪一個階段？　　　　（103年教檢）
   (A)避罰取向　　　　　　　(B)享樂取向
   (C)尋求認可取向　　　　　(D)維持社會秩序取向

3. 如果你是小玲的老師，下列哪一種處理方式最適合用來提升小玲此時的道德發展層次，並符合柯柏格（L. Kohlberg）的理論觀點？　　　　　　　　　　　　　　（103年教檢）

(A)立即對小玲擅自拿別人東西的行爲給予告誡

(B)請全班幼兒一起提醒小玲別再拿別人的東西

(C)告訴小玲未經同意拿別人的東西是違法的行爲

(D)告訴小玲擅自拿別人東西不是好寶寶會做的事情

二、其他道德發展理論相關概念

4. 東東和小貞在院子玩球，不小心打破了院子裡的花盆，媽媽看了很生氣，大聲對東東和小貞說：「你們爲什麼打破盆子？」東東很害怕的說：「媽媽！不是我！不是我！」小貞說：「是花盆自己破的！」

   媽媽對於東東的輔導，下列哪一個敘述是正確的？

   （103年教檢）

   (A)你老實告訴媽媽，媽媽不會處罰你！

   (B)你騙人，以後不可以在院子玩球了！

   (C)你老實告訴媽媽，是不是小貞弄破的？

   (D)你騙人，會像小木偶一樣鼻子變長喔！

5. 試問小貞使用了下列何種防衛機轉？　　（103年教檢）

   (A)認同作用（identity）

   (B)退化作用（regression）

   (C)合理化作用（rationalization）

   (D)反向作用（reaction formation）

6. 下列有關幼兒道德發展的敘述，何者較爲正確？（104年教檢）

   (A)皮亞傑（J. Piaget）認爲自律就是指幼兒自己能夠做決定的權力

   (B)佛洛依德（S. Freud）認爲他律性道德期的幼兒會發展出對

　　規則的重視

(C)皮亞傑認為他律期幼兒是以行為結果而非行為者的意圖來判
　　斷行動的過失程度

(D)做讓別人高興的事就是對的，是柯柏格（L. Kohlberg）道德
　　成規前期有關對錯的定義

【解答】

1.A　　2.B　　3.D　　4.A　　5.C　　6.C

參 考 文 獻

Papalia, D. E. (1994)。發展心理學——人類發展（黃慧貞譯）。臺北：桂冠。（原著出版於1984）。

Shaffer, D. R., & Katherine, K. (2010)。發展心理學（張欣戊、林淑玲、李明芝譯）。臺北：新加坡商聖智學習。

李丹（1989）。兒童發展。臺北：五南。

教育部高級中等以下學校及幼兒園教師資格檢定考試網站。網址：https://tqa.ntue.edu.tw/

單文經（1980）。道德判斷發展與家庭影響因素之關係，國立臺灣師範大學教育研究所碩士論文。

黃志成、王淑芬（1995）。幼兒的發展與輔導。臺北：揚智文化。

黃志成（2001）。兒童發展與保育。臺北：揚智文化。

賴保禎等（1993）。發展心理學。臺北：國立空中大學。

鄭伊恬

幼兒食品與營養

CHAPTER 10

　　幼兒期是體力及大腦發展快速的黃金時期，必須攝取各類天然食物以獲得均衡營養並建立良好的飲食習慣，本章針對營養概述、嬰兒期營養、幼兒期營養及均衡飲食分為四節，分別敘述之。

第一節　營養概述

一、醣類

　　醣類為人類飲食中最重要的能量來源，由植物進行光合作用，運用光能將水及二氧化碳合成醣類並儲存於植物的根、莖、葉、果實和種子中。醣類為碳、氫、氧三種元素所組成，又稱為碳水化合物，主要提供身體所需之能量，每公克可以產生四大卡的熱量。我國飲食指標建議每日攝取量宜占總熱量的50-60%（行政院衛生署食品藥物管理局，2012），攝取不足時，容易造成低血糖及酮酸中毒。

　　身體各組織細胞都需要醣類氧化來供給能量，中樞神經系統唯一的能量來源為葡萄糖，而大腦並無法儲存葡萄糖，僅靠血液中循環之血糖滲透供應，倘若血液中葡萄糖不足，將影響其神經細胞正常功能。

　　根據醣類結構分為單醣類、雙醣類、寡醣類及多醣類；雙醣類中的麥芽糖不易被腸道細菌所發酵，消化率也較澱粉好，因此目前市售嬰兒奶粉時常添加由麥芽糖製造成的麥芽糊精。寡糖並不會被人體消化道吸收，但可以被腸道中有益菌分解，目前市售奶粉中大都有添加寡糖，提供腸道中有益菌的生長，用以促進幼兒腸胃道消化吸收之功能。

二、蛋白質

蛋白質為含氮之有機化合物，其基本單位是胺基酸，是構成生物體最重要的物質，係細胞中的細胞質、粒線體及細胞膜等胞器之主要成分，可建構肌肉、骨骼、皮膚、結締組織，同時也是調節生理機能的主要物質。每公克可產生四大卡的熱量，我國飲食指標建議每日攝取量宜占總熱量的10%-20%（行政院衛生署食品藥物管理局，2012），若攝取過多，雖然並無明顯不良症狀，但因過多蛋白質會在體內代謝為醣類和脂肪，會產生大量的含氮廢棄物，易造成肝臟及腎臟的工作負荷。

在許多貧窮國家，幼兒沒有足夠的蛋白質也幾乎沒有攝取熱量，變得非常虛弱和外觀有皺紋，同時停止生長而身體組織開始消瘦，係為「消瘦症」（marasmus）。另一種生長遲緩疾病的幼兒，雖有足夠熱量但蛋白質攝取量不足，導致頭髮變少，臉部、腿部和腹部水腫，也可能出現嚴重皮膚損傷，因此生長緩慢，稱之為「紅孩兒症」（kwashiorkor）又稱「瓜西奧科兒症」。此兩種營養不良的發生原因、好發年齡及臨床症狀均不相同，如表10-1所示（張欣戊、林淑玲、李明芝譯，2010；楊素卿，2014）。

懷孕婦女若蛋白質營養不足則會影響胎兒發展，孕婦本身也會有貧血、早產或流產的風險（楊素卿，2014）。

表10-1　紅孩兒症與消瘦症的比較

	紅孩兒症（瓜西奧科兒症）	消瘦症
引起原因	1. 熱量攝取足夠。 2. 蛋白質攝取不足（母乳不足，提早斷奶，只供給富含醣類食物，並未提供蛋白質食品）。	蛋白質與熱量皆攝取不足。

293

（續）

	紅孩兒症（瓜西奧科兒症）	消瘦症
好發年齡	1-3歲	1歲以下
臨床症狀	1. 嚴重症狀：水腫、脂肪肝、皮膚炎、低蛋白血症、頭髮顏色改變。 2. 輕微症狀：生長遲緩、體重降低、肌肉萎縮、貧血。	1. 嚴重症狀：生長遲緩、體重降低、肌肉萎縮。 2. 輕微症狀：低蛋白血症、脂肪肝、皮膚炎、頭髮顏色改變、貧血。 3. 沒有水腫症狀。

三、脂肪

　　脂肪是不溶於水的有機物質，主要由碳、氫、氧三種元素構成，與醣類相似，為人體儲存熱量之最佳方式。脂肪每公克可產生九大卡的熱量，供給人體所需之熱量及必需脂肪酸—亞麻油酸，嬰兒長期缺乏亞麻油酸會造成其生長遲緩、皮膚濕疹病變及抵抗力減弱的現象。

　　我國飲食指標建議每日攝取量宜占總熱量的20-30%（行政院衛生署食品藥物管理局，2012），為預防心血管疾病的發生，飲食中飽和脂肪酸：單元不飽和脂肪酸：多元不飽和脂肪酸＝1：1：1。必需脂肪酸的攝取量，成人應占2%，嬰兒則必須提高為總熱量的3%，以供給腦細胞的發育。每日膽固醇量應不超過400毫克（陳毓璟、林宜靜，2003；王昭文等人，2013）。

表10-2　醣類、蛋白質、脂肪統整表

營養素	每公克產生熱量	每日需要量	缺乏症
醣類	4大卡	50-60%	低血糖、酮酸中毒
蛋白質	4大卡	10-20%	消瘦症、紅孩兒症
脂肪	9大卡	20-30%	生長遲緩、皮膚濕疹病變、抵抗力減弱

四、維生素

維生素（Vitamin）為人體需要量少，但卻不可缺乏之重要物質，屬於有機物質，不產生熱量，參與蛋白質、醣類、脂肪等新陳代謝反應。各類維生素中，除了皮膚中膽固醇受紫外線照射可轉化為維生素D，以及腸道細菌群可合成部分微量維生素B群、維生素K外，其餘均需由食物中攝取（陳毓璟、林宜靜，2003）。

維生素依其溶解度可分為二大類：

(一)脂溶性維生素（fat-soluble vitamins）

脂溶性維生素包括維生素A、D、E、K，可溶於膽汁及天然食物油脂，對於高溫較安定，因此在烹煮過程不易被破壞，其吸收過程是經由淋巴循環，無法由尿液中排出體外，容易積存在體內，尤其以維生素A、D代謝速率較緩慢。

長期大量攝入時容易造成中毒現象，中毒症狀包含：厭食、皮膚乾燥、骨骼關節疼痛、頭痛、肝臟及脾臟腫大、情緒不穩、毛髮脫落、骨骼脆弱容易造成骨折，孕婦若攝取過量的維生素A容易產下畸形兒。根據幼兒常見生理狀況，探討其缺乏之脂溶性維生素及攝取來源，如表10-3所示（陳毓璟、林宜靜，2003；王昭文等人，2013）。

表10-3　脂溶性維生素缺乏症

常見生理狀況	缺乏營養素	攝取來源
幼兒在夜晚或較暗的環境中視力模糊（夜盲症）	維生素A	魚肝油、肝臟、蛋黃、奶類、奶油、深色蔬菜、黃色蔬菜、水果
幼兒眼睛容易乾澀，嚴重時甚至角膜糜爛而導致失明（乾眼症）		
幼兒皮膚粗糙、乾燥，呈現鱗狀脫屑		

（續）

常見生理狀況	缺乏營養素	攝取來源
幼兒出現X型及O型腿（軟骨症或佝僂症）	維生素D	魚肝油、肝臟、牛奶、日曬
嬰兒囟門關閉較慢		
早產兒因紅血球膜被破壞，導致溶血性貧血	維生素E	植物油、深綠色蔬菜、胚芽、堅果、豆類
幼兒受傷時，血液凝固時間延遲	維生素K	深綠色蔬菜、蛋黃、肝臟、乳酪、人體腸道細菌

(二)水溶性維生素（water-soluble vitamins）

水溶性維生素包括維生素B群、C，可溶於水，易受高溫破壞，若需烹煮時應切大塊而不切細碎、高溫快速烹調、蓋上鍋蓋，避免氧化、用少量水煮，或食用湯汁等方式，經體內代謝後容易由尿液中排出。

大部分的維生素B群都具有輔酶的效果，可促進食物中的能量釋放出來，本身並不提供能量。根據幼兒常見生理狀況，探討其缺乏之水溶性維生素及攝取來源，如表10-4所示（陳毓璟、林宜靜，2003；王昭文等人，2013）。

表10-4　水溶性維生素缺乏症

常見生理狀況	缺乏營養素	攝取來源
新生兒哭聲無力、神情萎靡、吸吮力弱、水腫、嗜睡（嬰兒腳氣病）	維生素B_1	豬肉、牛肉、整穀類、內臟類、深綠色蔬菜、牛奶及乳製品
幼兒心臟擴大、血液循環緩慢		
幼兒腳尖無力、膝反射動作異常、肌肉萎縮		

（續）

常見生理狀況	缺乏營養素	攝取來源
幼兒嘴角破裂、潰瘍（口角炎）	維生素B$_2$	牛奶、肝臟、深綠色蔬菜、營養穀類、酵母
幼兒鼻翼兩側有白色脂肪性分泌物（脂漏性皮膚炎）		
幼兒眼睛角膜周圍因血管增生而充血，眼睛畏光且容易疲勞		
幼兒舌乳頭表面有一顆顆的突起物，舌頭呈紫色（舌炎）		
幼兒過度興奮及抽筋現象	維生素B$_6$	瘦肉類、魚、馬鈴薯
幼兒長期吃素而引發惡性貧血	維生素B$_{12}$	蛋黃、肝臟、牛奶、肉類
幼兒受傷後，傷口癒合時間較長	維生素C	桔、柑、柚、檸檬、芭樂、草莓等各類水果
嬰兒出生六個月以後，發生四肢關節疼痛、四肢彎曲不易移動、易怒、沒有食慾、體重過輕、肋骨與軟骨連結處腫大，外型如串珠（壞血症）		
幼兒牙齦出血		
虛弱疲倦、食慾降低、口腔咽喉及舌頭疼痛、體重減輕等，嚴重甚至會腹瀉、皮膚炎、痴呆（癩皮病）	菸鹼素	瘦肉類、內臟類、奶製品、整穀類、硬殼果類、莢豆類
紅血球無法分裂，造成體積變大，數目減少（巨球型貧血）	葉酸	內臟類、綠色蔬菜、瘦肉、蛋
孕婦攝取不足，造成胎兒神經系統發展受阻		

五、礦物質

礦物質依照其需要量即在身體的含量可分為兩類：

1. **巨量元素**：人體需要量大於100mg或體內含量占體重0.01%

以上的礦物質。例如：鈣、磷、鈉、鉀、氯、硫及鎂等，針對常見之元素其主要功能、食物來源和缺乏症，如表10-5所示。

表10-5　巨量元素統整表

種類	主要功能	食物來源	缺乏症
鈣	1. 構成骨骼與牙齒的主要成分。 2. 幫助血液凝固。 3. 熱量調節心臟及肌肉的收縮。 4. 維持正常神經的感應性。 5. 活化酵素。	奶類、魚類（連骨進食）或魚乾、蝦類、牡蠣、紅綠色蔬菜、豆類及其製品等。	佝僂症、牙齒損壞或脫落。
磷	1. 構成骨骼與牙齒的成分。 2. 促進脂肪、醣類的代謝。 3. 調節血液、體液的酸鹼平衡。 4. 組織細胞核蛋白的主要物質。	奶類、蛋黃、禽肉類、全穀類、乾果類、莢豆類等。	不適當的鈣磷比，會造成佝僂症。
鈉	1. 細胞外液主要的陽離子。 2. 調節血液、體液的酸鹼平衡。 3. 維持水分平衡及體液的滲透壓。 4. 調節神經與肌肉的感受性。	食鹽及其加工品、海產食物（如：蚌、蛤、牡蠣）。	低血鈉會引起噁心、腹部腿部抽筋、疲倦、酸鹼不平衡。

2. **微量元素**：人體需要量小於100mg或體內含量占體重0.01%以下的礦物質。例如：鐵、鋅、碘、銅、錳、鉻、鉬及氟等，針對常見之元素其主要功能、食物來源和缺乏症，如表10-6所示。

表10-6　微量元素統整表

種類	主要功能	食物來源	缺乏症
鐵	1. 大部分存在於血紅素中，負責攜帶氧氣、養分的運送，二氧化碳與廢物的運送及排除。 2. 酵素的合成因子。	全穀類、內臟、瘦肉、蛋黃、貝類、莢豆類、葡萄乾、紅糖、綠色蔬菜。	小球性貧血、血鐵質沉著症。
碘	合成甲狀腺激素的主要成分，調整細胞氧化作用。	海帶、紫菜、海魚、貝類等。	甲狀腺腫大、呆小症。
氟	骨骼與牙齒的重要成分。	牛奶、蛋黃、魚。	蛀牙；過多會有毒性。

六、水分

　　水分是構成身體的主要成分，也是體細胞與體液所不可缺乏的物質。人體內水分的總含量約占體重的50%-75%，其含量與體表面積成正相關。水分的生理功能為下列五點（楊素卿，2014）：

1. 維持滲透壓恆定。

2. 可作為體液的介質，如血液、尿液、汗液等負責排泄、消化、吸收及新陳代謝的作用。

3. 可做為身體的潤滑劑，如吞嚥食物、關節和肌肉的活動、腸胃道、呼吸道及泌尿系統的黏液分泌等皆需要水分。

4. 可促進生化反應，人體內細胞所有的化學和生理反應均需要有水分的參與。

5. 可調節體溫，水分經由肺及皮膚的蒸散作用使體溫降低。

七、食物的分類與特性

　　每日所需營養種類繁多，並且需要量也不盡相同，根據行政院衛生福利部食品藥物管理署發行之《每日飲食指南》，將食物依其特性及所含營養成分接近者歸類，共分為全穀根莖類、豆魚肉蛋類、低脂乳品類、油脂與堅果種子類、蔬菜類及水果類六大類。幼兒一日所需飲食建議量如圖10-1所示。

圖10-1　幼兒一日飲食建議量

參考來源：行政院衛生福利部食品藥物管理署（2012）。每日飲食指南。臺
　　　　　北市：行政院衛生福利部食品藥物管理署。

第二節　嬰兒期營養

一、嬰兒期的營養需求

　　出生至六個月的嬰兒，其營養需求來自於母乳或配方乳，但是較大的嬰兒需要更多營養成分，則需要添加副食品。依據行政院衛福部（2013）編製嬰兒期營養宣傳單張，針對0-12個月嬰兒營養攝取建議，如表10-7所示。

表10-7　嬰兒期營養攝取建議量

年齡（月） 食物種類	1-6	7	8	9	10	11	12
母乳或嬰兒配方食品	完全以母乳哺餵	母乳或嬰兒配方食品					
全穀根莖類		嬰兒米粉、嬰兒麥粉或稀飯4湯匙	2-3份		3-4份		
蔬菜類			菜泥1-2湯匙		剁碎蔬菜2-4湯匙		
水果類			自榨果汁（稀釋1倍）或果泥1-2湯匙		軟的水果（剁碎）或自榨果汁2-4湯匙		
豆魚肉蛋類			0.5-1份		1-1.5份		

資料來源：行政院衛福部（2013）。嬰兒期營養──健康均衡的飲食頭好壯壯的寶寶。

二、乳汁哺餵

嬰兒透過吸吮將營養吸入體內，剛出生的嬰兒便具有該吸吮反射，不需要教導。乳汁種類分為母乳、嬰兒配方奶粉、牛奶及其他乳汁。

(一)母乳

行政院衛福部於2012年出版之《國民飲食指標手冊》中指出，母乳是嬰兒成長階段無可取代且必需營養素，母乳哺餵對嬰兒未來健康具保護作用，可減少感染風險，且降低其日後罹患過敏性疾病、肥胖以及癌症等慢性疾病之風險，亦可降低母親罹患乳癌之風險。建議母親應以母乳完全哺餵嬰兒至少六個月，之後可同時以母乳及副食品提供嬰兒所需營養素。

孕婦生產數日後會分泌初乳，初乳含豐富蛋白質及無機質，脂肪及乳糖量較少，顏色略黃，有黏性。母乳中含有結合鐵乳蛋白（lactoferrin）、溶菌酵素（lysozyme）、IgA免疫球蛋白及α-乳白蛋白（α-lactalbumin）是其他乳汁中沒有的成分。國民健康署（2015）指出，親餵母乳不單只是餵食母乳，由於乳房與人工奶嘴在結構上的差異，直接以乳房哺乳及奶瓶餵食在餵食姿勢上的不同，對新生兒的身體健康、心智乃至於人格發展都有長遠的影響，親餵母乳對嬰兒的好處：

1. 吸吮乳房的動作，幫助口腔以及面頰部位肌肉的發展，以及耳咽管的開閉調節。
2. 減少蛀牙以及口腔變形、齒列不正的機會。
3. 有增進語言發展的可能。
4. 提供良好的早期口腔經驗，對於日後食慾控制以及減少肥胖

風險的可能有正面的影響。

5. 營養均衡且充足，充分配合新生兒的需求。

6. 與所有配方奶比較起來，母乳較容易消化，其吸收率以及生物利用率亦高，寶寶耗費在消化、吸收的能量少，在體內也產生較少的廢物。

7. 減少中耳炎的發生率。

8. 減少罹患第一以及第二型糖尿病的機率。

9. 降低兒童及青少年肥胖的機率。

10. 降低腸胃道感染，以及其帶來的腹瀉、嘔吐等不適症狀。

11. 降低呼吸道的感染及罹患流行性感冒的機率。

12. 減少尿道感染的發生率。

13. 降低過敏性疾病的罹患率：包含了濕疹、氣喘、過敏性鼻炎等。

14. 母乳中富含的生長因子以及生長激素，對於新生兒的腦部、中樞神經系統以及視力的發展有重要的影響；這些影響在早產兒身上更為顯著。

15. 減少早產兒罹患壞死性腸炎的機率。

16. 母乳中的各種生長因子以及生長激素，幫助新生兒腸道以及呼吸道的成熟與發展。

(二)嬰兒配方奶粉

嬰兒配方奶粉主要是利用牛乳或其他動物乳汁為原料，經成分調整後，再添加營養素，基本成分含醣類、脂肪、蛋白質、礦物質及其他物質，例如：鈉離子、陰離子、微量元素與維生素等也有添加（周弘傑，2015；陳毓璟、林宜靜，2003）。

(三)牛乳

牛奶基本成分比母乳有較高的蛋白質,但是乳糖較少,嬰兒較易營養不均衡而產生各種身體狀況。牛乳中過多的脂肪酸會與鈣結合,附著在腸壁上,降低營養素的消化吸收率,較不適合初生嬰兒使用。純牛乳不適合嬰兒飲用,至少需九個月後,待嬰兒內臟狀況穩定才能以牛乳哺育。

(四)其他特殊奶粉

其他特殊奶粉主要是提供特殊嬰兒使用,必需經由醫師診斷,特殊奶粉包含以下幾種(周弘傑,2015):

1. **低過敏奶粉**:將配方奶中蛋白質做部分處理,使其抗原性降低。
2. **早產兒奶粉**:爲顧及早產兒特殊的生長需求與生理特殊性,早產兒奶粉的醣類多爲醣聚合物、蛋白質含量高(乳清蛋白爲主)、中鏈脂肪酸較多、高鐵、與高鈣磷。
3. **低乳糖與無乳糖**:依蛋白質來源可分爲以牛奶與豆奶爲基質兩種,主要適用於乳糖不耐或是腹瀉患者。
4. **完全水解蛋白奶粉**:將牛奶中蛋白質做完全的水解。消化、吸收較爲容易,主要適用於消化吸收不良與嚴重牛奶過敏患者。

三、副食品的添加與製作

嬰兒出生後4個月(校正年齡)內不建議添加副食品,純母乳哺育到6個月後必須添加副食品,避免會有營養不良的危機。若媽媽奶水量明顯降低,無法純餵母乳至六個月,嬰兒顯得吃不飽,出現厭奶

但沒生病或其他原因，有主動要求其他食物的表現（看大人吃其他食物時很有興趣，伸手來抓、抓了放嘴巴），可以考慮提早在滿4個月後開始添加副食品（衛生福利部國民健康署，2015）。

(一)添加副食品的目的

1. 補充嬰兒更廣泛均衡的營養，以滿足此階段成長的需求。
2. 訓練此階段開始要學習的咀嚼及吞嚥的能力。
3. 為斷奶作準備，而逐漸適應成人食物及飲食方式，豐富其味覺記憶。

(二)添加副食品的原則

1. 由易消化且不易引起過敏的食物開始，如蔬果類、五穀類。
2. 選用新鮮天然的食物製作副食品，儘量不添加調味料而保持原味。
3. 製作濃度由稀至稠，先由流質開始，其次為半流質，進而半固體最後到固體食物。
4. 一次只嘗試一種新的食物，由少量約一茶匙開始，觀察3-5天，嬰兒適應後，才可再添加另一種新食物。
5. 在嬰兒身體健康狀況良好時，才嚐試新食物。

(三)添加副食品的注意事項

1. 餵食副食品後，應注意觀察嬰兒的排便情形是否正常，皮膚是否有過敏反應是否煩躁不安，若有請先停餵，至少隔一個月後再嚐試此類食品。
2. 餵食副食品最好將食物置於碗中以湯匙餵食，訓練嬰兒攝取固體食物的習慣。

3. 在嚐試副食品時，可選在原訂餵奶時間前一小時，此時嬰兒有點餓又不會太餓，較易接受新食物。

4. 嬰兒剛開始嚐試新食物可能會不習慣而做出奇怪的表情，甚至吐出來，這是正常現象，可讓嬰兒多接觸幾次。

5. 若嬰兒對新食物不習慣而拒吃時，不要強迫餵食，可等二週後再嚐試看看。

6. 餵食副食品的頭幾週，母親無需擔心嬰兒的食量，因為初期此階段的目的是在「練習」吃副食品。

7. 餵食過程中，若嬰兒開始哭鬧或躁動時，就是該結束餵食的訊號了，不要再強迫餵食，以免對餵食副食品產生反感。

(四)副食品的製作

1. 果汁：以新鮮的水果榨汁，以1：1比例對水稀釋。

2. 蔬菜湯：以新鮮蔬菜剁碎後，水煮的湯汁（勿添加調味料）來餵食。

3. 果泥：應時水果刮成泥狀或以果汁機攪拌成泥狀餵食。

4. 菜泥：蔬菜、馬鈴薯或胡蘿蔔煮爛壓碎。

5. 米粉或麥粉以水或配方奶調成糊狀。

6. 蛋黃泥：將蒸好的全蛋的蛋黃剁出，調水成泥狀。

7. 魚泥及肉泥：將魚肉煮熟，去骨，少量餵食，肉類製作前應先去皮及肥肉，將肉攪碎再煮熟餵食。

8. 肝泥：洗淨後以湯匙刮成泥狀，再加等量水蒸熟。

(五)過敏兒的副食品添加原則

1. 過敏兒最好能以完全母乳哺餵到1歲以上，若不得已也至少哺餵到6個月以上較好。若母乳不夠也最好搭配餵食「水解配方

奶」而避免餵食「一般嬰兒配方奶」。

2. 過敏兒餵食副食品時機最好在6個月大時才開始。

3. 食物的選擇，應儘量避免易引起過敏的食物，例如：花生、堅果、龍眼、荔枝、芒果、巧克力、蛋白、有殼海鮮等。

第三節　幼兒期營養

一、幼兒期身體評估

根據研究指出（國民健康署，2015），肥胖兒童有1/2的機率變成肥胖成人，肥胖青少年變成肥胖成年人的機率更高，達2/3；體重過重或是肥胖為糖尿病、心血管疾病、惡性腫瘤等慢性疾病的主要風險因素；而體重過輕則會有營養不良、骨質疏鬆、猝死等健康問題。

為避免嬰幼兒過胖或過輕，應瞭解嬰幼兒體重及身高生長情形，於每次健康檢查時，應計算身體質量指數（Body Mass Index，簡稱BMI），並與醫師討論。當孩子身體質量指數被定義為「體重過重或肥胖」時，應尋求醫師或營養師建議，儘速調整生活作息，避免增加相關慢性疾病的風險。

世界衛生組織建議以身體質量指數（Body Mass Index, BMI）來衡量肥胖程度，其計算公式是以體重（公斤）除以身高（公尺）的平方，0-6歲嬰幼兒生長身體質量指數（BMI）建議值如表10-8所示。

BMI的計算方式：

BMI＝體重（公斤）/ 身高^2（公尺）

例如：3歲孩子體重為18公斤、身高為100公分

BMI：18（公斤）/ 1^2（公尺）＝18（肥胖）

表10-8 0-6歲嬰幼兒生長身體質量指數（BMI）建議值

年齡	男生					女生				
	過輕 （BMI＜）	正常範圍 （BMI介於）	過重 （BMI≧）	肥胖 （BMI≧）		過輕 （BMI＜）	正常範圍 （BMI介於）	過重 （BMI≧）	肥胖 （BMI≧）	
0	11.5	11.5-14.8	14.8	15.8		11.5	11.5-14.7	14.7	15.5	
0.5	15.2	15.2-18.9	18.9	19.9		14.6	14.6-18.6	18.6	19.6	
1	14.8	14.8-18.3	18.3	19.2		14.2	14.2-17.9	17.9	19.0	
2	14.2	14.2-17.4	17.4	18.3		13.7	13.7-17.2	17.2	18.1	
3	13.7	13.7-17.0	17.0	17.8		13.5	13.5-16.9	16.9	17.8	
4	13.4	13.4-16.7	16.7	17.6		13.2	13.2-16.8	16.8	17.9	
5	13.3	13.3-16.7	16.7	17.7		13.1	13.1-17.0	17.0	18.1	
6	13.5	13.5-16.9	16.9	18.5		13.1	13.1-17.2	17.2	18.8	

資料來源：行政院衛生福利部國民健康署（2015）。兒童健康手冊。臺北市：行政院衛生福利部國民健康署。

　　針對體重過重或肥胖的幼兒，可藉由飲食習慣、運動習慣及照顧者以身作則等方式改善其肥胖問題，方法如下分述之（郭玉芳，2008）：

(一)**避免讓幼兒喝含糖的水**：在嬰幼兒還在餵奶與副食品的階段，有些照顧者以果汁代替平時喝水的習慣，誤以為可以增加營養，但是市售果汁含糖過多，隨著身體所需水分逐漸堆積在嬰幼兒體內，反而造成肥胖的因子。

(二)**不使用甜食充當安慰劑**：有些照顧者習慣在幼兒哭鬧時，給予零食作為安慰劑，或是幼兒不肯吃飯時，準備餅乾、洋芋片或甜食作為替代食物。甜食屬於高熱量、重口味並且營養價值低的食物，易造成幼兒肥胖問題。

(三)**避免飲用垃圾食物**：速食店的漢堡、炸雞、薯條屬於高熱量的垃圾食物，應避免提供給幼兒食用，更不能以到速食店用餐做為給幼兒的獎勵與談判條件，應該鼓勵幼兒多吃蔬菜。

(四)**重視幼兒早餐的營養**：市售早餐店的食物營養較不均衡，照顧者應重視幼兒早餐的品質。

(五)**進補要適度**：幼兒如果體重已經明顯過重，就不該貿然進補，許多養生補品都是加入肉類一起燉煮，容易讓幼兒不知不覺吃進大量油脂，以致營養素攝取過剩。

(六)**減少脂肪攝取量**：幼兒每天油脂攝取量不要超過總熱量的30%為宜，食用過多油脂性食物，對腸胃吸收功能不好的幼兒來說，可能造成脂肪性下痢或腸胃炎等症狀發生。

(七)**不要讓幼兒節食**：幼兒期正值成長茁壯階段，需要適量的蛋白質、鈣質及熱量的供應，使用節食法控制體重是不正確的，反而會導致營養攝取不均衡，影響生長發育狀況，或是因熱量及營養不足而使精神不佳，影響學習成效。

(八)**養成運動的好習慣**：照顧者可多讓幼兒到戶外活動，讓幼兒運動消耗體力，能刺激幼兒食慾。運動的方式不必過於僵化，不侷限在運動場上，可融入生活中，例如：走路、爬樓梯、幫忙做家事等都是消耗能量的好方法。

(九)**照顧者要養成以身作則的好榜樣**：大人的言行舉止會投射在幼兒身上，因此照顧者要從自身做起，不僅要幫幼兒的飲食把關，選擇適合幼兒的食物，並教導幼兒建立不偏食的良好飲食習慣。

二、幼兒期的飲食建議

(一)幼兒期的飲食原則

幼兒期一般的飲食原則如下：

1. 每日營養素應平均分配於三餐。點心可用以補充營養素及熱量，食物的質應優於量。
2. 一天至少喝二杯牛奶，供給蛋白質、鈣質及維生素B_2。
3. 一天一個蛋，供給蛋白質、鐵質及維生素B群。
4. 深綠色及深黃紅色蔬菜每天至少應該吃一份（100公克）。
5. 每週補充動物內臟一次。
6. 學習用湯匙或筷子的時期，食物要容易取用，幼兒自己吃不完時，大人再協助餵食。

(二)幼兒期點心的供給

幼兒的消化系統尚未發展成熟，胃容量較小，三餐以外可供應1-2次點心，以補充營養素及熱量，其點心供應原則如下：

1. 點心宜安排在飯前2小時供給，量以不影響正餐食慾為原則。

2. 點心的材料以選擇新鮮蔬菜及水果或不含糖的牛奶及奶製品等為佳。

3. 避免含有過多油脂、糖或鹽的食物，例如：薯條、洋芋片、巧克力、可樂⋯⋯。

4. 三餐及點心的熱量分配原則為早餐：午餐：晚餐：點心＝25：30：30：15。若以1,600大卡的幼兒飲食為例，早餐為400大卡，午餐或晚餐為480大卡，點心為240大卡。一天若有兩次點心，則點心一次供應為120大卡。

(三)養成良好的飲食習慣

1. 定時、定量、不偏食、飯前不吃零食。
2. 飯前洗手、飯後刷牙漱口。
3. 不隨意將任何物品放入口中；掉在地上的食物不要吃。
4. 愛惜食物，不浪費。
5. 用餐時應細嚼慢嚥，不邊吃邊說話。
6. 保持愉快的用餐氣氛，飯前不做激烈運動。
7. 不邊吃飯邊玩或邊使用3C產品。
8. 吃飯時間不要超過30分鐘以上。

第四節　均衡飲食

　　身體所需的營養素來自各類食物，而各類食物所提供營養素不盡相同，每一大類食物是無法互相取代，在做選擇的同時，以未加工的食物為優先。

一、幼兒飲食設計

根據《幼兒園教保服務實施準則》第12條，幼兒園應提供符合幼兒年齡及發展需求之餐點，以自行烹煮方式為原則，其供應原則如下：

(一)營養均衡、衛生安全及易於消化。

(二)少鹽、少油、少糖。

(三)避免供應刺激性及油炸類食物。

(四)每日均衡提供六大類食物。

二、幼兒期的飲食問題

幼兒的飲食行為發展主要受到幼兒飲食後的生理作用、飲食經驗及連結作用、後天學習與社會情境等因素的影響，常見的幼兒飲食問題如：偏食及食慾不振。

(一)偏食

造成幼兒偏食的原因很多，再加上不良的飲食習慣，導致許多因偏食衍生的問題，如營養素攝取不均，體重過重或過輕。幼兒偏食的問題普遍存在，其原因歸納如下（楊素卿，2014；中國醫藥大學兒童醫院，2015）：

1. **副食品添加的時機不當**：嬰兒時期錯過添加副食品的適當時機，造成幼兒對於固體食物適應不良。

2. **照顧者的飲食習慣**：幼兒偏食往往是模仿照顧者的結果，如果照顧者本身偏食，往往無形中亦會影響幼兒不吃或討厭某種食物，因此照顧者應以身作則，廣泛攝取各類食物。

3. **失敗的學習經驗**：幼兒自兩三歲起，對於食物的味道、形

狀、色彩、溫度、觸覺等，開始會表現喜好與厭惡的感覺。然而，不愉快的進食經驗，例如：被魚刺鯁到、被熱湯燙到等，將會造成幼兒拒吃或害怕的心理。

4. **想吃什麼就給什麼**：進入嬰兒期時，應該給予各種食物的嘗試，不要因照顧者個人不喜歡而斷絕了幼兒的口慾。

5. **零食不離口**：五花八門的零食對幼兒極具誘惑力，若是養成常吃零食的習慣，會導致胃腸道消化液不停分泌及食慾下降。

6. **父母親過分溺愛**：父母親專挑幼兒喜歡的食物餵食，長期下來會造成偏食行為。

7. **用餐不專心**：邊吃飯邊玩或看使用3C產品，以致消化不良、食慾降低、用餐時間延長，進而厭食。

8. **食物烹調不當**：食物烹調的味道不佳，造成幼兒不喜歡進食。

9. **餐桌氣氛不良**：如果父母親關係不和，常在餐桌上爭執，孩子吃飯時會容易精神緊張，導致沒有食慾，也會誘發偏食。

10.**引人注意**：有時候小朋友的偏食，是為了引起父母親的關注。

11.**沒有正確的營養知識**：因照顧者沒有正確的營養知識，造成幼兒只吃照顧者自認為營養的食物，久而久之便易造成其偏食的現象。

12.**過度矯正或強迫進食**：過分糾正幼兒的偏食習慣或者幼兒不吃食物時，照顧者利用威脅或強迫的方式，反而造成幼兒對於某種食物的厭惡及懼怕。

13.**齲齒造成飲食攝取困難**：嚴重的奶瓶性蛀牙會引起牙齒疼痛，造成飲食攝取困難，影響孩子生長發育、外觀及發音。

針對幼兒之偏食問題，可採用幾種改善方法：

1. 調整幼兒的生活習慣：生活規律可以調整食慾。

2. 讓幼兒養成良好的飲食習慣：定時定量，規律有節制。

3. 不亂吃零食，養好胃口吃正餐。

4. 愛惜食物，不浪費。

5. 進餐時，應細嚼慢嚥，不邊吃邊說話或邊玩、邊使用3C產品。

6. 保持愉快的進餐氣氛，進餐前後不做激烈運動。

7. 吃飯時間不要超過30分鐘以上。

8. 改善幼兒不正確觀念的影響：照顧者不要在幼兒面前批評食物的好壞。

9. 造型多變化：在食材的切法、造型、擺盤與裝飾上，多考慮視覺上對幼兒的吸引力。

10.改變烹調的方法：同一種食品，改變烹調方式，例如：煮的、炒的、蒸的等，味道就會不一樣，亦可改變調味料使味道千變萬化。

11.食品種類多樣化：依照每個季節提供各種不同的當季食材，將食品分類是很必要的，旺季時可以選擇較好吃的給幼兒吃。

12.不要太過依賴速食品：現在食品豐富，處理的方法也很多，但大多數的家庭只吃幾種有限而固定的食品，烹調法也沒有變化，因此照顧者的偏差會造成幼兒傾向偏食的習慣。

13.改善進食的環境和氣氛：例如和其他幼兒一起進餐。

14.勸導鼓勵力行愛的教育：以鼓勵勸導的方式取代強迫利誘的手段，來使幼兒進食。

(二)食慾不振

　　幼兒食慾通常處於易波動而不穩定的狀況，當幼兒出現胃口不好或者缺乏進食感時，照顧者必須瞭解其食慾不振之原因並加以改善。幼兒食慾不振的原因有以下幾點（郭玉芳，2008）：

1. **給予過多零食**：飯前給予過多零食，使食慾中樞長時間受到刺激，而轉入抑制狀態。
2. **飯前劇烈運動**：劇烈運動抑制了幼兒視丘下的食慾中樞，因此胃口不好，此種現象常出現在好動愛玩的幼兒身上。
3. **偏食阻撓代謝**：因幼兒偏食導致某些稀有營養素，如：鋅、銅、鐵、鈣等缺乏，以致身體組織代謝不好，食慾自然減低。
4. **活動量不夠多**：照顧者對幼兒活動限制過度，因運動量太少，而身體能量消耗過少，缺乏飢餓感而沒有食慾。
5. **心理壓力造成**：照顧者以強迫甚至採取打罵等激烈手段，造成幼兒食慾降低。
6. **罹患腸胃疾病**：部分嬰幼兒可能因為罹患各種腸胃慢性疾病或有其他狀況問題，但是沒有加以及時適當診治處理，導致食慾不振。

針對幼兒食慾不振之狀況，可採用以下幾點方式促進食慾：

1. **調節時間情緒**：當幼兒開始學習吃飯時，即要養成家人固定時段用餐的習慣，並且不要讓幼兒在飯前食用零嘴；另外，要營造歡愉的進食氣氛，輕鬆愜意的用餐，以增加食慾。
2. **料理食材變化**：照顧者可加強菜色食物的味道與變化，配合各種春夏秋冬等季節及氣候，調整食材與烹煮方式，只要能夠有益健康和增進食慾，都能嘗試做做看。

3. **餐具器物吸引**：照顧者可以利用逗趣或吸引幼兒想進食的餐具，有助於提升幼兒用餐的興趣及習性。

4. **洗個澡，食慾會更好**：幼兒在玩耍、消耗熱量後，情緒仍處於興奮狀態，洗個澡能夠舒緩幼兒的情緒，全身放鬆，可增進食慾。

5. **飲食需個人化**：對於營養不良的幼兒，可以少量多餐逐漸增加食物的量。

6. **減少外界刺激**：吃飯時儘量讓幼兒專心，周遭環境避免太吵雜、使用3C產品、玩具或光線刺激。

三、培養良好的飲食習慣

面對幼兒不當的飲食行為，應該改變其想法，打從心裡認同吃飯是為了自己的成長及健康，因此培養良好的飲食習慣，可增進未來健康飲食的選擇，陳珮雯（2015）提出四大食育策略：

(一)用故事改變餐桌上的氣氛

用餐氣氛保持愉快可促進食慾，以故事繪本敘述食物的故事，例如：愛吃水果的牛、蔬菜運動會、可以吃的植物……，取代訓斥。

(二)帶幼兒進廚房和食材培養感情

廚房是家中離食物最近的環境，在安全的原則下，引導幼兒進入廚房認識食材，讓幼兒與食物間產生連結，進而培養其飲食習慣。

(三)化身小農夫，深植「選食力」

日本食育教育讓學生經由親身體驗瞭解食物生產和調理的過程，

培養兒童對食物的感激（董時叡、蔡嫦娟，2012）。幼兒經過親手種植，親自打理菜園，經驗農事的完整流程，自然學習到「安全」食物及節氣蔬果的概念，養成其「選食力」。

(四)共讀食育繪本，認識「真食物」

主婦聯盟環境保護基金會（2015）從推動「綠食育」活動以來，運用「綠繪本」設計食育教案，以結合繪本故事、概念講解與實作活動的安排，讓幼兒與親子一同在寓教於樂中學習健康飲食。

【近年教師檢定考題解析】………………………

　　近年教師檢定幼兒食品與營養考題以食品營養及維生素缺乏症為主，其次是食品保存、用餐原則及生長曲線等範圍，並且以實務性情境題型為主。

　　教師檢定考題來源：國家教育研究院教師檢定歷屆試題及參考答案，網址：https://tqa.ntue.edu.tw/

一、營養概述

1. 幼兒長期吃素而引發惡性貧血，是缺乏下列哪一項營養素？

　　　　　　　　　　　　　　　　　　　　　　　（100年教檢）

(A)鐵質　　　　　　　　　　(B)葉酸

(C)蛋白質　　　　　　　　　(D)維生素B_{12}

2. 關於維生素C與維生素E的敘述，下列何者正確？

　　　　　　　　　　　　　　　　　　　　　　　（101年教檢）

(A)維生素C與維生素E皆屬水溶性維生素

(B)維生素C及維生素E的攝取皆不會有過多的疑慮

(C)維生素C有助維護血管壁彈性；維生素E可預防溶血性貧血

(D)缺乏維生素C易出現牙齦出血症狀；缺乏維生素E易出現腳氣病

3. 最近張老師發現班上的小芳經常發生嘴角破裂、潰瘍的情形。張老師應該鼓勵小芳多吃下列哪一種食物，以補充缺乏的維生素？

　　　　　　　　　　　　　　　　　　　　　　　（101年教檢）

(A)果仁　　　　　　　　　　(B)魚類

(C)柑橘水果類　　　　　　　(D)綠色葉菜類

4. 下列哪一種維生素缺乏時容易造成血液凝固時間延長？

（102年教檢）

(A)維生素D　　　　　　　　(B)維生素B_1

(C)維生素B_2　　　　　　　(D)維生素K

二、嬰兒期營養

5. 關於一歲以下嬰兒禁止食用蜂蜜的最主要原因，下列何者正確？　　　　　　　　　　　　　　　　　　（101年教檢）

(A)蜂蜜含有肉毒桿菌芽孢，容易造成中毒

(B)蜂蜜含有特殊的蛋白質，容易造成過敏

(C)蜂蜜含有過高的精緻糖，容易造成蛀牙

(D)蜂蜜含有蜜蜂的免疫體，容易造成過動

三、幼兒期營養

6. 下列有關幼兒肥胖的敘述，何者錯誤？　　（100年教檢）

(A)肥胖與家族遺傳有關

(B)肥胖與家庭飲食習慣有關

(C)肥胖可利用運動及飲食控制加以改善

(D)肥胖與未來得到新陳代謝的疾病無關

7. 依生長曲線圖來看，五歲小明的體重百分位數為97。下列教師的建議，何者較為適當？　　　　　　　　　（104年教檢）

(A)建議運用遊戲方式吸引小明專注於用餐

(B)建議家長改變家庭的飲食型態，降低熱量攝取

(C)建議家長採尊重的態度，讓小明自己控制飲食習慣

(D)建議小明多飲用牛奶或添加營養素，以改善營養狀態

四、均衡飲食

8. 下列有關幼兒用餐原則的敘述，何者錯誤？　　（102年教檢）

(A)供應的餐點及烹調方法應力求多樣化

(B)讓幼兒自己決定用餐分量，不足時再行添加

(C)飯前30分鐘宜提供幼兒體能活動以促進食慾

(D)主要照顧者的飲食習慣及態度會影響幼兒的飲食習慣

【解答】………………………………………………………

1.D　　2.C　　3.D　　4.D　　5.A　　6.D　　7.B　　8.C

參考文獻

中國醫藥大學兒童醫院（2015）。幼兒偏食行為。網址：http://www.
　　onped.com/%E7%96%AB%E8%8B%97/itemlist/user/777-%E5%85
　　%92%E7%AB%A5%E9%86%AB%E9%99%A2.html

王昭文、吳裕仁、唐秀蘭、許世忠、陳師瑩、陳慈領、黃靖媛、馮瑜婷
　　（2013）。幼兒營養與膳食。臺中市：華格那。

主婦聯盟環境保護基金會（2015）。飲食綠繪本。網址：http://www.huf.
　　org.tw/action/content/2790

幼兒園教保服務實施準則（2012年1月8日）。

行政院衛生福利部食品藥物管理署（2012）。每日飲食指南。臺北市：
　　行政院衛生福利部食品藥物管理署。

行政院衛生福利部食品藥物管理署（2012）。國民飲食指標手冊。臺北
　　市：行政院衛生福利部食品藥物管理署。

行政院衛生福利部國民健康署（2015）。兒童健康手冊。臺北市：行政
　　院衛生福利部國民健康署。

行政院衛福部（1991）。國民營養指導手冊（二版）。臺北市：行政院
　　衛福部。

行政院衛福部（2013）。嬰兒期營養 —— 健康均衡的飲食頭好壯壯的
　　寶寶。網址：http://health99.hpa.gov.tw/educZone/edu_detail.
　　aspx?CatId=11993

周弘傑（2015）。解讀嬰兒配方奶粉。網址：https://www.ntuh.gov.tw/
　　Ped/health/DocLib3/%E8%A7%A3%E8%AE%80%E5%AC%B0%E
　　5%85%92%E9%85%8D%E6%96%B9%E5%A5%B6%E7%B2%89.
　　aspx

國民健康署（2015）。哺餵母乳的好處。網址：http://health99.hpa.gov.
　　tw/Article/ArticleDetail.aspx?TopIcNo=889&DS=1-life

張欣戊、林淑玲、李明芝（譯）。發展心理學（原作者：David R. Shaffer & Katherine Kipp）。臺北市：學富。

教育部（2015）。一百零二學年至一百零六學年幼兒園基礎評鑑指標。網址：http://gazette.nat.gov.tw/EG_FileManager/eguploadpub/eg018153/ch05/type3/gov40/num14/Eg.htm

郭玉芳（2008）。0-6歲幼兒飲食指南。臺北市：邦聯文化。

陳珮雯（2015）。媽媽力改變：從拚廚藝到推食育。親子天下寶寶季刊，11，80-83。

陳毓璟、林宜靜（2003）。幼兒營養與膳食。臺北市：五南。

楊素卿（2014）。嬰幼兒營養與膳食。臺北市：華騰文化。

董時叡、蔡嫦娟（2012）。日本食農教育對臺灣農業推廣工作的啓示。興大農業，85，2-4。

葉郁菁

幼兒疾病與保健

CHAPTER 11

　　幼兒因爲抵抗力較弱，剛入學時尚在適應階段，面對團體生活經常容易遭到傳染，幼兒教保人員必須瞭解幼兒常見的疾病類型並審慎處理。依據《幼兒園教保服務實施準則》（2012）第9條規定，幼兒園應每學期應至少爲每位幼兒測量一次身高及體重，教保服務人員需要記錄幼兒健康資料檔案，妥善管理及保存。同時幼兒園應定期對全園幼兒實施發展篩檢，通常幼兒園實施的時間爲每學年度開始（約9月初），對於未達發展目標、疑似身心障礙或發展遲緩之幼兒，則依照規定應該通知家長，請家長帶幼兒至醫療院所檢查。幼兒發展篩檢建議應該由專業教保服務人員施測，家長填寫時容易因爲迴避幼兒發展遲緩的事實而有誤差。

第一節　口腔、牙齒、視力與聽力的保健

一、牙齒保健

　　嬰兒使用奶瓶可能導致奶瓶性齲齒（nursing bottle caries），建議嬰兒滿一歲之後應該停止奶瓶的使用。幼兒因爲換齒，潔牙動作不徹底，導致齲齒的比例增加。建議應該每半年由牙醫師做牙齒定期檢查。國民健康署補助5歲以下幼兒每半年一次牙齒塗氟和口腔檢查，早期發現幼兒蛀牙並做矯治。除了塗氟可以加強幼兒牙釉質的礦化過程、減低去礦化的反應，另一個與齲齒有關的危險因子爲含糖食物的攝取。嬰幼兒飲食偏好甜類食物，夜間飲用果汁、配方牛奶、經常吃點心，都會提高齲齒的風險（臺大兒童醫院，2013）。

　　幼兒開始長第一顆牙時就應該進行口腔清潔，使用的牙齒建議用軟毛，刷頭大小約1-1.5公分，牙刷要定期更換，教保服務人員若發現牙刷刷毛分叉，應該建議家長更換。牙膏的部分以含氟牙膏，

2-5歲用量以一顆豌豆大小的量，每次刷2顆牙，依序將牙齒刷完，刷牙時切勿過於用力以免破壞琺瑯質（教育部國民及學前教育署，2014）。照顧者應避免讓嬰幼兒含著奶瓶入睡（臺大兒童醫院，2013），以免造成奶瓶性齲齒。

二、視力發展與保健

　　幼兒常見的視力問題包含機能性視力不良，如：弱視、斜視、近視、和遠視。2013年罹患近視就診的9歲以下兒童超過24萬人，因斜視就醫的0-9歲兒童為1萬5千人（表11-1）（衛生統計，2015）。臺灣幼兒的近視問題特別嚴重，近視罹患率高居世界第一，尤其近年來智慧型手機和平板電腦盛行，許多家長將手機和平板電腦視為3C保母，已經嚴重影響到幼兒視力。傳染性的眼睛疾病則有結膜炎、砂眼。近視的原因為眼軸太長導致影像聚焦在視網膜前方，無法看遠。如果教保人員觀察幼兒有下列視力問題，則可以建議家長帶幼兒到眼科檢查（教育部國民及學前教育署，2014）：

1. 看書或寫字的距離太近。
2. 看東西時常瞇眼。
3. 走路常跌倒，或常用手揉眼睛。
4. 不喜歡專注的工作。
5. 需要用眼時，頭部斜歪一邊。
6. 幼兒表示眼睛痛、癢、或眨眼次數增加。
7. 眼睛怕光流眼淚。

表11-1　2013年0-4歲、5-9歲嬰幼兒門診人數統計　　　　單位：人

疾病別		0-4歲	5-9歲
兒童癌症	淋巴、造血組織（血癌）	318	576
	骨癌	94	93
	消化器、腹膜	88	69
	兒童癌症門診人數總計	852	1,227
良性腫瘤		7,503	7,133
視力	近視	16,784	226,449
	遠視	10,366	25,228
	斜視	6,634	9,010
耳	中耳炎	131,138	81,583
	耳聾	9,219	4,248
呼吸道感染		1,025,090	954,941
氣喘		116,283	125,768
齲齒		336,604	657,659
便秘		105,785	56,494
燒傷		15,662	7,355
中毒		11,179	4,023
骨折		6,788	13,902

資料來源：衛生統計（2014）。

　　色盲即無法辨別色彩，色盲又分爲先天性色盲和後天性色盲。先天性色盲造成的原因主要是性聯遺傳疾病，多半發生在男性身上。後天性色盲則常因爲視神經或視網膜病變造成。通常用來檢查色盲的工具爲石原氏色盲檢測圖，共有十張。檢測圖是一系列的彩色圓盤，包含多種顏色和大小的原點，色覺正常者可以很容易分辨數字，若有色盲則無法分辨。

　　麥粒腫（hordeolum）就是俗稱的針眼，是眼瞼邊緣皮脂腺內的細菌感染，造成眼瞼邊緣的腫塊，表面紅熱腫痛，可能會有化膿的膿頭。熱敷可以加速消腫，若有化膿可以在眼科診所進行切開，加速感染控制（臺大兒童醫院，2013）。

　　眼位不正（squint）也就是斜視，包含俗稱的「脫窗」或「鬥雞眼」。斜視對幼兒的影響是視覺的發育，幼兒偏好使用一隻眼睛看，造成另一隻眼睛弱視。其次為雙眼視覺的發育，導致動作協調度不佳。第三是明顯斜視可能造成人際關係或心理自尊的影響（臺大兒童醫院，2013）。

三、幼兒聽力診斷

　　幼兒的語言學習和聽力有密不可分的關係。3歲以前是發展聽覺的重要時期，語言發展遲緩常常因為聽力障礙所導致。聽力損失（hearing impairment）包含傳音型聽損，由外耳及中耳病變所致；感音型聽損則是由內耳語聽神經病變所致；混合型聽損則是同時包含上述二者。3歲以上幼兒可以配合聽力檢查指令，因此可以施行「純音聽力檢查」。感音型聽損的幼兒可以配戴助聽器，進行聽能復健訓練，避免錯過語言學習的關鍵期。若聽損程度小於65分貝，經過訓練與配戴助聽器之後，可以達到與正常人接近的聽力。聽損程度在65-95分貝之間，雖然經過學習，但仍會有構音的錯誤或某些腔調不正常。即使是輕微聽損對於幼兒的學習也有不利影響，應該積極治療（臺大兒童醫院，2013）。

☺ 第二節　幼兒先天性疾病與保健

一、小兒心臟病

多數幼兒的心臟病是先天性的，經常發生在風濕熱或結核菌的併發症兒童身上，心臟病兒童的瓣膜無法正確控制腔室間的血液流量（王冠今譯，2000）。先天性心臟病的發生率約占新生兒的8-10‰，絕大部分的嬰幼兒經過治療可以痊癒。少部分嚴重的先天性心臟病必須進行階段性的手術，在等待手術的過程中或手術後的恢復期，因心臟無法維持穩定的功能或功能尚未復原，因此居家照顧期間需使用輔助性的醫療儀器，如：血氧監視器或氧氣製造機（中華民國心臟病兒童基金會，2015）。

心臟病兒童可能會有下列病癥，照顧者應多加留意（中華民國心臟病兒童基金會，2015）：

1. 心臟雜音：心臟心室中膈缺損（有破洞），導致無法密合，血液產生不正常流動，因此有雜音。

2. 呼吸困難、急促，心跳過快、容易感冒、盜汗等：滲積的血液累積在肺泡中，使得肺泡充滿水而非空氣，需氧量增加，就容易喘。

3. 皮膚指甲發黑、發紫，因為動脈中參雜靜脈血，血氧濃度降低，因此皮膚或指甲會變紫黑色。另外還有杵狀指，手指或腳趾變厚、扁平。

4. 蹲踞反應：兒童蹲下時可以增加靜脈回流量和肺部的血流量，改善病童缺氧問題。

5. 胸痛、胸部突出：當心臟擴大時，可以看到病童胸部較突出、觀察到胸部的心跳。

當幼兒有先天性心臟病時，建議教保人員應留意：

1. 觀察幼兒的呼吸現象：是否有呼吸特別急促、困難或費力的情形。

2. 過度激烈的活動可能導致心跳、心輸出量、氧氣耗損量大量增加。若觀察幼兒心肺功能良好，平日無特殊症狀時，不太需要限制活動量。但是一旦幼兒輕度運動（如：步行、健身操）或中度運動（如：慢跑、直排輪）也會出現不舒服，就應該避免。

3. 減輕呼吸的負擔，避免讓幼兒穿著緊身的衣物，以免影響肺部擴張。

4. 指導幼兒牙齒保健：幼兒發生齲齒，可能引發心膜發炎，所以平常要養成正確的刷牙習慣和口腔衛生。

5. 避免學習壓力：過多的壓力和焦慮可能加重幼兒心臟負擔。

二、兒童癌症

2013年因惡性腫瘤就診的嬰幼兒人數約2千人，其中0-4歲852人、5-9歲1,227人。兒童癌症中又以淋巴、造血組織癌症（血癌）和骨癌人數最多（表11-1）（衛生統計，2015）。

兒童癌症有九大警示徵狀（中華民國兒童癌症基金會，2015）：

1. 臉色蒼白：須排除偏食、營養不良引起的貧血現象。

2. 紫斑或出血：沒有碰撞但或有突然的出血點。

3. 超過兩星期不明原因的發燒。

4. 不明原因的疼痛。

5. 不明原因的腫塊。

6. 淋巴腺腫大：通常幼兒病毒或細菌感染後會造成局部淋巴腺腫大，之後會慢慢變小或消失。不過若無痛性的淋巴腺持續腫大，建議應該詳細檢查。

7. 肝脾腫大：在左、右肋下摸到硬塊。

8. 神經方面的症狀：頭痛、嘔吐、走路不穩、抽搐等。

9. 眼睛異常反射光。

當兒童被診斷出癌症，家長、兒童都面臨極大的壓力和挑戰。癌症病童常因就醫而缺席，擔心學習受到影響，治療後體力也比較差，學習注意力較不專心。同時有些幼兒因為化學治療掉髮或者身體外觀改變，擔心同儕嘲笑。家長有時擔心癌症病童的病情被他人知道而刻意隱瞞，但是當教保人員不清楚幼兒病況時，便無法提供及時的協助。家長應該坦承告知，當幼兒結束治療，需要返回幼兒園時，建議家長應該先與教保人員共同討論如何協助癌症病童重返幼兒園適應學校生活。建議教保人員可以這樣做：

1. 老師向好奇的同學說明癌症病童的頭髮為什麼掉光？因為正在接受很強的治療，頭髮會暫時掉光，當治療結束後，頭髮就會慢慢長出來。

2. 教保人員應該留意幼兒無心的或惡意的攻擊，鼓勵班上幼兒關懷生病的孩子，並盡可能提供協助和照顧。

3. 清楚讓其他幼兒瞭解，生病的孩子並不喜歡別人不公平的對待，也讓癌症病童知道當這些不愉快事情發生的時候可以向老師求助。

4. 讓癌症病童知道他在幼兒園隨時可以找到幫忙他的好朋友或老師。

5. 向家長詢問有關癌症病童照顧和飲食的特殊需求，並讓家長瞭解病童在幼兒園的情況。

6. 家長面對癌症的孩子必然感到憂心與疲累，教保人員適時提供情緒和心理的支持，可以紓解照顧者的壓力。

三、糖尿病

　　兒童期罹患的糖尿病多半是第1型，也稱為胰島素依賴型糖尿病（insulin dependent diabetes mellitus），主要是因為體內缺乏胰島素，必須注射胰島素來維持體內正常的代謝和防止酮症的發生。臺灣學童發生的糖尿病主要以第2型為主，且這些兒童常伴隨著肥胖和高血壓，只要減輕體重、改善飲食習慣和增加運動，就能治癒，通常不須注射胰島素（李燕晉，1988）。第2型糖尿病的兒童因為過於肥胖，所以常有「黑棘皮症」（acanthosis nigricans），發生在手腳彎曲或相互摩擦部位的皮膚，常見於頸部、腋窩、腰部周圍、鼠蹊部、指關節背側、手肘和腳趾，這些部位的皮膚常有暗色的過度色素沉澱絨毛裝狀瘢塊（社團法人中華民國糖尿病衛教學會，2015）。糖尿病童因為運動過量或進食量太少導致血液中的葡萄糖過低，就又可能導致胰島素反應，臨床表徵包含：搖晃的感覺、臉色發青、極端的飢餓感、全身顫抖、頭昏眼花、腹部疼痛或反胃、視線模糊、疲倦想睡。第一型的兒童每天需要注射兩次胰島素，同時血液和小便測試可以做為監控血糖值的依據。雖然糖尿病無法治癒，但是可以達到很好的控制（王冠今譯，2000）。

　　教保人員得知班級有糖尿病兒童時，應留意：

1. 瞭解病童的基本資料和就醫情況，諮詢醫療人員當病童有胰島素反應時應有的緊急措施。

2. 教室中準備糖或含糖食物。

3. 依照幼兒的特殊需求準備點心和午餐，點心和午餐時間不要

延誤1小時以上。不要刻意禁止兒童吃某些食物，或者兒童沒有胃口時，仍為了控制血糖只能吃某類食物，這看起來會讓幼兒感覺自己被懲罰，最後就不再誠實告訴大人他額外吃的東西，反而容易導致高血糖。若幼兒不餓，不需要求他們吃東西。

4. 教保人員應該鼓勵病童參加園內的活動，不需要過度限制，甚至邀請病童家人一起參與。看電視、打電玩、看電腦的時間每30分鐘就要運動5分鐘。

四、氣喘

氣喘是肺部的慢性發炎反應。多數的兒童氣喘和過敏體質和外在環境因素有關。所謂過敏體質是幼兒對某些物質產生過敏，雙親皆有過敏體質，遺傳給子女的機率為2/3。環境中包含塵蟎（高達九成的過敏原為塵蟎）、寵物毛髮、黴菌、花粉等，均可能誘發過敏反應。過敏從出生之後，嬰兒即出現臉、頭部反覆的濕疹，隨著長大，幼兒常因眼睛或鼻子癢而抓揉，或者每次感冒時咳嗽症狀特別明顯，比其他幼兒咳得更久，最後可能轉為氣喘。臺灣氣喘兒的比例約為16%，且有逐年增加的趨勢。2013年因氣喘就診的0-4歲兒童約11萬6千人、5-9歲兒童約12萬5千人（表11-1）（衛生統計，2014）。表11-2為兒童氣喘發作從輕度、中度、重度、到呼吸衰竭的表現。氣喘反覆發作，可能使父母擔心氣喘藥物會導致藥物成癮，但是氣管長期發炎，反而導致平滑的呼吸道變得凹凸不平，更加敏感，使得氣喘症狀惡化、發作更加頻繁。目前所有氣喘藥物僅能控制氣喘但無法根除氣喘，如果不依照醫師指示按時服藥或自行停藥，反而容易使得氣喘惡化（臺大兒童醫院，2013）。

　　教保服務人員如何判斷幼兒有氣喘？可以從觀察幼兒行爲做評估：通常氣喘會出現反覆性、延長呼氣期，嚴重時可聽到咻咻的喘鳴聲（wheezing）。如果幼兒在夜晚或凌晨時咳嗽加劇，就要加以留意。

表11-2　氣喘發作的表現

	輕度	中度	重度	呼吸衰竭：緊急
喘息嚴重度	走路會喘 可以躺下來 嬰兒哭聲短弱、餵食困難	説話會喘 喜歡坐著	休息時也會喘 嬰兒停止進食	
説話長度	句子	片語	單字	
呼吸速率	增加：1歲以下超過每分鐘50次 　　　1-5歲超過每分鐘40次 　　　6-8歲超過每分鐘30次			
喘鳴聲	常在呼氣末端	通常有	通常有	吸氣時腹部鼓起胸部凹陷
心跳數／分	小於100下	100-120下	大於120下	心跳變慢

資料來源：兒童氣喘的照護與治療（臺大兒童醫院，2013）。第546頁。

氣喘的預防包含下列作法：

1. **避免過敏性和非過敏性的刺激因素**：檢視幼兒園中的環境，飼養的寵物（狗、貓）可能因爲落毛飄落空氣中；幼兒園教室使用的窗簾、地毯、巧拼墊、娃娃家的絨毛玩具，也是非常容易堆積塵蟎和灰塵，應該定期清洗。過敏體質的幼兒建議家長使用午睡寢具時，儘量避免羽絨或鴨鵝毛等製成的物品。氣喘兒通常也會對某些物質特別容易過敏，例如：油漆、廚房油煙、汽機車的廢氣等，建議若有過敏體質的幼兒，呼吸道感到不適時，可以用口罩保護。

2. **適當的使用藥物**：當幼兒確診氣喘時，應該與小兒科醫師配合，偵測誘發幼兒的過敏原，除了環境中減低過敏原以外，遵循醫囑使用氣喘治療藥物：氣管擴張劑或抗發炎藥物。慢性氣喘施以類固醇治療，不過類固醇不建議長期使用。吸入劑可直接作用於氣管，藥效較快。吸入劑包含：加壓式定量噴霧吸入器、乾粉吸入器（必須6歲以上才能使用）、以及醫院較常使用的氣霧機。

第三節　幼兒園常見的疾病與處理原則

一、發燒與熱痙攣

發燒指的是體溫超過38度C且持續4小時以上（教育部國民及學前教育署，2014）。幼兒發燒時，應注意發燒的時間一直持續，即為弛張熱（remittent fever），若發燒的時間有時高熱，一段時間降下來，則為間歇熱（intermittent fever）。有些6個月到5歲的幼兒可能因為發燒產生熱痙攣（febrile convulsion）。極度高燒體溫超過40.5度C且持續高達41-42度C，可能導致幼兒昏迷、意識不清（臺大兒童醫院，2013）。

感冒（common cold）有許多可能的病毒引起，包含：冠狀病毒、流感病毒、腸病毒等。這類病毒性呼吸道感染在季節轉換的秋季和春季特別多。6個月以下嬰兒因為受到母親抗體保護，較少有感冒症狀，不過3歲以下幼兒每年約有6-8次上呼吸道感染。病毒傳染途徑主要為飛沫傳染或人與人直接的接觸，幼兒常有流鼻涕、鼻塞、喉嚨不舒服、發燒等症狀。流感（influenza）則和感冒不同，得到流感的幼兒會有高燒、全身發冷顫抖、頭痛、肌肉痠痛、關節痛、倦怠、沒

有食慾等症狀。

發燒的處理：

若幼兒沒有攜帶自己的藥到園，家長短時間內又無法趕到帶幼兒就醫。教保人員不可以用園內的阿斯匹靈等退燒成藥或退燒栓劑替幼兒退燒，或者以其他幼兒（包含同一家兄弟姊妹、雙胞胎手足）的藥品給生病的幼兒。建議教保服務人員可以採取物理退燒的方式，以冰枕或溫水擦拭，以降低體溫，幼兒因中樞神經尚未發育成熟，不可以使用酒精拭浴。不過物理退燒對於因為發炎引起的發燒沒有作用。若幼兒有先天性代謝疾病或慢性心肺疾病，物理退燒反而可能導致代謝機制崩潰或加重心肺衰竭。使用冰枕的較佳時機為中暑、脫水等引起的體溫上升（臺大兒童醫院，2013）。使用物理退燒後，教保服務人員應該詳細記錄幼兒的發燒時間、體溫、活動量、食慾等。若物理降溫超過4小時，肛溫或耳溫仍超過38.5度C，可使用經醫師開立給該幼兒的退燒藥水或栓劑，但兩者不可以同時使用。使用口服退燒藥，兩次劑量必須間隔至少4-6小時，因此教保服務人員餵藥時，一定要清楚記錄餵藥的時間（含時、分）。若幼兒沒有家長給藥同意書，教保服務人員應電話連繫家長帶幼兒就醫，並將幼兒體溫紀錄表影本提供給家長參考。發燒期間幼兒可能食慾較差，建議不要強迫幼兒進食，可以少量多餐，提供高蛋白、高熱量、和高碳水化合物的食物（教育部國民及學前教育署，2014）。

熱痙攣產生的原因與處理：

熱痙攣是幼兒體溫急速變化，腦部不正常放電，導致身體無法調解與適應體溫，發生的機率約為2-5%。教保人員必須立即判斷是否為熱痙攣，其臨床徵狀為：兩手兩腳對稱性的全身抽搐，肌肉僵直與鬆軟無力交替發生，眼睛上吊，嘴唇發紫，突然失去知覺，叫不醒，牙齒緊咬（教育部國民及學前教育署，2014）。

教保人員處理的六步驟為（教育部國民及學前教育署，2014）：

1. **保持呼吸道暢通**：將幼兒頭側一邊，使口腔內的分泌物流出，切勿強行打開幼兒嘴巴或硬塞物體，如此可能導致口腔受傷。這段期間勿給幼兒退燒藥物或水，以免嗆傷或哽塞。

2. **適當鬆解衣物**：避免幼兒被衣物擋住呼吸道。

3. **提供安全環境**：讓幼兒安穩平躺，幼兒發作時避免撞傷或滑落。

4. **評估意識型態**：記錄痙攣的時間、頻率、體溫、呼吸和脈搏的變化。

5. **觀察痙攣發作的時間**：睡覺中或遊戲中？有無前兆（頭暈、大哭）？發作時和發作後的狀態。

6. **讓幼兒安靜休息**：確認幼兒意識回復後讓幼兒安靜休息。

二、腸病毒的症狀與停課規定

腸病毒（enteroviros）又稱手足口病（hand-foot-and-mouth disease），流行期間約在每年的4月到9月，腸病毒的傳染性極強，主要經由腸胃道或呼吸道傳染，例如：幼兒上完廁所沒有確實洗手，糞口傳染，或者水或食物受到汙染。感染腸病毒的幼兒在班級內咳嗽或打噴嚏，經由飛沫傳染給其他幼兒（衛生福利部疾病管制署，2015）。

腸病毒潛伏期約有3-5天，腸病毒的臨床表現包含：皰疹性咽峽炎，口腔出現潰瘍，發燒持續2-4天。手足口病的口腔潰瘍出現於舌頭或口腔後部，幼兒常因為口腔潰瘍吞嚥口水不易，會有流口水的現象。得到腸病毒的幼兒應在家休息、多喝水以避免脫水。

　　腸病毒停班停課規定：腸病毒重症患者都是年齡較小的幼兒，所以國小低年級及幼兒園應遵循「727停課規定」，即7天內同一班有兩名以上幼兒確診為腸病毒時，應停課7天。

　　幼兒園平日即應加強幼兒的健康管理，遵循洗手的五步驟（教育部國民及學前教育署，2015）：

濕：脫下手中飾物，在水龍頭下將雙手用水淋濕。

搓：取洗手乳或肥皂在手心，兩手掌心互相摩擦，手心手背搓揉至起泡約20秒，自手背搓揉至手指，手掌及手背交互摩擦手指尖。

沖：以流動的自來水沖洗雙手。

捧：捧水沖洗水龍頭。

擦：用乾淨毛巾擦乾雙手。

　　腸病毒流行期，除了嚴格執行洗手清潔之外，建議教保服務人員只要發現幼兒有發燒症狀，立即請幼兒戴上口罩。平日午餐備餐與分盛餐點時，建議全班師生可戴上口罩，避免飛沫污染食物。同時幼兒家長也應建立高度警覺，一旦幼兒篩檢為腸病毒，應立即通報班級老師，並做健康自主管理。

三、流鼻血

　　幼兒流鼻血時，教保人員的處理方式（教育部國民及學前教育署，2014）：

1. 請幼兒保持冷靜：驚慌可能導致血流量增加，教保服務人員應該先安撫幼兒。

2. 維持呼吸道暢通：教保服務人員協助幼兒維持向前傾的坐姿，減低血管壓力。

3. 加壓止血：指導幼兒或教保服務人員以拇指和食指直接壓迫鼻樑兩側到鼻翼上的軟骨為止約5-10分鐘，並教導幼兒暫時以口呼吸，10分鐘後鬆開手指確認是否出血停止。

4. 以冰塊或冷毛巾冰敷鼻樑，協助止血。

5. 若仍無法有效止血，應送醫處理。

教保服務人員常有錯誤的動作反而導致幼兒流鼻血的情況更為嚴重（教育部國民及學前教育署，2014）：

1. 要幼兒躺下、向後仰或向前低頭，如此可能造成鼻血流入後咽部引起呼吸道阻塞，或嗆入肺部、吞入胃部而造成嘔吐。

2. 教保服務人員常在幼兒鼻孔塞入棉花、紗布、衛生紙，止血後常因為沾黏在出血的黏膜組織上，拉出棉花、紗布等反而造成黏膜撕裂，再度流血。

3. 教保服務人員壓住鼻樑，無法達到止血效果。

預防幼兒流鼻血的方式（教育部國民及學前教育署，2014）：

1. 教保服務人員提醒幼兒不要挖鼻孔。

2. 調節室內溼度，避免過於乾燥。

3. 幼兒流鼻血之後暫時避免激烈運動。

四、幼兒園託藥相關規定：幼兒園設置的空間（獨立保健室）老師給藥

1. 餵藥規定與做法

依據《幼兒園教保服務實施準則》（2012）第11條規定，幼兒園應準備充足且具安全效期之醫療急救用品。幼兒園應訂立託藥措施，並告知幼兒家長。幼兒園的託藥措施包含託藥的流程和託藥單（表11-3），必須公告同時貼在親師聯絡簿中。家長必須親自填寫託藥單、分量，教保服務人員餵藥時必須確實執行給藥的「5對」原

則：對的人、對的藥物、對的劑量、對的時間、對的用藥方法。如果有任何的不確定或不清楚，應該與家長聯繫確認之後再給藥。幼兒到校後，藥品應置於教室內幼兒不易拿取之處，避免放置於教室入口，以確保藥品管理的安全性。教保服務人員給藥之後必須填寫餵藥時間（含時、分）與餵藥人親自簽名。

表11-3　幼兒園託藥單參考範例

○○幼兒園幼兒託藥單
幼兒姓名：＿＿＿＿＿用藥日期：　年　月　日　餵藥者姓名：＿＿＿＿
班別：＿＿＿＿班＿＿＿病名：＿＿＿＿
一、用藥時間：□飯前　□飯後　□午睡起　□其他＿＿＿＿
二、用藥種類：□藥粉＿＿包　□藥水＿＿c.c.　□外用藥　□其他＿＿＿＿
三、備註：＿＿＿＿＿＿＿＿＿＿＿＿＿＿
家長簽名：＿＿＿＿＿＿＿＿＿＿＿　電話：＿＿＿＿＿＿＿＿＿＿

2. 可託藥的藥品種類

　　教保服務人員受幼兒家長委託協助幼兒用藥，應以醫療機構所開立之藥品爲限，且應該連同藥袋一併擲交給教保服務人員。用藥途徑不得以侵入方式爲之，如：注射、針劑。教保服務人員協助幼兒用藥時，應確實核對藥品、藥袋之記載，並依所載方式用藥。經常發現家長會提供蒜精、維他命、羊奶片等保健食品要求教保服務人員餵食，建議應該告知家長保健食品最好依據醫師建議服用，過多、不必要的保健食品反而可能造成幼兒身體負擔。其次，有醫師處方由中醫醫療院所開立的處方藥，可以接受託藥。散裝的中藥，沒有醫師處方、無法辨識成分的中藥粉（膠囊）都不可以接受家長託藥。

3. 給藥步驟和注意事項

　　依據《幼兒園教保活動課程健康安全實用手冊》，教保服務人員

給藥的五個步驟包含（教育部國民及學前教育署，2015）：

(1) 給藥前先洗手。確實執行「5對」。

(2) 向幼兒說明給予的藥物。

(3) 將藥物置入藥杯，協助幼兒服下並喝水。或用湯匙、餵藥吸管給藥。

(4) 較小的嬰幼兒或無法自行喝藥的幼兒，則將幼兒側抱後，從嘴角兩側緩慢注入藥水，分段給藥避免幼兒嗆到。

(5) 給藥後洗手。

服藥時間所稱的「飯後」或「飯前」，為用餐後（前）的30-60分鐘。8歲以下幼兒不建議給顆粒性藥物，以免吞藥時嗆傷。服藥時以白開水配著服用，且白開水的量要夠多，避免與果汁、牛奶、粥湯等一起服用。可以參閱藥品、藥水處方箋，是否有建議要放在低於室溫的環境中。教保服務人員不要強行灌藥，或者將藥粉直接倒入幼兒口中，將藥水噴在喉嚨後方，非常容易造成吸入性肺炎（教育部國民及學前教育署，2015）。

若依據《幼兒園教保活動課程健康安全實用手冊》提供的託藥單範例，提到「每次只帶當天劑量，單次劑量以藥包包妥，若藥水請用小瓶裝。」（頁112）。家長攜帶藥包時，仍須置入診所或醫院藥袋內，連同處方一併親自交給老師，不建議另外放在夾鏈袋中。此外，藥水分裝小瓶，可能會有汙染和劑量不足的問題，也應避免。

美國密西根教育部與社區健康部2014年公布的《學校用藥指南》中明確規定，若為醫師處方用藥，必須有醫師處方箋，上面有醫師簽名或職章，不可接受姓名以直接列印的方式。同樣密西根學校只有在家長提供同意書的情況之下才會給處方箋用藥，家長同意書包含學生學校的健康醫療紀錄、家長要求教師給藥的內容和範圍。因為處方箋用藥為長期藥物，所以相對規定只要每年更新家長同意書即可。

裝藥物的容器必須和藥品一併提供給學校，如果家長有需要，應該要求藥局配藥時提供兩個藥水罐，而不是由家長自行分裝。兒童的家長和監護人應該親自將藥交給老師，如果有困難，也必須以電話告訴老師有關兒童的用藥，以及藥瓶中的藥水量有多少，避免兒童誤飲，其次也避免在分裝的過程中，有可能因為家長誤倒劑量於分裝瓶中而導致用藥過量。藥品應該置於有藥品名稱的容器內，裝藥品的容器上面的標籤應該包含學童的姓名、藥品名稱、給藥劑量、給藥頻率（多久吃一次）、給藥的順序、開立處方的醫事人員、開藥的日期、藥品過期的期限。

第四節　幼兒園意外事故

一、中毒與處理方式

1. 幼兒園的設備與使用材料

大量的鉛會導致幼兒腦部、腎臟、神經系統和紅血球的嚴重傷害（王冠今譯，2000）。幼兒園油漆過的櫃子、牆壁、遊玩具，幼兒使用的鉛筆、顏料，或被汙染的土壤等，可能因為上述物件含鉛而造成幼兒用手直接觸摸過程中，不慎讓鉛滲入體中。教保人員應留意幼兒在戶外活動、課程活動結束後，一定要徹底清潔雙手；同時幼兒園整理環境使用的油漆和採購的幼兒教玩具、用品等，最好檢查是否含鉛，儘量選購適合嬰幼兒使用的安全材料。

2. 校園內常見的有毒植物

有幾種校園內常見的有毒植物，建議幼兒園應該移除：馬櫻丹、萬年青、變葉木杜鵑、鳳凰木、聖誕紅、日日春等，黃金葛因為容易栽植，常見教室中老師將黃金葛剪枝插在水瓶中布置，黃金葛汁液帶

有毒性，應該避免。聖誕紅全株都有毒，其分泌的乳汁會引起皮膚紅腫發炎，若幼兒誤食更會引起喉嚨痛、嘔吐、腹瀉。杜鵑花也是全株都有毒，誤食會有噁心、嘔吐、血壓下降等現象。幼兒園老師帶領幼兒進行植物相關主題課程時必須留意，平日注意校園內種植的植物，避免幼兒因好奇而採摘，都是防範措施。

二、異物哽塞與處理方式

幼兒常因為好奇，將一些小物件放在嘴裡或塞到鼻孔，可能導致呼吸道阻塞。家長或教保人員應留意下列的異物哽塞預防措施：

1. 在環境中應該留意過小的物件並不適宜放在較小幼兒隨手可得之處。例如：積木區中儘量避免太小的物件，如此也不利幼兒的小肌肉發展。

2. 嬰幼兒睡覺的床或寢具，避免過多繁複的小裝飾。

3. 幼兒用餐或點心時，口中有食物避免大聲喧鬧和放聲大笑，或四處奔跑。

4. 幼兒園提供的餐食中，也要留意可能會導致異物哽塞的魚骨刺、肉骨頭、或大骨湯裡的小碎骨等，太大不易咀嚼的粉圓、麻糬、肉塊等，最好切碎之後再讓幼兒食用。

5. 當發現幼兒激烈咳嗽、或者吞嚥困難想嘔吐，表現出無法說話和呼吸，教保人員應留意是否哽塞，應立即施予急救。

異物哽塞的急救步驟如下（林廷華，2013）：

1. 請幼兒以咳嗽咳出異物。

2. 施以哈姆立克法（腹部擠壓法）：施救者站在幼兒身後，環腰抱住幼兒，一手握拳，虎口放在肚臍和劍突中間，另一手掌蓋住後，快速往上推擠腹部5下。若幼兒已無呼吸，立即進

行CPR。

三、跌落撞傷

　　幼兒跌落撞傷不僅在家庭中，甚至保母居家環境、幼兒園，都是造成幼兒事故傷害的重要原因。有層出不窮的案例，都是成人未注意，幼兒爬行從高樓跌落，照顧環境的安全措施是預防跌落撞傷的重要防範機制。

　　骨折處理的六項步驟如下（教育部國民及學前教育署，2015）：

1. 檢查幼兒是否有窒息、出血及嚴重創傷，若有出血則先止血。
2. 若是一般傷口，則依傷口照護方式處理，若有較深的撕裂傷或傷口在頭部、臉部，應立即就醫。
3. 判斷是否有骨折情形。
4. 固定骨折處上下兩關節，用繩子綁住固定，儘速送醫。幼兒在沒有上夾板的情況下切勿移動。
5. 開放性骨折的出血應以消毒紗布覆蓋再用繃帶包紮止血，勿將受傷部位推回皮膚內、清洗傷口。
6. 注意保暖、預防休克，給予幼兒心理支持。

骨折時常見的6個症狀（教育部國民及學前教育署，2013）：

1. 幼兒受傷部位變形。
2. 受傷時有「啪」的裂聲或感覺骨頭斷裂。
3. 傷口顏色變藍、變腫。
4. 受傷肢體移動困難，或與正常肢體移動方式不同。
5. 肢體移動時沒有困難，但有「滋嘎」的摩擦聲。

343

6. 從傷口可以看見斷裂的骨頭。

四、傷口處理

幼兒因為在幼兒園活動，難免會有走路跌倒撞傷、使用工具不當造成的割傷、或因為推擠而有瘀傷，教保服務人員必須知道如何在第一時間的正確處理方式。幼兒一般傷口的處理步驟有以下六項（教育部國民及學前教育署，2014）：

1. 檢視傷口：若有出血先止血，抬高受傷部位（高於心臟），用乾淨手帕或紗布直接加壓至少10分鐘。

2. 清洗傷口：教保服務人員洗淨雙手，以清水將幼兒傷口由內往外沖洗乾淨。

3. 塗藥：以消毒或乾淨棉花棒，以環狀方式由內往外消毒傷口至少2.5吋，不可以來回擦拭以免感染。塗料以消毒軟膏或優碘，但不能塗雙氧水、紅藥水或紫藥水。雙氧水會降低皮膚再生能力，紅藥水和紫藥水則都有含汞，會造成皮膚傷害。

4. 以紗布覆蓋傷口，用繃帶包紮。

5. 保持傷口乾淨：傷口勿碰到水，若敷料有滲出液則更換新的敷料。

6. 送醫治療：傷口流血不止、太深，持續疼痛或惡化，應立即送醫。

五、幼兒交通事故傷害

事故傷害（unintentional injuries）的定義為：非預期事件發生後導致身體傷害、死亡、或財物損失的現象（林廷華，2013）。若依據衛生福利部統計分類，事故傷害的型態包含：運輸事故（含機動車

交通事故）、意外中毒、意外墜落、火及火焰所致、意外之淹水及溺水、其他。2014年我國0歲嬰兒因事故傷害死亡人數為57人，占因事故傷害死亡的兒童人數的29.8%；1-4歲幼兒因事故傷害死亡人數為35人，占4.4%，5-9歲兒童因事故傷害死亡人數為37人，占3.6%。其中1-4歲與5-9歲幼兒因乘坐機車而死亡約占意外事故的1/3（衛生福利部統計處，2015）。

　　5歲以下幼兒頭太小，目前市面上並沒有合適的安全帽，而臺灣民眾騎乘機車的比例非常高，國外甚少有如此多的機車使用者。家長為了方便，經常騎乘機車搭載幼兒，幼兒小腿骨不到30公分，無法踏到腳踏板，也無法因應撞擊之後的衝擊力，根本不適合乘坐機車，甚至也有家長以揹帶將2歲以下嬰幼兒背在胸前騎乘機車，或者讓幼兒站立在前座的腳踏板，非常危險，一旦發生車禍，嬰幼兒首當其衝。

　　幼兒乘坐幼童車，同樣也可能因為駕駛不當而造成事故傷害。例如：

　　　　【2015年7月23日】花蓮吉安鄉一部娃娃車為了閃避野狗撞上電線桿，造成車上16名幼童，9人受到輕傷，2人頭部撕裂傷。

　　　　【2015年8月26日】苗栗後龍一輛娃娃車，疑似為了趕時間送小朋友上課，在路口闖紅燈，撞上一輛銀色轎車，當時娃娃車上有十位小朋友，受到驚嚇哇哇大哭。

　　　　【2015年10月19日】雲林縣幼兒園進行戶外教學，準備返回幼兒園，娃娃車載著十幾個學童行經十字路口時，開在內線打左轉燈，不料娃娃車無預警突然向右切，還好未造成意外。

類似新聞層出不窮，幾乎每個月都會發生。幼童車駕駛攸關幼兒生命安全，幼兒園應該確實落實幼童車的管理，切勿因節省經費未依照規定聘用駕駛人員。幼童車接送幼童時，應有隨車人員，且駕駛員必須在隨車人員離車接送幼童時，協助看顧車內幼童。幼童車駕駛員應在每年7月做健康檢查，且駕駛人最近2年內不可以有違規記點或肇事紀錄（肇責非屬幼童車駕駛人例外）。且幼兒園每半年就要辦理幼童車的安全演練，上述資料都需要妥善保存紀錄（《幼兒園幼童車專用車輛與其駕駛人及隨車人員督導管理辦法》，2013）。

六、幼兒園緊急通報事件處理流程

依據《各級學校及幼兒園通報兒童少年保護與家庭暴力及性侵害事件注意事項及處理流程》（2013）第5條規定，兒童少年保護緊急通報事件處理注意事項如下：

1. 幼兒園應在24小時內填具通報表以網際網路、電信傳真或其他科技設備傳送等方式通報縣市主管機關；情況緊急時，得以言詞、電話通訊方式通報。
2. 案件遇有兒童少年保護及高風險家庭通報表所規範之緊急情況者，宜電話聯繫當地主管機關社工員評估處理，主管機關處理前，提供兒少適當之保護及照顧。
3. 經社政單位評估需至現場訪視之個案，應提供幼兒園預計到現場訪視之時間，並避免在幼兒園安置到隔夜或於放學後留置幼兒園過長時間；幼兒園應於此段時間內，提供兒少適當之保護及照顧。

下列為依據教育部保護輔導工作流程修正為適合幼兒園的流程圖，幼兒園可以參考修正：

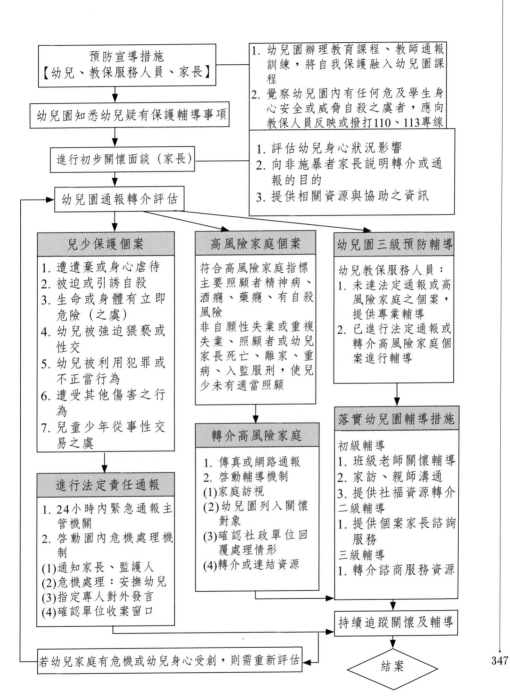

圖11-1　幼兒園保護輔導工作流程圖

【近年教師檢定考題解析】⋯⋯⋯⋯⋯⋯⋯⋯

　　幼兒發展與輔導考科，每年必考有關嬰幼兒疾病與處理的考題，主要原因是命題有標準答案，不容易有爭議，而且也是幼教老師必須瞭解的基本幼兒健康與安全常識。幼教老師面對每天發生的突發狀況，必須知道原因與處理方式。幼兒疾病與照護的題目幾乎背了就有分數，是最容易得分的範圍。每年的考題都在5題以上，102年與103年考了6題、104年考了5題。建議應該熟讀。

　　教師檢定考題來源：國家教育研究院教師檢定歷屆試題及參考答案，網址：https://tqa.ntue.edu.tw/

一、視力、牙齒保健

1. 下列何者為幼兒蛀牙形成過程的四大構成要素？（100年教檢）
   (A)牙齒、食物、細菌、時間　　(B)唾液、食物、細菌、溫度
   (C)牙齒、食物、細菌、溫度　　(D)唾液、食物、細菌、時間

2. 關於嬰幼兒視力以及保健概念的敘述，下列何者正確？
   （101年教檢）
   (A)未滿週歲嬰兒通常還不太會辨認顏色
   (B)三歲幼兒應每半年進行一次視力檢查
   (C)夜間觀看電視時，不要打開室內燈光
   (D)六歲幼兒罹患弱視是正常，不必矯正

3. 下列有關幼兒牙齒保健的作法，何者正確？　　（102年教檢）
   (A)家長在乳牙長出之後即教導幼兒貝氏刷牙法
   (B)讓幼兒自己刷牙並提醒幼兒徹底清潔牙齒的外側面，內側面與咬合面

(C)乳牙如果過早掉落、拔除，不會導致日後恆齒萌出齒列不正
　　或咬合不正的問題

(D)為使幼兒培養自我負責及自動自發的習慣，家長僅需叮嚀幼
　　兒自己刷牙，不需事後進一步幫忙幼兒清理

4. 大班的小威今天吃飯吃得很慢，哭著向王老師表示牙齒很痛，
　老師檢查小威的口腔，發現他的臼齒有蛀蝕情形且牙齦腫脹，
　因此打電話通知家長來接小威去看牙醫。在等待家長的時間，
　下列有關王老師的處理，何者較恰當？　　　　（103年教檢）

(A)讓小威先吃止痛藥　　　　(B)幫小威臉頰作熱敷
(C)先將食物切碎再給小威吃　(D)請小威先去刷牙清潔口腔

二、幼兒園常見疾病與處理原則

5. 下列哪一項措施可以有效殺死腸病毒？　　　（100年教檢）
(A)以45℃的熱水浸泡　　　　(B)使用75%酒精擦拭
(C)打開空調保持乾燥　　　　(D)以500ppm的漂白水浸泡

6. 丁老師發現班上小美出現突發性高燒、寒顫、頭痛、肌肉嚴重
　酸痛、倦怠等症狀，課堂活動無精打采，此外，在點心與午餐
　時間也有食慾不振的情況。　　　　　　　　（104年教檢）

　依你的判斷，小美最可能罹患何種疾病？

(A)水痘　　　　　　　　　　(B)德國麻疹
(C)普通感冒　　　　　　　　(D)流行性感冒

7. 在等待小美媽媽將她接回家之前，老師應如何照護小美較為適
　切？　　　　　　　　　　　　　　　　　　（104年教檢）

(A)給小美多穿衣服　　　　　(B)多讓小美進食補充體力
(C)給予小美解熱鎮痛藥　　　(D)讓小美休息，補充水分

8. 莊老師幫翰翰量耳溫，發現他發燒至38.3℃，沒有畏寒現象，也知道翰翰以往有單純性熱痙攣病史，試問莊老師對熱痙攣應有下列何種正確認知？　　　　　　　　　　　（103年教檢）

(A)熱痙攣發作時，在短暫意識喪失階段應立即實施心肺復甦術

(B)熱痙攣發作會造成腦神經傷害並發展成癲癇，故要立即送醫

(C)熱痙攣發作時，依一般發燒處理方式，並密切觀察體溫變化

(D)熱痙攣發作時間不超過1分鐘就結束，應陪伴幼兒冷靜處理

9. 幼兒園教師執行下列何種傳染病照護時不須戴口罩？

　　　　　　　　　　　　　　　　　　　　　　　（105年教檢）

(A)水痘　　　　　　　　　　(B)麻疹

(C)腸病毒　　　　　　　　　(D)日本腦炎

10. 小威在上呼吸道感染數天後出現發燒、耳朵疼痛、聽力變差的情況，就醫診斷為罹患急性中耳炎。下列有關幼兒中耳炎的治療及照顧原則，何者錯誤？　　　　　　　　（105年教檢）

(A)可使用無菌的生理食鹽水來清潔外耳道的分泌物

(B)進行外耳的熱敷可幫助分泌物流出，減輕不適感

(C)可服用阿斯匹靈類藥物來降低幼兒疼痛及發炎現象

(D)須連續服用10至14天的抗生素，且期間不可中斷

三、幼兒園意外傷害與處理

11. 戶外教學時，王老師發現小強滿臉通紅、精神不佳，以手觸摸其身體，發現小強的皮膚又乾又熱。下列敘述何者正確？

　　　　　　　　　　　　　　　　　　　　　　　（100年教檢）

(A)小強中暑了　　　　　　　(B)小強是熱衰竭

(C)小強熱痙攣　　　　　　　(D)小強是燒燙傷

12. 進入幼兒園廚房時，聞到一股瓦斯味道。下列何種處理方式最
    適宜？ （101年教檢）
    (A)立刻打開窗戶　　　　　(B)立刻開燈查看情形
    (C)立刻打手機報告園長　　(D)立刻打開電扇吹散瓦斯

13. 五歲的小華在遊樂場中不慎從高處跌落，直抱著右小腿喊痛。
    老師發現小華的右小腿中段發腫，但無外傷，小華也痛得站不
    起來。其疼痛最可能的原因為何？ （101年教檢）
    (A)肌肉抽筋　　　　　　　(B)骨骼脫臼
    (C)情緒緊張　　　　　　　(D)肌骨損傷

14. 小珊在家用餐時不小心將火鍋打翻，滾燙的湯潑灑到他的手
    臂。小珊的家人應如何做出正確的燙傷處置步驟？

    （102年教檢）

    (A)沖→濕→捧→搓→擦　　(B)沖→脫→泡→蓋→送
    (C)沖→脫→蓋→泡→送　　(D)沖→泡→搓→濕→擦

15. 下列有關幼兒意外傷害處理的敘述，何者正確？（102年教檢）
    (A)遇藥劑中毒狀況，應立即催吐
    (B)扭傷後，應立即熱敷按摩，以消腫
    (C)皮膚燙傷起水泡，應立即弄破，以加速復原
    (D)流鼻血時，頭應向前傾，並捏住鼻骨下方柔軟部位

16. 小雄在木工區零星木塊箱中挑選要使用的木頭時，被木刺刺到
    手，請選出下列陳老師可以處理的正確項目？ （104年教檢）
    甲、以流動的水清洗木刺傷口周圍
    乙、以火焰灼燒或酒精消毒鑷子，順著木刺穿入的角度方向來
    　　夾出木刺
    丙、如果木刺外露部分很短，鑷子無法夾住時，可用針挑開傷
    　　口外的外皮，適當擴大傷口，使木刺儘量外露，然後用鑷

子夾住木刺輕輕向外拔出

丁、擠壓傷口，促進流血，排出髒污，以酒精清洗傷口後用繃帶包紮

(A)甲丙   (B)甲丁

(C)乙丙   (D)乙丁

17. 美勞活動時，朱朱不小心被美工刀割傷而大量出血，此時老師應如何處理？   （105年教檢）

(A)抬高受傷傷肢，並加壓止血

(B)利用止血帶止血法阻斷血流

(C)鬆開衣物將朱朱移至通風陰涼處

(D)給朱朱喝碳酸飲料加速血液循環

18. 戶外活動時，小朋友一起玩官兵捉強盜的遊戲，強強從花檯上一躍而下，頓感足部疼痛，走路時疼痛加劇。下列老師的處理方式何者不適當？   （105年教檢）

(A)固定傷肢   (B)將傷肢抬高

(C)先給予熱敷   (D)檢查有無傷口

四、幼兒園環境安全

19. 三歲的小明喜歡玩油漆並喜歡將手指放入口內吸吮，媽媽發現小明變得較易衝動、疲勞、便祕、食慾不振、注意力不集中、容易忘記新學會的動作技巧、感覺缺損，同時其牙齦上出現黑線。小明的身體健康最有可能出現下列哪一種問題？

（101年教檢）

(A)鐵中毒   (B)鉛中毒

(C)硒中毒   (D)鎂中毒

20.假設你是幼兒園老師，為了綠化校園，下列哪一種植物因含有毒性，不適合栽種於幼兒接觸得到的地方？　（101年教檢）

(A)夾竹桃　　　　　　　　(B)秋海棠

(C)含羞草　　　　　　　　(D)石蓮花

五、幼兒先天性疾病與保健

21.6歲的建文有氣喘的病史，下列對建文照護的敘述，何者較不適當？　（104年教檢）

(A)避免飼養或接觸貓、狗、鳥等寵物

(B)減少室內過敏原，去除塵蟎及蟑螂易藏匿之處

(C)不參與任何形式的運動，以免引發氣喘發作危及生命

(D)遵照醫師指示按時服用氣喘藥物，隨身攜帶噴霧劑藥物

22.小欣患有糖尿病，若在幼兒園發生暈眩、顫抖等低血糖的症狀時，王老師應給她進行何種處理？　（104年教檢）

(A)注射胰島素　　　　　　(B)喝一杯甜果汁

(C)喝一杯溫開水　　　　　(D)餵食一片白吐司

23.教師面對注意力缺陷／過動症的幼兒，下列哪一些輔導方式較適當？　（103年教檢）

甲、以能兌換獎品的代幣增強他們的成功

乙、提供多元刺激的學習環境，讓他們盡情探索

丙、保持溫暖的態度，但堅定地提出要求

丁、座位安排要遠離班上其他同學

(A)甲乙　　　　　　　　　(B)甲丙

(C)乙丙　　　　　　　　　(D)丙丁

【解答】 ....

1.A　2.B　3.B　4.D　5.D　6.D　7.D　8.C　9.D　10.C

11.A　12.A　13.D　14.B　15.D　16.D　17.A　18.C　19.B　20.A

21.C　22.B　23.B

參 考 文 獻

《幼兒園幼童車專用車輛與其駕駛人及隨車人員督導管理辦法》
　　（2013）。

《各級學校及幼兒園通報兒童少年保護與家庭暴力及性侵害事件注意事項
　　及處理流程》（2013）。

中華民國心臟病兒童基金會（2015）。認識兒童心臟病。網址：http://
　　www.ccft.org.tw/know/know.asp?KD_TYPE=1

中華民國兒童癌症基金會（2015）。兒童癌症的警訊。網址：http://
　　www.ccfroc.org.tw/child/child_affection_read.php?a_id=2

王冠今譯、A. S. Kendrick, R. Kaufmann, & K. P. Messnger原著
　　（2000）。慢性疾病（第七章，頁7-1～7-22。嬰幼兒保健與疾病。
　　臺北：華騰。

李燕晉（1988）。糖尿病兒童的照顧。臺北：嘉洲。

林廷華（2013）。嬰幼兒安全與事故傷害處理（第六章，頁171-212）。
　　輯於尤嬤嬤總校閱，嬰幼兒健康照護。臺北：華都。

社團法人中華民國糖尿病衛教學會（2015）。2015糖尿病衛教核心教
　　材。臺北：社團法人中華民國糖尿病衛教學會。

教育部國民及學前教育署（2015）。幼兒園教保活動課程：健康安全實
　　用手冊。臺北：國民及學前教育署。

臺大兒童醫院（2013）。實用兒科學。臺北：國立臺灣大學醫學院。

衛生統計（2014）。民國102年門診合計患者總人數。網址：http://
　　www.mohw.gov.tw/cht/DOS/Statistic.aspx?f_list_no=312&fod_list_
　　no=5331

衛生福利部疾病管制署（2015）。腸病毒感染併發重症。網址：http://
　　www.cdc.gov.tw/diseaseinfo.aspx?treeid=8d54c504e820735b&nowtr
　　eeid=dec84a2f0c6fac5b&tid=900059B505FD76DF

衛生福利部統計處（2015）。民國103年死因統計年報。網址：http://www.mohw.gov.tw/cht/DOS/Statistic.aspx?f_list_no=312&fod_list_no=5488

Michigan Department of Education & Michigan Department of Community Health (2014). Administration of Medication in Schools. Michigan: Department of Education.

葉郁菁

影響幼兒發展的環境因素
CHAPTER 12

第一節　以生態系統觀點探討幼兒發展

一、生態系統觀點

　　Piaget、Erikson的理論皆爲階段論的觀點，依照個體年齡將發展區分爲不同階段，個體依循每個階段的發展特色循序漸進。但是上述的理論甚少探討外在環境的影響因素。例如：在同一家庭中成長的幼兒，遺傳基因相似，但卻很難解釋爲什麼兄弟姊妹的人格、情緒、認知發展存在差異性。後來的理論嘗試從家庭環境，父母對待不同性別、不同長幼序的孩子有不同的教養風格，父母較願意給長子女更多的機會練習並精熟社會技能。個體的發展不僅是成熟的結果，同時也受其他環境因素影響，同時個體特質也會影響與他人的互動，例如幼兒的氣質（難養型、慢呑呑型、或易教養型），影響父母回應幼兒的方式。透過生態系統的觀點，我們更容易解釋家庭與社會環境幼兒發展的差異性。

　　Bronfenbrenner的生態系統理論（ecological systems theory），強調不同環境以及環境不同層次對兒童發展產生的影響（林淑玲、李明芝譯，2014）。Bronfenbrenner認爲這些系統像是層層套疊的俄羅斯娃娃，彼此影響。最核心內側到最外側分別爲：微系統（micro-systems）、中層系統（mesosystems）、外層系統（exosystems）、與大系統（macrosystems）。微系統是幼兒直接接觸的環境，幼兒的發展不僅與自己的天生氣質、外表、習得的技巧有關，也會受到系統內的父母、兄弟姊妹或者其他家人產生影響。微系統包含四個次系統：家庭（幼兒與父母）、社區（幼兒與其他成人）、學校（幼兒與教師）、鄰里（幼兒與同儕）（Boushel, Fawcett, & Selwyn, 2000）。中層系統指的是兒童周遭環境的關聯網絡，包含家庭、學

校、鄰里、同儕團體、教堂（或社區）的交互作用影響。例如：家長
考量家庭可承擔的經濟能力，選擇不同型態的幼兒園（公立幼兒園或
者雙語幼兒園），同時也形成對幼兒園教學內容的期待，這些結果
將影響幼兒的學習發展、同儕友伴互動。外層系統是包含父母的工作
場所、地方政府、學校管理者、地方產業、大眾傳播媒體，幼兒不會
直接接觸，但受外層系統影響。例如：臺中市政府推行托育一條龍政
策，鼓勵家長提早把幼兒送到托育機構；工作職場給父母的壓力（或
者提供的友善育兒家庭措施），可能間接影響幼兒的發展。大系統指
的是文化或次文化的廣泛系統。例如：坐月子是臺灣的特殊文化，坐
月子期間的禁忌和習俗，認為產婦長時間抱著嬰兒，可能會導致腰
背痛，刻意地與嬰兒疏離，反而不利於依附關係發展。臺語俗諺有
「七坐八爬」、「一眠大一寸」，敘述的是我們文化觀點的幼兒發展
歷程。嬰兒四個月大的時候要進行「收涎儀式」，這時期幼兒開始長
牙、容易流口水，跨過四個月之後，幼兒可以開始嘗試副食品，透過
這個儀式的祝福，可以讓幼兒健康成長，上述例子呈現的是臺灣獨特
的幼兒照顧觀。

　　嬰幼兒剛出生的時候，與媽媽產生緊密的依附關係和親子連結，
但是當媽媽產假結束後回歸職場，幼兒的照顧者從母親轉變為其他親
人（如：祖父母）或者保母。國內相關研究指出，臺灣幼兒兩歲以前
主要照顧者仍是母親居多，但隨著國內育嬰留職停薪、公私協力托嬰
中心、父母未就業家庭育兒津貼、保母托育費用補助、五歲免學費的
補助政策等，影響母親照顧幼兒的選擇，上述為大系統政策影響幼兒
發展的例子，因此選擇生態系統的觀點進行討論別具意義。

二、從生態系統論探討新住民幼兒發展

圖12-1顯示新住民家庭幼兒與家長、社區內的成人、學校教師和同儕形成微系統（Yeh & Ho, 2015）。嬰幼兒剛出生的時候，與新住民媽媽產生緊密的依附關係和親子連結。國民健康局（2011）的國內研究資料顯示，新住民家庭幼兒成長到18個月後，新住民母親選擇就業，照顧者約有一成的比例由母親轉變為了祖父母。可見幼兒從出生後到一歲半，受新住民母親的影響非常大。不過即使如此，幼兒進入幼兒園就讀之前，仍約有六成的子女是由新住民母親照顧。

影響新住民家庭幼兒發展的中層系統為相關次系統的連結和關係，包含幼兒的托育環境、父母對學習的態度、家園的合作關係，都會影響幼兒的發展。例如：Coplan、Abreau與Armer（2008）即指出，過度保護的親職風格，可能會造成高行為抑制系統（behavioral inhibition system, BIS）。高度的BIS敏感度與情緒憂鬱有高度相關性。而外向的媽媽則有助於協助害羞幼兒，因為她們提供了外向社會行為的典範（Losoya et al., 1997）。又如，Coplan、Prakash、O'Neil與Armer（2004）也指出，當母親採取開放的親子溝通、民主的管教方式，與幼兒害羞呈現負相關。Harrist與Ainslie（1998）也發現，衝突的夫妻關係，經常吵架，可能導致兒童的攻擊或社會退縮行為。因此，家庭中的教養方式和親職風格，是探討幼兒發展的重要面向。

外層系統的部分，則攸關父母的工作型態、工作時間、甚至學校中推行的火炬計畫或新住民輔導方案等，鼓勵新住民家長提昇親職效能，辦理新住民家庭子女母語學習課程，都會影響新住民家庭幼兒的學習。政府為了鼓勵新住民家庭提早讓幼兒就讀幼兒園，採取「提前開始方案」（Head Start）的觀點，以增加新住民家庭子女的學習優勢。

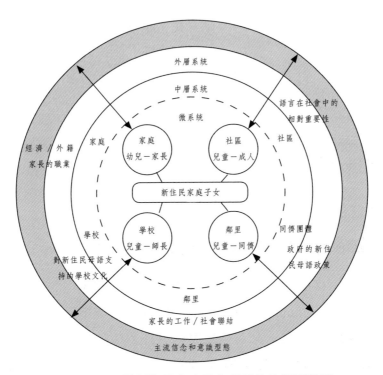

圖12-1　影響新住民家庭子女發展的生態系統圖

資料來源：Yeh & Ho (2015).

　　大系統之下台灣社會對於新住民家庭文化刻板印象逐漸改變，對外籍人士和多元文化也採取開放接納的態度，也會影響新住民幼兒的發展。Nguyen、Chang與Loh（2014）指出，越南文化與中國文化相當類似，本質上屬於集體主義，家族的利益優先於個人利益（Nguy-en & Williams, 1989）。集體主義文化由團體成員所定義，並強調團體價值的內化效果。傳統的越南家庭通常是大家庭，也包含許多擴展成員，例如：已婚的兒子、媳婦、孫子女等。同時，越南家庭也是一個父權制度的家庭，父親通常是家庭中的權力和地位核心（Dihn, Sarason, & Sarason, 1994）。探討跨國婚姻家庭時，新住民母親存有

的文化觀，也會影響她們的育兒方式。雖然學者從文化的觀點探討「虎媽」的教養風格，源於「不打不成器」的傳統教養觀，通常親職表現爲權威式的、強調學習成就表現，不過這種「學習表現」的強調，又會隨著幼兒年齡發展，通常到小學階段之後才會比較明顯。

🙂 第二節　家庭的多元性

一、新住民家庭

(一)新住民家庭幼兒的發展受到家庭系統影響

隨著美國移民家庭逐年增加，愈來愈多的兒童出生於移民家庭，依據Fortuny、Hernandez與Chaudry（2010）研究指出，八歲以下兒童當中，約有四分之一來自移民家庭。許多移民家庭的研究聚焦於學齡階段兒童、以及他們的學業成就表現和移民二代的行爲健康問題（Palacios, Guttmannova, & Chase-Lansdale, 2008）。生態發展的模式（ecological-developmental model）被用以探討家長以及兒童的生活經驗，對年幼兒童社會發展的形塑，但至目前爲止，幾乎很少研究探究家長育兒的歷程，包含移民的過程，究竟對幼兒產生哪些影響。以美國6,400名幼兒爲樣本的出生世代幼兒長期調查資料庫分析結果即指出，母親移民美國社會時的年齡，可以緩解幼兒不利的社會化因素和問題行爲。移民母親愈早移民到美國，其賦予回應和情緒支持的親職實踐愈類似美國的母親。不過，當移民母親的親職實踐愈快融入美國社會的主流價值時，愈快降低幼兒的社會不適應感（Glick, Hansh, Yabiku, & Bradley, 2012）。此研究雖同時指出教育與幼兒社會適應的相關，但尚無法回答移民者的社經地位如何產生影響。同時，社經地位、文化價值、或上述融入和適應移民社會的情形，同樣

扮演重要影響因素，只不過影響過程如何？則需要長期追蹤探討，尤其從跨國婚姻的外籍配偶到臺灣的社會適應和新增的角色衝突，以及移民家長可以獲得的社會支持，如何影響育兒照顧、進而對幼兒的語言和社會情緒發展產生影響力。

(二)新住民子女的健康與生理發展

依據臺灣出生世代研究調查結果顯示，東南亞籍新住民家庭母親的平均生育年齡低於本籍與大陸籍母親，六個月前由新住民母親自己照顧的比例高達75%（國民健康局，2011）。且從上述調查中發現，新住民家庭與雙親同住的比例偏高（約九成），與雙親同住對幼兒照顧是助力還是阻力？則在上述研究並未探討。臺灣出生世代研究調查結果顯示，新住民家庭子女18個月前的發展狀況並不會比本籍母親的嬰幼兒差，若以早產和低體重兒的比例甚至低於本籍母親的嬰兒。母親生育年齡低、文化特質影響照顧行為等，都可能反應「健康移民效果」（healthy migrant effect）（國民健康局，2011）。

(三)新住民子女的語言發展

Fishman（2001）指出，母語（heritage language）一詞在美國可能包含移民者的語言、原住民語言、以及群居者的語言，上述不同語言類別各自擁有其獨特的歷史、社會、語言學、和人口的特質。Carreira（2004）提出要區辨母語學習者（heritage language learner, HLL）與第一語言學習者（L1Ls）和第二外語學習者的差別（SLLs）。母語學習者與第二外語學習者的主要差別在於母語學習者與母語或母文化（heritage culture）有家庭背景的關聯，母語使用者不像第一語言的使用者，可以接觸或暴露在足夠的母語和母文化的環境下，得以滿足基本的認同和語言的需求。

「母語」的定義應該依據下列三項類別的相對重要性（Carreira, 2004）：學習者在母語社群中的位置、學習者透過他的家庭環境，和母語或者母文化的個人關聯強度、以及學習者對母語的熟悉程度。新住民家庭子女雖然來自臺灣與東南亞的跨國婚姻家庭，不過母文化（東南亞文化）在家庭中並非主流文化，同時新住民家庭子女與東南亞語言和文化的熟悉程度都不高。Van Deusen Scholl（2003）提出「擁有母語學習動機的學習者」（learner with a heritage motivation）一詞，恰足以描述臺灣新住民子女的現況，學習者覺察他們與母文化有相當程度的關聯性，學習者擁有某些程度的語言熟悉度，或者透過家庭互動有強烈的文化關聯性。將新住民子女的「母語」類同國外移民家庭中使用的語言並不妥，新住民子女自己是「第一語言」（國語）的使用者，新住民子女在家庭中可能兼雜使用臺語或客語，這些語言都是新住民子女的「母語」。唯一新住民子女與其他本籍子女不同之處在於：新住民子女擁有與母親語言和文化的強烈關聯，這些文化和語言的關聯性，恰足以定義新住民子女為「具有學習母語動機的學習者」。

因應全球化跨國移動的潮流，許多國家同樣也面臨跨國婚姻或移民家庭等問題（OECD, 2014）。跨國婚姻或移民家庭產生了雙語與雙文化的家庭，母語或母文化的傳承代表與移民家長情感因素的連結和遞移（Barkhuizen, 2006）。但是家庭中的雙語互動和溝通模式並未必是對等的，而是取決於家庭成員的權力關係、學習者與社會文化環境互動的歷程、以及社會環境是否允許或開放多元語言（Zhang, 2012）。

Kang（2013）探討移民到美國的韓國母親與美國出生的5-7歲子女家庭語言互動情形，研究結果發現韓國移民母親傾向跟自己子女說韓語，除了她們自己的美語溝通的障礙，她們也希望可以藉由語言的

傳遞讓子女認同自己，並且增加子女日後回到韓國工作的社會資本。不過葉郁菁、何祥如（2015a）的研究以全國參加母語傳承課程的四到六年級學童與其本籍父親、越南籍母親共446人為調查樣本，瞭解他們對於學習越南語的觀點。調查結果顯示，多數新住民家庭的家長提供的越南語語言學習資源非常少，除此之外，新住民家庭中也以使用國語和臺語為主，真正使用越南語的比例不到3%。新住民家長對於語言重要性的評估，皆希望子女先學會國語、臺語、和英語，越南語的順位則是最末。在國語和英語、國語和越南語的相對重要性評估，本籍父親和越南籍母親均認為英語的重要性大於越南語。新住民家庭認為鼓勵子女學習新住民語言主要是為了可以與家人溝通，而非基於空泛的尊重多元文化或工具性未來就業考量。

(四)幼兒的社會情緒發展

社會情緒的發展對心理調適和健康有直接影響。寂寞或社會退縮等行為因為並無攻擊或對他人造成傷害，因此在教室中並不容易被發現（Coplan, Closson, & Arbeau, 2007）。社會焦慮和挫折，通常與成年後的酗酒和肥胖問題有直接關聯（Schumaker, Krejci, Small, & Sargent, 1985）。當成人無法敏覺社會退縮的兒童的需求時，或者經常需求被拒絕，有可能造成日後的攻擊行為；但是當兒童是孤獨或退縮的，則可能這樣的影響會伴隨個體直到成人，也會造成社會適應不良的後果（Hymel, Bowker, & Woody, 1993）。張高賓（2004）以高年級國小學童為受試樣本，指出低社經家庭關懷溝通較少、家庭衝突較高，來自低社經家庭的學童比較容易感到自卑，家庭的心理環境直接影響學童的情緒經驗。Coplan、Closson與Arbeau（2007）等人採取行為觀察方式、母親對兒童的評估量表、以及兒童的訪談，探討64個月大幼兒園幼童性別差異與寂寞和社會不滿行為的相關，研究結果

顯示寂寞與焦慮行為和攻擊行為呈現正相關，尤其感受寂寞的女童，表現出攻擊行為的比例顯著高於男童。幼年時期的寂寞和社會不滿，在進入小學之後通常會伴隨著同儕的排擠，使得這些寂寞的兒童更加退縮。正因為社會價值對女童的攻擊行為更不容易接受，因此女童產生攻擊行為時，反而是更大的危險因子。家長的行為（如敏感度）、父母的教養信念，以及親子關係的品質（包含母親與幼兒的依附關係品質），與害羞和社會退縮的產生原因息息相關（Early et al., 2002, Calkins & Fox, 1992）。Coplan、Arbeau與Armer（2008）研究結果也指出，有關依附和幼兒社會情緒發展的結論，仍需要考量不同文化情境，甚至許多研究也未能考量父親個人特質和教養風格，這些值得更多實證研究探討兩者的關聯性。

近年來非常流行「虎媽」一詞，它所指的是一種家長控管、對於學習表現有較高成就、並且達到學業表現成功的親職觀（Chua, 2011）。虎媽的管教風氣被視為非民主式的、對子女較少情感取向的，因為對子女的管教愈嚴格，愈容易使子女成為成功者。許多研究探討移民者的教養風格傾向認為移民家長採取主流文化的教養觀，以使他們可以儘速融入當地社會（Lin & Fu, 1990）。Nguyen、Chang與Loh（2014）探討移民到澳洲的越南移民母親的教養風格，這篇論文特別提到越南的教養觀認為男性擁有崇高無上的地位，因此男性在家庭中的地位高於女性。這樣的文化信念同時也會影響越南移民母親對男孩與女孩的教養方式不同。Yeh與Chen（2016）的研究發現，東南亞外籍母親與子女的語言溝通較威權、偏向命令式語氣。

Bowlby（1969）提出依附的二種型態：包含安全依附（secure attachment）以及不安全依附（insecure attachment），其中不安全依附又分為逃避型和焦慮型兩種次類型。Bowlby指出，出生後第一年穩定的和富有回應的照顧，是嬰幼兒建立安全依附的重要關鍵，具有

安全依附感的幼兒，較願意探索環境，且在沮喪時朝向照顧者；但是不安全依附的逃避型（avoidant style）則通常因為照顧者持續未給予回應，同時無法關注幼兒的需求。依附關係的探討一直成為幼兒發展的重要討論議題。Schiffrin（2014）的研究結論進一步指出，焦慮型依附（anxiety attachment）主要與生活中的負向影響有顯著相關，甚至焦慮型依附會造成個體身體、社會、和心理的不良結果。國內研究也指出，青少年與母親建立依附關係，子女較能控制自己情緒，有利於青少年的社會適應和人際關係（歐陽儀、吳麗娟、林世華，2006）。蘇建文、龔美娟（1994）指出，影響幼兒母親依附經驗的主要因素為她自己過去與母親的依附經驗而非父親。黎士鳴、林宜美（2014）以184位大學生為樣本探討青少年網路成癮行為與成人依附關係的相關，研究結果發現：不安全的依附關係與網路成癮達到顯著相關，但安全依附則與網路成癮呈現明顯負相關。葉郁菁、邱敏惠（2016）以嘉義市603名0-12歲兒童為抽樣對象，研究結果發現，父子互動是影響兒童網路過度使用的重要關鍵因素，父親與兒童的正向互動，可以避免兒童沉溺於網路世界。幼兒期依附關係的建立對情緒和安全感的發展具有關鍵期、且長期性的影響。

　　幼兒的依附關係建立始於出生後第一年的關鍵期，親子之間的親密互動以及語言溝通，所傳遞的訊息，影響幼兒安全感和與親密關係的建立。如果父母給予孩子肯定的評價，有助於子女瞭解自己被他人喜愛和接納，父母運用肯定、讚賞、關懷的語言溝通，則子女自然也會建立樂觀積極的性格（王鍾和，2003），相對地，父母的傷害性言語和管教，則可能造成孩子低自尊、退縮、低效能感（楊佳雯，2000，曾慧芸，2002）。與祖父母同住的隔代教養家庭，因祖父母命令式的教養方式，導致幼兒養成命令與指使同儕做事的習慣（李湘凌、高傳正，2006）。雷庚玲、楊文玫、李琦媛（1994）以大學生

為研究對象，探討中國父母以負向言語來管教孩子的現象。其中負向的語言管教仍普遍存在於臺灣地區：50%以上的受試者曾經聽過父母對他做人身攻擊、使用威脅性的字眼、或將他們和別人做比較；35%以上的受試者曾聽過父母以家族期望為標準或用好壞來評價的話語。負向的語言管教，並非屬特定族群或高風險家庭，而是華人教養文化的一般特性。

二、身心障礙者家庭

宋貴英（2013）探討身心障礙父母對子女自我認同的影響，6位受訪者年齡介於18-30歲，研究結果發現子女通常要面臨其他人異樣的眼光，接納家庭的特殊性，並且承擔較多的家庭照顧責任。許多聽力正常子女在聽障家庭成長過程都會產生焦慮、厭惡、反感、或無法認同父母的情緒感受（宋曉真、刑敏華，2006）。不過，因為很小就必須協助聽障父母處理事務，因此也比一般兒童可以更為成熟的處理事情。

刑敏華與顧玉山（2002）指出，聽力正常的子女若是由聽障父母照顧，通常是向祖父母輩或其他親戚學習口語；但若由聽障父母親自照顧，則通常須等到幼兒園階段才能習得。由於父母為聽障，子女為聽力正常，子女通常必須背負「父母的專屬語言翻譯機」的角色。有時候子女容易有一些負面感受，例如：年幼的子女因為懂得的手語或詞彙不多，因此常常無法理解父母要表達的意思。其次，子女的手語能力不如專業手語翻譯員，因此常常造成協助父母處理緊急或重要事務時，容易因為翻譯錯誤而誤解（沈香君，2007）。

當子女為聽障、而父母為聽力正常者，通常父母會面臨協助聽障子女接受口語早療，同時透過手語、書面語與子女溝通。除了語

言溝通的障礙，家長也會面臨聽障子女脾氣暴躁、猜忌、與自我否定等情緒困擾（刑敏華、顧玉山，2005）。依據翁素珍等人的研究（2006）發現，聽障幼兒的語言溝通問題明顯低於一般幼兒，且因為聽力障礙的緣故，學前聽障幼兒明顯使用較多非語言的溝通模式。由於聽障兒童口語知覺（speech perception）困難，影響其語言和認知的學習，因此在引起話題、維持和轉換話題上都有困難。幼兒語言發展從一歲半即開始，若能及早診斷聽障幼兒，把握兩歲以前治療的黃金時期，提供豐富的聽覺刺激，對於幼兒語言發展的負面影響最小。聽障兒童較少與人溝通互動，且常處於被動狀態，因此其社會互動能力也較一般幼兒差。

第三節　社區對幼兒發展的影響

一、幼兒園的影響

(一)臺灣幼教品質

關於兒童照顧和學前教育服務品質，OECD國家採用的是生師比以及班級（團體）大小。我國的生師比較難精確評估，因為除了幼兒園外，還有登記制的居家托育服務人員，大約是一位老師照顧九個孩子。2011年幼托整合後，公幼教師比例大幅下降，幼托整合後，政府以少子化為理由，擔心幼教師過剩，並未持續增加公幼教師的員額，使得幼托整合後，幼教師的比例反而降低，間接影響孩子受教育的品質。

學前教育礙於經費有限，市場上大都充斥保育員，私立幼兒園幼教師比例僅占兩成，公幼只有一半，使學前教育品質弱化，是當下幼兒教育面臨的最大考驗。經過統計，103學年度雲林、彰化、宜蘭公

369

立幼兒園所聘的幼教師比例不足情況最爲嚴重，尤其雲林縣，幼教師與幼兒的比例高達1：85.2，幼教師明顯不足；私立幼兒園則更高，多半以教保員充代幼教師。許多幼兒園爲了因應評鑑補足教保服務人員名額，評鑑時往往可以發現許多教保服務人員都是評鑑當學期才起聘，通過評鑑後，教保服務人員可能面臨被解僱危機，私立幼兒園遊走於法律邊緣時有所聞。未按規定的照顧師生比聘用的結果，教保服務人員處於極大的照顧壓力，虐童的新聞事件經常產生。

(二)優質的幼兒園教學對幼兒能力的提升

過去許多幼兒園使用坊間教材、簿本，隨著幼托整合政策的實施，幼教師被期待自行設計主題課程，這對長久以往依賴套裝教材的幼教師而言是一項重大的挑戰。擺脫簿本和坊間教材後，幼教師必須發展具有幼兒園特色的課程；同時在教學策略上，也必須從以往的以教師爲中心的思路，翻轉成爲以幼兒爲中心的課程脈絡。教保服務人員可以提供幼兒實際動手操作的機會、採用多元教學技巧引導孩子學習、有限資源創造無限教學環境、親師生共同協作，鷹架幼兒學習、融入多元領域，統整孩子經驗、主題融入學習區，提供自由探索建構的機會等（葉郁菁、何祥如，2015b）。

二、社區環境的影響

環境資訊中心（2015）彙整了2015年臺灣的五大重要環境議題，在氣候變遷的部分，亞洲、美洲、澳洲等地紛紛創下歷史高溫，南臺灣登革熱疫情嚴重，導致校園停課進行噴藥的案件數不斷暴增。同時，天災事件中有八成以上與氣候變遷息息相關，每年侵臺的颱風，造成農業損失慘重。2015年臺灣遭遇十年大旱，全臺進入限水

警戒，僅依賴水庫蓄水的概念已經落伍，因為水源地水土保持不佳，更無法吸納或涵養水源。一味的提高水價、投注大量經費蓋水庫並非解決之道，透過新科技，回收再利用工業製程中的廢水，可免於和民生、農業用水搶水。

塑化危機更是直接影響幼兒的健康，國家衛生研究院在2015年公布一項國人長期暴露在塑化劑的調查結果，顯示國人使用外食塑膠餐具、沐浴乳、個人衛生用品、香水、化妝品等是高暴露的來源，長期使用將導致兒童生殖功能傷害，現在也證實塑化劑會降低兒童智商（環境資訊中心，2015）。衛福部食藥署抽查國內塑膠類奶瓶、奶嘴，結果發現多起國內知名廠牌製造的奶嘴、奶瓶檢驗出雙酚A，塑膠類產品使用雙酚A可以增加塑膠的結合度和增加彈性，但長時間使用則可能誘發早熟、影響嬰兒腦部發展，塑化劑則可能會增加罹癌風險（聯合生活網，2015）。為了防止塑化劑對幼兒的影響，教育部幼兒園基礎評鑑項目《5.1.3餐飲管理》規定，幼兒園提供幼兒使用的餐具應為不銹鋼或瓷製材質，但幼兒自行攜帶的餐具不在此限。雖然評鑑規範只針對幼兒園自行提供的餐具，但是教保服務人員基於職責仍應告知家長並為幼兒選擇適當的餐具。

大量的食品添加劑，例如：香精、色素等，常見於製成身體皮膚的抹劑、食品、嬰幼兒的用品。由於天然色素取得不易，坊間多半以人工合成色素取代，包含嬰幼兒常食用的飲料、餅乾、蛋糕、冰淇淋、各類零食等，直接進入人體，形成肝腎的負擔。美國政府曾指出，大量食品添加劑對兒童的傷害甚為嚴重，近二十年來，兒童癌症、氣喘、過敏疾病、過動與自閉、過度肥胖的比例均以倍數成長（吳家誠，2013）。依據衛生福利部的《嬰兒食品類衛生及殘留農藥安全容許量標準》（2014），對嬰兒奶粉、配方食品、副食品等微生物含量，第4條規定大腸桿菌群必須小於3MPN/g，粉狀嬰兒配

371

方食品則不得檢出阪崎腸桿菌、沙門氏菌、李斯特菌。第6條規定嬰兒食品重金屬含量鉛不得超過0.02ppm、錫不得超過50ppm，同時嬰兒食品不得含有農藥殘留超過0.01ppm。

　　空氣汙染PM2.5的嚴重問題，讓民眾對空汙意識抬頭，長期生活在PM2.5危險的紫爆環境，可能造成更多的過敏兒與氣喘兒。學者指出臺灣的七成空氣汙染來自於社區之中，工廠排出的廢氣、廢水，嚴重影響幼兒生存的環境（環境資訊中心，2015）。美國一項研究以1-7歲幼兒暴露在空氣汙染下的長期追蹤結果，顯示出生時就暴露在高汙染環境的幼兒出現氣喘徵狀的喘鳴聲比一般幼兒高出64%，從出生到7歲都暴露在高汙染環境的幼兒，得到氣喘的風險比沒有空氣汙染的幼兒高出71%，可見僅有車輛的空氣汙染即可對幼兒呼吸道健康造成極大危險（Brunst, Ryan, Brokamp, Bernstein, Reponen, Lockey, Hershey, Levin, Grinshpun, & LeMasters, 2015）。雖然近年二手菸造成的健康議題不斷受到重視，男性吸菸人口略有下降，但女性吸菸人口卻未減少。洪育玟（2010）的論文指出，二氧化氮（NO_2）及臭氧（O_3）對12歲以下兒童罹患氣喘的機率有正向顯著之影響，居住於北部和都市地區兒童罹患氣喘的比例高於其他地區，誘發呼吸道疾病的因素對男童比女童的影響更大，且兒童體重愈重，相對導致呼吸道疾病的可能性也愈高。

第四節　科技媒體對幼兒的影響

一、電視媒體

　　絕大多數幼兒以看電視為最大的娛樂活動，其中幼兒觀賞卡通節目的頻率最高。長時間觀看注視電視螢幕的結果，將導致幼兒眼睛

疲勞視覺發展受損，同時缺乏教育意義或存在性別刻板印象的卡通內容，也會誤導幼兒的認知。

臺灣的卡通節目幾乎全為舶來品，如：海綿寶寶、飛哥與小佛、探險活寶、我們這一家、粉紅豬小妹、珍珠美人魚、烏龍派出所、天兵公園裡的鳥哥和阿天等，除了可能存在的跨文化差異之外，為了語言翻譯有時候刻意使用怪腔調的聲調、或製造成人式的笑話，甚至有些卡通也出現不雅的語言，當幼兒觀賞這些節目的同時，也容易受到卡通中人物的影響。潘俐瑾（2014）探討兒童電視頻道的卡通配音，並指出：富含成人語言的配音內容因為包含諷刺性語言、俚語、和粗話，導致兒童語言誤用，或者無法理解影片內容，造成負面影響。

蕭孟萱（2014）分析幼兒對成人暴力卡通的理解，結果發現成人認為的暴力卡通，對幼兒而言，這些暴力行為只是有趣的故事劇情而非暴力，顯示幼兒對暴力卡通尚無法具備認知區辨的能力。其次，女幼兒敘說的暴力卡通強調劇情情感面，但男幼兒則可以對動作及細節做明確描述。兒童觀看電視媒體時，若成人在一旁正確指導，可以減少幼兒對於卡通內容的錯誤理解。

教保服務人員應留意勿將卡通影片或兒童節目當成課程內容，或者作為轉銜時間（如：午餐結束到午睡前、或者4點放學到家長接送前）的填充工具。教保服務人員應提供家長如何選擇適切的卡通節目，當教保人員發現幼兒在學習區或教室中模仿卡通節目中的不雅語言或對白，應立即提醒幼兒。

二、平板電腦與3C產品

近年來因為智慧型手機與平板電腦的普及性，改變了兒童的閱

聽與娛樂習慣，也間接影響了父母親的教養方式。兒童福利聯盟於2012年公布的兒童使用3C產品現況調查報告指出，3C的普及率高達九成八，其中有兩成兒童擁有自己的3C產品，且每天使用時間超過一小時以上。有六成的家長曾經使用3C產品當成安撫小孩的工具，例如：在餐廳中以3C產品安撫無法久坐的兒童（兒童福利聯盟，2012）。依據葉郁菁（2016）對嘉義市兒童與少年的生活狀況進行的調查結果顯示，隨著兒童及少年的年齡愈大，使用手機上網、網路社群（如：臉書、Line）的時間就愈久。以幼兒父母身分別分析，新住民家庭幼兒使用電腦或手機成癮高於父母均為本國籍的幼兒與原住民家庭幼兒。小家庭和隔代教養家庭幼兒使用電腦或手機成癮平均分數最高，其次為大家庭幼兒與單親家庭幼兒。母親教育程度愈高，幼兒使用電腦或手機成癮性愈低。母親教育程度為高中職以下者，幼兒使用電腦或手機成癮平均分數最高，母親教育程度為研究所以上者，幼兒使用電腦或手機成癮平均分數最低。

葉郁菁（2016）指出，最容易網路成癮的年齡出現在15-18歲高中職學生，其次為國中學生。國小高年級之後，因為網路普遍使用，使得青少年依賴網路的成癮性愈高。12歲以上青少年線上遊戲成癮，高中職學生又高於國中生，且線上遊戲有性別化趨勢：男性玩家線上遊戲成癮的平均分數明顯高於女性。女性青少年在社群網站使用成癮的平均得分明顯高於男性青少年。

依據《兒童及少年福利與權益保障法》第43條規定：「兒童及少年不得為下列行為：五、超過合理時間持續使用電子類產品，致有害身心健康。」上述有關「合理時間」的建議，國健署認為：兩歲以下幼兒禁用電子類產品，兩歲以上的「合理時間」為一次30分鐘，兒少每30分鐘就得離開3C產品讓眼睛休息一下。兒童近視時間有兩個高峰波段：一是7-8歲、另一階段則是13-14歲，後天環境對近視的

影響是主要原因，幼兒經常使用手機上網、玩遊戲，將導致近視的年齡提早。臺大醫院眼科部魏以宣醫師（2012）也指出，學齡前幼兒長時間近距離的寫字、閱讀，使得幼兒眼睛過勞造成近視。家長、教保服務人員應當留意正確引導幼兒使用電子類產品，勿將3C產品視為電子保母、幼兒一哭鬧就毫無節制讓幼兒使用。家長選擇幼兒園時，也應留意提早的簿本抄寫未必可以提早訓練幼兒認知能力，但是卻必定造成幼兒近視增加。兒童福利聯盟（2012）建議，家長可依據「3C」原則健康使用3C產品：

　　Control（規範）：父母或照顧者必須堅持嬰幼兒滿兩歲之後才可以接觸智慧型手機或電腦，6歲以下幼兒一天最多只能使用一小時，一次不能超過30分鐘。

　　Company（陪伴）：父母必須全程陪伴孩子使用，才能真正引導幼兒從操作中學到新知得到益處，而非只是將3C產品當成安撫幼兒的工具。

　　Communication（互動）：父母或照顧者必須理解當沒有3C產品時，幼兒更需要的親子互動是什麼。親子共玩、彼此交流，可以建構幼兒與照顧者的親密感，更甚於3C的操作。

參考文獻

吳家誠（2013）。食品添加物殘害兒童 超乎想像可怕。udn專欄時事話題。網址：http://mag.udn.com/mag/news/storypage.jsp?f_ART_ID=474953#ixzz2eENrLC7x

宋貴英（2013）。不一樣的父母親——身心障礙者的子女的自我認同。未出版之碩士論文。臺北：臺灣大學社會工作學研究所。

宋曉眞、形敏華（2006）。聾父母與聽小孩家庭的溝通和教養問題研究。特殊教育與復健學報，15，105-126。

李湘凌、高傳正（2006）。隔代教養幼兒在幼兒園生活適應之個案研究。幼兒保育研究集刊，2(1)，37-56。

沈香君（2007）。聽於無形·覺於有情：三名有聾父母之聽子女的經驗敘說。國立臺灣師範大學特殊教育學系。

邢敏華、顧玉山（2002）。我的父母是聾人：聾父母／聽子女的親子溝通與教養問題研究。聽障者心理衛生與教育溝通學術研討會論文集，115-138。國立臺南師範學院特殊教育中心。

邢敏華、顧玉山（2005）。聽常父母和聽障子女對語言溝通和親子教養的看法。南大學報，39(2)，43-63。

兒童福利聯盟（2012）。2012兒童使用3C產品現況調查報告。網址：http://www.children.org.tw/news/advocacy_detail/346

林淑玲、李明芝譯，Shaffer & Kipp原著（2014）。發展心理學。臺北：學富。

洪育玫（2010）。空氣汙染與二手菸對兒童氣喘、呼吸道過敏之實證分析。未出版之碩士論文。高雄：高雄大學應用經濟學系碩士班。

翁素珍、洪儷瑜、林寶貴（2006）。聽障違抗兒童之溝通互動能力研究。特殊教育研究學刊，30，155-180。

國民健康局（2011）。新世紀臺灣嬰幼兒健康圖像。臺北：行政院衛生

署國民健康局。

張高賓（2004）。家庭心理環境、親子關係與兒童情緒經驗之關係探究。中華輔導學報，16，119-148。

曾慧芸（2002）。青少年家庭依附、就學經驗與偏差行為相關性之研究——以南投縣為例。未出版之碩士論文，嘉義：南華大學教育社會學研究所。

楊佳雯（2000）。父母說負向言語、孩子覺知父母態度與孩子自尊之關係。未出版之碩士論文，臺北：臺灣大學心理學研究所。

葉郁菁（2016）。104年嘉義市兒童及少年生活狀況及福利需求調查報告。嘉義市：嘉義市政府。

葉郁菁、何祥如（2015a）。臺灣新住民母語政策之省思（頁53-72）。輯於溫明麗主編，國民教育新視野：借鑑、蛻變與創新。臺北：國家教育研究院。

葉郁菁、何祥如（2015b）。幼兒園主題教學課程活動的發展與創新：教育部教學卓越獎方案分析。中正教育研究，14(1)：113-143。

葉郁菁、邱敏惠（2016）。兒童網路過度使用與社交淡漠、害羞相關因素之研究。論文發表於「幼兒園、家庭與幼兒的社會情緒學習」學術研討會，7月2-3日。上海：上海師範大學學前教育系。

雷庚玲、楊文玫、李琦媛（1994）。中國父母的言語傷害：驗證現象是否存在。臺北：中國心理學會年會。

歐陽儀、吳麗娟、林世華（2006）。青少年依附關係、知覺父母言語管教、情緒穩定之相關研究。教育心理學報，37(4)，319-344。

潘俐瑾（2014）。從兒童電視頻道之卡通配音看成人語言適切性。未出版之碩士論文。臺北：臺北科技大學應用英文系碩士班。

黎士鳴、林宜美（2014）。The relationship between attachment style and internet addictive behaviors.台灣精神醫學，28(4)，251-257。

衛生福利部（2014）。《嬰兒食品類衛生及殘留農藥安全容許量標準》。

蕭孟萱（2014）。電視暴力卡通的再現與抵抗：成人與兒童觀點比較。

未出版之碩士論文。臺北：政治大學幼兒教育所。

環境資訊中心（2015）。2015十大環境議題回顧。網址：http://e-info. org.tw/node/112469/

聯合生活網（2015）。4款知名品牌奶瓶含雙酚A下架（2015年9月24日 聯合報）。網址：http://udn.com/news/story/7266/1206894-4%E6% AC%BE%E7%9F%A5%E5%90%8D%E5%93%81%E7%89%8C%E5 %A5%B6%E7%93%B6%E5%90%AB%E9%9B%99%E9%85%9AA- %E4%B8%8B%E6%9E%B6

魏以宣（2012）。兒童近視的預防及治療。臺大醫院健康電子報。網 址：http://epaper.ntuh.gov.tw/health/201211/child_1.html

蘇建文、龔美娟（1994）。母親的依附經驗、教養方式與學前兒童依附 關係之相關研究。教育心理學報，27，1-33。

Barkhuizen, G. (2006). Immigrant parents' perceptions of their children's language practices: Afrikaans speakers living in New Zealand. *Language Awareness, 15*, 63-79.

Boushel, M., Fawcett, M., & Selwyn, J. (2000). Focus on Early Childhood: Principles and Realities. Oxford: Blackwell.

Bowlby, J. (1969). *Attachment and loss: Vol. 1. Attachment.* New York: Basic Books.

Brunst, K.J., Ryan, P. J., Bokamp, C., Bernstein, D., Reponen, T., Lockey, J., Hershey, G. K., Levin, L., Grinshpun, S. A., & LeMasters, G. (2015). Timing and duration of traffic-related air pollution exposure and the risk for childhood wheeze and asthma. *American Journal of Respiratory and Critical Care Medicine*, 192 (4), 421-427.

Calkins, S. D., & Fox, N. A. (1992). The relations among infant temperament, security of attachment, and behavioral inhibition at twenty-four months. *Child Development*, 63, 1456-1472.

Carreira, M. (2004). Seeking explanatory adequacy: A dual approach to understanding the term "heritage language learner." *Heritage Lan-*

guage Journal, *2*(1), 1-25.

Coplan, R. J., Arbeau, K. A. & Armer, M. (2008). Don't Fret, Be Supportive! Maternal Characteristics Linking Child Shyness to Psychosocial and School Adjustment in Kindergarten. *Journal of Abnormal Child Psychology*, 36: 359-371.

Coplan, R. J., Arbeau, K. A., & Armer, M. (2008). Don't fret, be supportive! Maternal characteristics linking child shyness to psychosocial and school adjustment in kindergarten. *Journal of Abnormal Child Psychology*, 36, 359-371.

Coplan, R. J., Closson, L. M. & Arbeau, K. A. (2007). Gender differences in the behavioral associates of loneliness and social dissatisfaction in kindergarten. *Journal of Child Psychiatry,* 48 (10), 988-995.

Coplan, R. J., Prakash, K., O'Neil, K., & Armer, M. (2004). Do you 'want' to play? Distinguishing between conflicted-shyness and social disinterest in early childhood. *Developmental Psychology*, 40, 244-258.

Dihn, T. K., Sarason, B. R., & Sarason, I. G. (1994). Parent-child relationships in Vietnamese immigrant families. *Journal of Family Psychology*, 8, 471-488.

Early, D. M., Rimm-Kaufman, S. E., Cox, M. J., Saluja, G., Pianta, R. ., Bradley, R. H. (2002). Maternal sensitivity and child wariness in the transition to kindergarten. *Parenting: Science & Practice*, 2, 355-377.

Fishman, J. A. (2001). 300-Plus Years of Heritage Language Education in the United States. In J. K. Peyton, D. A. Ranard, & S. McGinnis (Eds.), *Heritage Languages in America: Preserving a National Resource* (pp. *81-99).* McHenry, Il: CAL Publisher.

Fortuny, K., Hernandez, D. J., & Chaudry, A. (2010). *Young children of immigrants: The leading edge of America's future* (Children of Immigrants Research Beliefs). Washington, DC: The Urban Institute.

Glick, J. E., Hansh, L. D., Yabiku, S. T., & Bradley, R. H. (2012). Migration timing an parenting practices: contributions to social development in preschoolers with foreign-born and native-born mothers. *Child Development*, 83 (5), 15527-1542.

Harrist, A. W. & Ainslie, R. C. (1998). Marital discord and child behavior problems. *Journal of Family Issues*, 19, 140-163.

Hymel, S., Bowker, A., & Woody, E. (1993). Aggressive versus withdrawn unpopular children: Variations in peer and self perceptions in multiple domains. *Child Development*, 64, 879-896.

Lin, C. Y. C. & Fu, V. R. (1990). A comparison of child-rearing practices among Chinese, immigrant Chinese, and Caucasian-American parents. *Child Development*, 61, 429-433.

Losoya, S., Callor, S., Rowe, D., & Goldsmith, H. (1997). Origins of familial similarity in parenting. *Developmental Psychology*, 33, 1012-1023.

Nguyen, N. A., & Williams, H. L. (1989). Transition from the East to the Wests: Vietnamese adolescents and their parents. *Journal of the American Academy of Child and Adolescent Psychiatry*, 28, 505-515.

Nguyen, T., Chang, P. P. W., & Loh, J. M. I. (2014). The psychology of Vietnamese tiger mothers: Qualitative insights into the parenting beliefs and practices of Vietnamese-Australian mothers. *Journal of Family Studies,* 20 (1), 48-65.

OECD (2014). *Inflows of Foreign Population into Selected OECD Countries and the Russian Federation*. Retrieved from http://www.oecd.org/statistics/

Palacios, N., Guttmannova, K., & Chase-Lansdale, P. L. (2008). Early reading achievement of children in immigrant families: Is there and immigrant paradox? *Developmental Psychology*, 44, 1381-1395.

Schiffrin, H. H. (2014). Positive psychology and attachment: positive affect as a mediator of developmental outcomes. *Journal of Child and Family Studies*, 23, 1062-1072.

Schumaker, J. F., Krejci, R. C., Small, L. & Sargent, R. G. (1985). Experience of loneliness by obese individuals. *Psychological Reports*, 57, 1147-1154.

Van Deusen-Scholl, N. (2003). Toward a Definition of Heritage Language: Sociopolitical and Pedagogical Considerations. *Journal of Language, Identity, and Education, 2* (3), 211-30.

Yeh, Y. C., & Ho, H. J. (2015). Immigrant Men in their Wives' Society: The Choice of Family Language and Relation of Power. In: P. Schmidt, B. Griffith, & D. J. Loveless (Eds.), *Reconceptualizing Literacy in the New Age of Multiculturalism and Pluralism* (2nd edition). Charlotte, NC: Information Age Publishing.

Yeh, Y. C., & Chen, F. M. (2016). Immigrant mother's oral expressions to her sons: Discourse content and quality. Paper presented at Society for Research in Child Development (SRCD) 2016 Special Topic Meeting: Babies, Boys and Men of Color. Florida: Tampa.

國家圖書館出版品預行編目資料

幼兒發展與保育／葉郁菁，施嘉慧，鄭伊恬
著. －－初版. －－臺北市：五南, 2016.08
　面；　公分
ISBN 978-957-11-8706-8（平裝）

1.兒童發展　2.發展心理學　3.幼兒保育

523.1　　　　　　　　　105012691

1IJL

幼兒發展與保育

作　　者 ― 葉郁菁（321.8）　施嘉慧　鄭伊恬

發 行 人 ― 楊榮川

總 編 輯 ― 王翠華

主　　編 ― 陳念祖

責任編輯 ― 李敏華

封面設計 ― 陳翰陞

出 版 者 ― 五南圖書出版股份有限公司

地　　址：106台北市大安區和平東路二段339號4樓

電　　話：(02)2705-5066　　傳　　真：(02)2706-6100

網　　址：http://www.wunan.com.tw

電子郵件：wunan@wunan.com.tw

劃撥帳號：01068953

戶　　名：五南圖書出版股份有限公司

法律顧問　林勝安律師事務所　林勝安律師

出版日期　2016年8月初版一刷

定　　價　新臺幣520元